辽宁省教育科学规划重点研究基地第三批标志性成果选题资助项目成果
课题批准号【JG15JX01】

沈阳师范大学"教育学学科标志性成果建设工程"学术专著资助
项目成果

唐卫民　彭万英　著

地方普通本科高校学生专业满意度研究

中国社会科学出版社

图书在版编目(CIP)数据

地方普通本科高校学生专业满意度研究/唐卫民,彭万英著.
—北京:中国社会科学出版社,2017.1
ISBN 978 - 7 - 5161 - 9710 - 3

Ⅰ.①地… Ⅱ.①唐…②彭… Ⅲ.①高等学校—专业设置
—研究—中国 Ⅳ.①G649.28

中国版本图书馆 CIP 数据核字(2017)第 010521 号

出 版 人	赵剑英	
责任编辑	陈肖静	
责任校对	牛 玺	
责任印制	戴 宽	

出 版	中国社会科学出版社	
社 址	北京鼓楼西大街甲 158 号	
邮 编	100720	
网 址	http://www.csspw.cn	
发 行 部	010 - 84083685	
门 市 部	010 - 84029450	
经 销	新华书店及其他书店	

印 刷	北京君升印刷有限公司	
装 订	廊坊市广阳区广增装订厂	
版 次	2017 年 1 月第 1 版	
印 次	2017 年 1 月第 1 次印刷	

开 本	710×1000 1/16	
印 张	19.5	
插 页	2	
字 数	283 千字	
定 价	70.00 元	

目　　录

前　　言

2014 年 3 月，教育部等四部门联合印发了《关于地方本科高校转型发展的指导意见（征求意见稿）》，要求地方本科高校要向应用技术型大学转变，为地方经济和社会发展服务。自此，在全国范围内拉开了对地方普通本科高校转型发展的探讨与路径选择研究。

笔者认为，地方普通本科高校转型发展的关键在于专业的转型，而转型的前提是如何评价专业质量，其中满意度研究是一个非常好的评判标准。目前在世界范围内，很多国家已经开展了大学生满意度调查，并且使高校受益匪浅。我国很多高校也开始注重对学生满意度的调查研究，通过学生专业满意度研究有助于地方普通本科高校专业设置的转型。目前我国地方高校专业设置存在与社会需求相脱节的问题，如何设置适合地方需求和学校特色的专业，这也是地方普通高校转型发展面临的瓶颈问题。同时，作为地方普通高等学校有责任和义务为高等教育的利益相关者和消费者——学生提供优质的专业教育。可以说，本研究就是从高等教育重要的利益相关者——地方普通本科高校学生的视角去审视其对所在专业的满意程度和认知状况，从中发现存在的问题及影响学生专业满意度的要素，能够为科学、合理、有针对性地进行专业设置调整与改进，提高专业建设的质量，最终为促进地方普通高等学校的转型和发展提供决策参考。

第一章

绪　　论

第一节　问题的提出

一　地方普通高等学校转型发展的需求

随着 1999 年开始的高校扩招，当下的我国高等教育已从精英阶段步入了大众化阶段，高等教育规模飞速发展。据统计，1998 年我国高等教育毛入学率仅为 9.8%[1]，2002 年达到 15%[2]，进入国际公认的大众化阶段，实现了高等教育的历史跨越。2015 年，全国各类高等教育在学总规模达到 3647 万人，高等教育毛入学率达到 40.0%。普通高等教育本专科共招生 737.85 万人，是 1998 年 108.36 万人的 6.8 倍；毕业生 680.89 万人，是 1998 年 82.98 万人的 8.2 倍[3]。

但是，一个不容否认的事实是，在最初建构高等教育大众化的制

---

[1]　教育部：《1998 年全国教育事业发展统计公报》，http：//www.moe.edu.cn/publicfiles/business/htmlfiles/moe/moe_ 633/200407/842.html，2015 年 12 月 7 日。

[2]　教育部：《2002 年全国教育事业发展统计公报》，http：//www.moe.gov.cn/publicfiles/business/htmlfiles/moe/moe_ 413/200408/1553.html，2015 年 12 月 7 日。

[3]　教育部：《2015 年全国教育事业发展统计公报》，http：//www.gov.cn/xinwen/2016 – 07/06/content_ 5088866.htm，2015 年 12 月 7 日。

度安排中，一种普遍的理解和预期就是以扩大适龄人口接受高等教育的机会为基本目标。因此，导致在我国高等教育大众化生成与发展的十几年进程中，尽管众多普通高等学校的新生录取人数、在校生人数和毕业生人数已经翻了几番，但在普通本科专业的设置、普通本科专业设置权的分配、普通高等学校本科专业的选择等方面，仍然延续着精英教育阶段的发展路径而没有多少变化，由此引发了诸多现实问题。

为了解决诸多现实问题，教育部在 2010 年颁布的《国家中长期教育改革和发展规划纲要（2010—2020）》（以下简称《纲要》）中，明确提出了今后高等教育改革与发展的核心任务就是提高质量，提出"到 2020 年，高等教育结构更加合理，特色更加鲜明，人才培养、科学研究和社会服务整体水平全面提升，建设一批国际知名、有特色、高水平的高校……①"，为实现这一目标，应"提高人才培养质量……优化学科专业、类型、层次结构，促进多学科交叉和融合。重点扩大应用型、复合型、技能型人才培养规模……促进高校办出特色。②"可以说，《纲要》的公布与实施，为我国高校今后的发展与改革提出了明确的目标和方向。

2014 年 3 月，教育部等四部门联合印发了《关于地方本科高校转型发展的指导意见（征求意见稿）》，要求地方本科高校要向应用技术型大学转变，为地方经济和社会发展服务③。

教育部副部长鲁昕指出："地方本科高校转型发展既是经济发展方式转变、产业结构转型升级的迫切要求，是解决新增劳动力就业结构性矛盾的紧迫要求，也是贯彻落实国务院关于加快发展现代职业教育部署，加快教育综合改革、建设现代教育体系的重大举措。当前，地

---

① 中华人民共和国中央人民政府：《国家中长期教育改革和发展规划纲要（2010—2020）》，http://www.gov.cn/jrzg/2010-07/29/content_1667143.htm，2015 年 12 月 7 日。

② 同上。

③ 教育部：《关于地方本科高校转型发展的指导意见（征求意见稿）》，http://zxb.xyc.edu.cn/news/HGTC/1451912281367KC7ADB8GH37G85152G.html，2014 年 5 月 21 日。

方政府、教育行政部门、行业企业、高校和研究机构对地方本科高校转型发展形成了广泛共识，加快高等教育结构调整已势在必行。"①

地方本科院校转型的目的是培养本科层次的职业技术人才，使毕业生既接受系统的理论训练，又有一定的技能。有了本科层次的应用技术人才，就连接了已有的中职、专科层次的高职和侧重应用性的专业硕士，构建起各个层次的技术技能型人才培养体系，为技术技能型人才打通上升通道，使职业教育的"断头路"格局得以打破。②

而地方本科高校的转型关键在于专业的转型。目前地方普通本科高校专业的现状如何？是否能够满足高等教育服务对象学生的需求？本研究将以辽宁省为个案，重点研究与分析地方普通本科院校学生满意度的问题。

应该说，早在迈入大众化门槛之前的 2001 年，教育部出台的《关于做好普通高等学校本科学科专业结构调整工作的若干原则意见》（教高［2001］5 号）（以下简称《五号文件》），曾试图通过拓展普通本科专业设置、改革普通本科专业设置权的分配，进而为普通高等学校本科专业的开设提供多维的选择空间。

从普通本科专业的设置来看，《五号文件》不再拘泥于精英教育阶段专业设置的"学科依据"，而"要以主动适应我国经济结构战略性调整、人才市场需求和提高国际竞争能力的需要为出发点，以发展高新技术类学科专业和应用型学科专业为重点，全面进行学科专业结构调整。"以期在普通本科专业设置的价值向度层面注入行业和职业元素。

从普通本科专业设置权的分配来看，《五号文件》提出："国家在建立和完善本科专业评估、提供招生就业信息服务和宏观调控制度的基础上，进一步扩大高校学科专业设置自主权。高校可根据《高校本科专业设置规定》，在《普通高等学校本科专业目录》外设置社会发展

---

① 教育部：《地方本科高校转型发展势在必行》，http：//www.dzwww.com/xinwen/xinwenzhuanti/2008/ggkf30zn/201405/t20140508_ 9552485.htm，2014 年 5 月 8 日。

② 同上。

急需、已具备培养条件的本科专业。"以期为"高新技术类"和"应用型"目录外专业的产生提供新的权力配置。

从普通高等学校本科专业的选择来看，尽管《五号文件》已指出问题所在，即"国家未来发展急需的高新技术类专业人才、高层次经营管理人才供给不足；面向地方经济建设的应用性人才培养薄弱；新兴、边缘、交叉学科的建设和发展重视不够；一些学校重专业外延发展、轻专业内涵建设的倾向严重；高校主动适应社会变革需要的自我发展、自我调整的专业管理机制有待形成。"① 但是，由于历史沿袭和路径依赖，十年过去了，并没有取得区别于精英教育阶段的实质性突破。可以说，本科专业建设中存在的上述问题，使得诸多良好的愿望没有收到预期的效果，而且日渐成为阻碍普通高等学校本科专业建设的瓶颈。由此而呈现的是千校一面、同质化竞争，凸显的是专业结构失衡、大量毕业生结构性失业。②

为此，从地方普通高等学校应该主动适应社会发展的视角，在高等教育大众化的背景下，系统考察普通高校学生专业满意度问题，对实现地方普通高等学校的转型尤显重要。

二　高等教育利益相关者——学生发展的诉求

学生是高等教育的利益相关者，也是消费者，重视学生对高等教育质量的诉求也是"以学生为本"的办学理念的集中体现。高等教育质量集中反映在培养成效上，而培养成效的好坏又取决于培养条件、培养过程各个要素及环节的质量。其中专业质量是培养过程和培养条件中的核心要素。我国步入高等教育大众化阶段以来，一直把学生满意作为衡量培养质量和学校办学质量的一个重要考量要素。如，2004年教育部调整的《普通高等学校本科教学工作水平评估方案》（以下简称《方案》），一级指标"专业建设与教学改革"下的三个二级指标：

---

① 教育部：《关于做好普通高等学校本科学科专业结构调整工作的若干原则意见》，教高[2001] 5 号，2001 年。
② 唐卫民：《地方高校应实现专业转型》，《光明日报》2007 年 7 月 11 日第 11 版。

专业、课程和实践教学，而二级指标"专业"下有"专业结构与布局"这一主要观测点。针对这一主要观测点，《方案》就其 A 级水平的等级标准进行了如下说明："专业总体布局与结构合理，有与重点学科相匹配的，有一定影响的优势专业；新办专业的设置满足社会需求，具有学科基础，教学条件好，教学质量有保证，学生满意。"① 而 2013 年公布的《教育部关于开展普通高等学校本科教学工作审核评估的通知》中，把"学生发展"单独作为一个独立的审核项目，其中涉及审核要点"学生对自我学习与成长的满意度"。可见，在我国高等教育大众化阶段，学生满意作为教学质量的一项硬性指标已得到国家教育评估机构的认可②。

其实，随着世界高等教育理念的发展，世界各国已将高等学校提供的教育视为一种服务，并且提供的这种教育服务已由"以提供者为中心"向"以服务者为中心"转变。学生作为高校的服务对象、利益相关者之一，应该享受到优质的教育。在高等教育服务理念的倡导下，顾客满意理论已被引入高等教育领域中。众所周知，顾客是企业生存的基础，满足顾客需求是顾客满意理论的中心理念，通过顾客满意度调查，可以了解顾客的需求，为企业发展提供依据。目前在世界范围内，很多国家已经开展了大学生满意度调查，并且使高校受益匪浅。我国很多高校也开始对学生满意度的调查予以重视。因此，作为为学生提供教育服务的高等院校，也同样应该重视学生满意度研究，尤其要重视专业满意度的研究，以便了解学生对学校各专业的满意程度，发现问题，及时改进，以促进人才培养质量的全面提升，最终促使高校的可持续发展。

---

① 教育部办公厅，《教育部办公厅关于印发〈普通高等学校本科教学工作水平评估方案（试行）〉的通知》，教高厅［2004］21 号。

② 韩玉志：《现代大学管理：以美国大学学生满意度调查为例》，浙江大学出版社 2008 年版，第 5 页。

第二节 研究目的和价值

一 研究目的

本研究属于辽宁省教育科学规划课题《辽宁省普通高校专业学生满意度研究》的后期研究成果，获辽宁省教育科学规划重点研究基地标志性成果选题资助，旨在通过对学生专业满意度的研究，挖掘地方普通本科高校专业设置存在的主要问题，为地方普通本科高校专业转型提供基础。

通过本研究能够系统了解地方普通本科高校专业设置的现状和专业质量好坏，其中，学生最具有发言权。学生的满意度是对专业教育服务的反馈，通过调查了解专业教育的现状，监督检验专业教育教学的效果。

通过本研究，全面系统地了解学生对所在专业的满意程度及认知状况，从而判断学生需求的被满足程度，从而为地方普通本科高校的专业转型提供改革依据和思路。根据调查结果，学生满意度低的项目就是急需改革之处，从而使高等院校寻求有效方式、进行有针对性地改革，以期达到通过提高学生专业满意度，加强专业建设，提高教学质量，增强其竞争力，最终促进地方普通本科高校的可持续发展和有效转型。

二 研究价值

本研究具有重要的实践价值。通过学生专业满意度研究有助于地方普通本科高校专业设置的转型。大众化背景下，高校的发展需要致力于专业建设，专业建设的根本在于专业设置。而目前我国地方普通本科高校专业设置存在与社会需求相脱节的问题，如何设置适合地方需求和学校特色的专业，这也是地方普通本科高校转型发展面临的瓶颈问题。同时，作为地方普通本科高校有责任和义务为高等教育的利益相关者和消费者——学生提供优质的专业教育。学生通过在校进行专业学习获得知识、能力，获得自身素质的全面提高，而专业教育服务的过程如何、质量如何？学生们最有发言权。因此，理应将学生作为评价教育服务质量的主体，将学生专业满意度作为评价专业教育质量的依据。通过全面系统地研究学生对所在专业的满意程度和认知状况，从中发现存在的问题及影响学生专业满意度的要素，进而科学、合理、有针对性地进行专业设置调整与改进，提高专业建设的质量，最终为促进地方普通本科高校的转型和发展提供决策参考。

第三节　概念界定

一　学生满意度

（一）满意度

在社会生活中，满意度就是一个人的心理感受程度，如果某种产品或服务能够"满足自己的愿望；符合自己的心意①"，则人们就会满意。正如美国市场营销学家菲利普·科特勒所说："满意是指一个人通过对所得感受的效果与其期望值相比较后，所形成的愉悦或失望的感觉状态。②"

（二）学生满意度

学生满意的定义最早产生于 20 世纪 60 年代③。正所谓"一千位读者就有一千位哈姆雷特"，学者们对学生满意概念的界定也是各有千秋。比较有代表性的定义主要可以分为两种：一是学生对在大学期间各种经历的一种感受状态；二是学生对这种感受的期望值与实际感受值之间的差距。学生满意度即学生对学校提供的各方面服务的满意程度，在本研究中，笔者倾向于将它定义为"学生满意度是学生对学校

---

① 中国社会科学院语言研究所词典编辑室编：《现代汉语词典》，商务印书馆 2014 年版，第 870 页。
② 刘秋、朱海峰：《从教学效果增强学生满意度》，《科技信息》2008 年第 33 期。
③ 韩玉志：《现代大学管理：以美国大学学生满意度调查为例》，浙江大学出版社 2008 年版，第 40 页。

提供的教育服务质量，与他们对学校期望相比较后所形成的心理上的感觉体验。"①

二　学生专业满意度

（一）专业

关于专业的定义很多，各有不同，目前较有代表性的主要有以下几种：《辞海》中的解释为："专业是高校或中等专业学校根据社会专业分工的需要而设立的学业类别。"② 顾明远主编的《教育大辞典》相关词条解释为：专业是"根据社会职业分工、学科分类、科学技术和文化发展状况及经济建设与社会发展需要划分，高等教育培养学生的各个专门领域"。③ 潘懋元、王伟廉认为，专业是"根据学术门类划分或职业门类划分，将课程组合成不同的专门化领域。"④ 周川认为，应该从三个层面理解专业的含义。从广义角度看，专业即某种职业不同于其他职业的一些特定的劳动特点。狭义的专业，主要是指一些特定的社会职业。特指的专业即高校中的专业，它是依据确定的培养目标设置于高校（及其相应的教育机构）的教育基本单位或教育基本组织形式。⑤《教育管理辞典》将专业定义为教学计划，以体现本专业的培养目标和要求。⑥ 谢安邦认为：专业是高校或中等专业学校根据社会分工需要而划分的学业门类⑦。

归纳起来，从专业的划分依据来看，有的认为应按社会分工需要或职业门类划分，有的认为应按学科分类或门类来划分，也有的认为应两者兼顾。从专业的形式来看，有的认为是课程的一种组织形式，有的视为教学计划。从专业的功能指向来看，有的认为是学业类别或

---

① 卫魏：《高校学生满意度研究》，《玉溪师范学院学报》2008 年第 3 期。
② 《辞海》编辑委员会编：《辞海》，上海辞书出版社 1999 年版，第 2259 页。
③ 顾明远：《教育大辞典》，上海教育出版社 1998 年版，第 2128 页。
④ 潘懋元、王伟廉：《高等教育学》，福建教育出版社 1995 年版，第 127 页。
⑤ 周川：《"专业"散论》，《高等教育研究》1992 年第 1 期。
⑥ 李冀：《教育管理辞典》，海南人民出版社 1989 年版，第 10 页。
⑦ 谢安邦：《比较高等教育》，广西师范大学出版社 2002 年版，第 159 页。

学业门类，有的认为是培养学生的各个专门领域，也有人认为是教育基本单位或教育基本组织形式。

综合上述各家之言，本研究中把专业定义为：专业是高校根据学科分类和社会分工所划分的学业门类。它反映出专业与学科分类、社会分工的关系，专业与学科分类、社会分工是既相互区别又相互联系的两对概念。

所谓学科是科学领域的划分制度，即科学的分支或部门。按照不同的基础与标准，科学可以分为不同的类别。一般科学分为自然科学、社会科学和人文科学三大类，每类下面再分为若干类别。学科分类是专业的基础，专业的设置与划分必须考虑学科分类的内在逻辑。当然，学科分类与专业并不是完全对等的，有的专业对应于一种学科，有的专业涉及两种或两种以上的学科，即所谓交叉学科；有的专业也可能只是某一学科之中的分支学科。之所以专业和学科分类并不是一一对应的关系，就在于专业的设置必须考虑到社会分工的需要。实践证明，许多交叉学科的产生，并非是学科分化的结果，而是社会分工的发展要求使然。

社会分工体现在经济、社会领域就是职业。职业是近代工业化社会及其社会职能分工的产物。随着社会的不断发展，知识技术不断更新，对从业人员的素质要求也不断提高。当然，职业的数量远远多于专业，但并非每一种职业的从业人员都需要受过高等教育，其中有相当一部分的职业需要受过高等教育的人来承担。对于知识技术含量较高的职业，需对应于一种专业甚至多种专业，而有的专业也可以覆盖多个职业。因此，面对职业，有的可以培养通才，有的则需要培养专才。

（二）学生专业满意度

学生专业满意度是指高等院校学生在接受专业教育过程中，将自己接受到的专业教育服务与自己预期相比较，对专业培养目标、课程体系和专业人员等专业要素所产生的愉悦或失望的心理感受。[①]

---

① 李红玫：《辽宁省普通高等院校学生专业满意度研究》，沈阳师范大学硕士学位论文，2011年。

三　地方普通本科高校

地方普通高校（省属高校）是指隶属各省、自治区、直辖市、港澳特区，大多数靠地方财政供养，由地方行政部门划拨经费的普通高等学校，作为我国高等教育体系的主体部分，以服务区域经济社会发展为目标，着力为地方培养高素质人才。部分省份政府为做强地方高等教育，大力支持省属高校依靠自身特色积极争取相关中央部委的资金和资源支持，以从战略上最大程度破解其发展受限的不利局面，推动自己快速发展甚至是上升为国家发展战略，形成：省属国家"211工程"重点大学、"省部共建大学"、地方性直属高校三大模式。① 我国目前2400多所大学中的100多所由中央部委直接管理，其余的主要归省级政府管理，中央部门与地方共建的高校一般以地方管理为主，通俗地说，地方高校占了大学的绝大多数。②

综上所述，本研究中地方普通本科高校是指隶属于省级政府管理的全日制普通本科高校。

第四节　文献综述

综观国内外有关满意度方面的研究，可谓成果颇丰，各具特色，这里仅从国外、国内两个维度对有学生满意度方面的研究加以综述，以期为本研究提供借鉴。

一　国外相关研究

学生满意度研究最早开始于美国，1966年美国教育委员会使用

---

① 百度百科：《地方所属高等学校》，http://baike.baidu.com/view/5280679.htm，2015年12月13日。

② 教育部：《地方本科高校转型发展势在必行》，http://www.dzwww.com/xinwen/xinwenzhuanti/2008/ggkf30zn/201405/t20140508_9552485.htm，2014年5月8日。

CIRP（Cooperative Institutional Research Program）测量新生的满意度。而对学生满意度测量最有影响的是 1993 年由 Noel—Levitz 公司出版的 SSI（the Student Satisfaction Inventory）量表，该量表是一个可靠性和有效性都很高的调查工具，被美国大学所广泛应用，为大学提供大量的综合性满意度分数方面非常有用。我国很多学生满意度的研究和实践也都借鉴使用了这个量表①。

英国也是世界上高等教育最发达的国家之一。英国大学的学生满意度调查也开展的非常普遍。由英国高等教育学会（the Higher Education Academy）与 Ipsos MORI. 共同设计的《大学生满意度量表》面向全国大学的应届大学生进行满意度调查。调查目的在于改善学校和学生之间关系、促进学校发展、监测教学质量、指导未来新生选校学习的重要手段②。

国外的相关研究，为本研究的顺利开展提供了坚实的理论基础和广泛的借鉴。

二　国内相关研究

国内学术界对学生满意度和专业满意度等方面的研究也比较多，这里分别从学术著作类和中国学术文献网络出版总库中的相关研究文献进行综述。

（一）学术著作类

1. 基本理论研究及国外研究介绍

我国学界关于满意度方面的研究起步较晚，最早的学术著作是 2008 年韩玉志出版的《现代大学管理：以美国大学学生满意度调查为例》。该专著主要详细介绍了美国大学学生满意度调查的状况。主要论述了学生满意的基本理论、学生满意度调查在美国大学的兴起和发展、美国全国性大学学生满意度调查的产生及其调查内容、调查方法、调查结果分

---

① 李红玫：《辽宁省普通高等院校学生专业满意度研究》，沈阳师范大学硕士学位论文，2011 年。

② 杨晓明、金龙、张艳：《英国大学生满意度调查及其启示》，转引自李红玫《辽宁省普通高等院校学生专业满意度研究》，沈阳师范大学硕士学位论文，2001 年。

析、调查的效用和影响等，并且总结了美国大学学生满意度调查的特点。可以说该著作是后续学者进行满意度研究的重要参考文献。

霍映宝出版的《顾客满意度测评理论与应用研究》（2010）成为学界研究满意度借鉴的重要理论书籍。该著作的突出贡献是从顾客满意度指数模型的构建和模型参数的系统估计以及在服务领域中的应用研究出发，提出了构建 CSI 模型的几点启示性建议，并指出了整合 US-REL 和 PLS 方法对测评 CSI 的必要性；提出了基于 GME 原理测评 CSI 的两种方法。

2. 高等教育服务学生满意度调查研究

主要代表作有：

《基于 PLS - SEM 的中国高等教育学生满意度测评研究》（刘慧，2012）主要包括：①理论研究。在服务质量和顾客满意理论的基础上，分析高等教育服务质量的内涵与评价方法，深入探讨高等教育学生满意度的内涵和学生满意度测评及其意义。②模型研究。借鉴国内外典型顾客满意度指数模型的研究成果，分析学生满意度的影响因素，构建符合我国高等教育服务特性的学生满意度指数模型和学生满意度测评指标体系。③对学生满意度概念模型进行预测试研究。通过对质量感知等变量进行探索性研究，对样本数据进行可靠性分析和多重共线性等检验，以验证影响质量感知等因素的结构模式是否与概念模型中的定义相吻合。④以江苏省 10 所高等学校的学生满意度数据为基础，开展学生满意度测评模型的实证研究。⑤对策建议。在实证研究的基础上，提出高等学校应该从构建学生满意度测评的制度环境、重视高等教育学生感知服务质量、加强高等学校形象建设与有形展示、进一步改革教学和管理模式等方面入手，有效提高高等教育的学生满意度和忠诚度，增强高等学校办学的竞争力。

《北京高校教育服务学生满意度调查研究》（王灯山，2015），将高等教育服务作为高校的产品，直接受教育的学生视为顾客主体。在充分借鉴顾客满意度研究的成果基础上，将顾客满意度理论应用于学生满意度的测评；在大量问卷调研及数据分析的基础上构建学生满意度的计量测评模型，并基于测评结果提出高等教育服务质量学生满意度的改进策略。

3. 学生学习满意度研究

主要代表作有：

《大学生体育学习满意度结构方程模型研究：以游泳教学为案例》（王景贤，2014），主要选择学习满意度这个心理学因素，以特殊项目——游泳教学为研究环境，了解大学生体育课学习满意度的情形，尤其是对游泳课学习的反应，分析了影响大学生学会游泳和持续游泳的限制因素，并提出了高校体育教师改进游泳教学的策略。

《大学生学习满意度实证研究》（文静，2015），通过全国范围内的调查搜证，意在通过实证的方式探讨大学生学习满意度的状态指标、影响因素和内部结构，理清大学生学习期望值和学习体验之间的绩差关系，建立了学生学习满意度的相关模型。

4. 高职学生顶岗实习满意度研究

主要代表作有：

《高职学生顶岗实习满意度及其影响因素研究》（毕于民，2014），主要以泰山职业技术学院为样本，以学生的顶岗实习为研究内容，根据问卷调查和访谈所得到的第一手资料，采用案例分析、统计描述、差异性 t 检验、方差分析、因子分析和逻辑回归等方法，从总体满意度和专业能力提升满意度两个角度，对顶岗实习满意度及其影响因素进行了系统研究。研究发现，显著影响顶岗实习总体满意度的因素有11 个；显著影响学生顶岗实习专业能力提升满意度的因素有 14 个。

《高等职业院校学生顶岗实习总体满意度研究》（高道友，2015），首次提出顶岗实习总体满意度概念，采用跨专业学生样本进行实证研究，将学生个性特质、主观认知和家庭支持情况纳入了研究范围，深化了对总体实习满意度本质及其形成过程的揭示，并构建了总体实习满意度的预测模型。

（二）论文类

除上述有关学术著作对学生满意度的相关问题进行研究之外，还有许多学者以论文的形式对这一问题进行了多方面、多角度的研究。论文类的研究文献主要是在中国知网上，通过对中国学术文献网络出版总库中的中国学术期刊网络出版总库、中国博硕学位论文全文数据库进行检索而获取的，文献检索日期为 1980 年 1 月—2016 年 1 月 31 日。

1. 检索方式

以"专业满意度"为题名，在中国知网上进行检索，检索到期刊论文 327 篇，硕博论文 55 篇，以"大学"为关键词进行二次检索，检索到期刊论文 32 篇，硕博论文 6 篇。通过检索可以看出，从时间分类上关于专业满意度的相关研究始于 2004 年，广泛研究起于 2010 年以后，尤其以 2014、2015 年的研究较为集中，表明随着国家开始重视高等教育质量，尤其是高校的办学质量、专业质量，专业满意度问题已经被越来越多的学者加以关注，随着对于这一问题的不断深入研究与探讨，无疑会对普通本科高校、尤其是地方普通本科高校的生存与发展乃至整个高等教育的健康发展起到积极的促进作用。

2. 检索的文献内容概述

对上述检索到的文献内容做进一步的整理，剔出与本研究无关文献和重叠文献后，按照研究的深度和广度，对重要相关文献硕士学位论文 10 篇和期刊论文 30 篇做如下综述。

（1）专业满意度的整体研究

田英月以辽宁 N 大学为例，采用问卷调查和访谈相结合的研究方式对学生的高考志愿选择方式、专业各构成要素、专业的就业前景、学生的人口学特征与专业满意度的关系进行了研究与分析，并对其学生专业满意度不高的状况从家庭、学校和社会三个方面分析了具体原因，最终提出了改进的建议和对策①。

万梦君以统计学专业在校大学生为调查对象，通过方差分析法对

---

① 田英月：《普通师范院校学生专业满意度调查研究——以辽宁 N 大学为例》，辽宁师范大学硕士学位论文，2013 年。

专业满意度在学生选择专业的自主性以及个人属性上是否存在显著性差异进行检验，得到学生的专业满意度受到性别和年级的显著影响；用相关分析方法来判断专业满意度与解释变量的关系，得到它们两两之间如模型假设一样存在正向的相关关系；并通过回归分析进一步得到具有最优拟合度的回归模型，模型中的解释变量说明就业前景、课程体系以及专业选择的自主性这三个变量对大学生专业态度的影响最显著。最后从学校和学生两个方面对统计学专业学生满意度的改善提出了建议①。

何嘉宁以河北省 24 所普通本科高等院校英语专业为研究访问，在专业分布、专业定位、人才培养和师资队伍四个方面分析河北省高等院校英语专业设置情况基础上，对 2013 年英语专业 1998 名本科毕业生进行了调查研究，分析了人口学特征、专业选择情况、院校类别、专业构成要素等对专业满意度的影响状况，分析了影响学生专业满意度的具体因素，并从教育主管部门进行宏观调控、高等院校自身注重微观改进两个层面提出了政策建议②。

王敏在研究大量顾客满意度理论和学生满意度理论的基础上，以旅游管理专业为例，对五所院校的 232 名学生进行了问卷调查，分析了学生特征、志愿选择、院校专业构成要素、专业忠诚度与专业满意度的关系，在专业体系方面、专业教学方面、就业培养方面提出了建议与对策③。

温利香采用自编问卷对 N 大学 2004 级至 2010 级的 411 名本科毕业生进行了调查，并对其中 10 名毕业生以及 5 名教师进行了访谈。从教师水平与态度、教学管理与运行、教学建设与改革、教学设施与利用等方面进行了满意度调查。分析了影响满意度的差异因素：是否从事与心理学相关工作、获不同奖学金频率、毕业后是否读研。归纳出

---

① 万梦君：《大学生专业满意度测评研究——以统计学专业为例》，湘潭大学硕士学位论文，2015 年。

② 何嘉宁：《河北省本科院校学生英语专业满意度研究》，河北大学硕士学位论文，2014 年。

③ 王敏：《旅游管理专业学生专业满意度的调查研究》，辽宁师范大学硕士学位论文，2014 年。

N 大学应用心理学本科专业培养上存在的问题，并提出改进建议①。

樊明成通过研究全国 31 个地区 175 所普通高校 47000 余名 2007 级大一新生及其中 536 名大二学生的调查，发现当前我国大学生的专业满意度不高，相当部分学生的专业满意度还会发生变化；大量专业满意度不高的学生期望转换自己的专业，他们学习本专业的热情度普遍不高。为提高大学生的专业满意度，高等学校应在现有件下，尽可能扩大专业选择的自由，在此基础上推进管理体制改革，逐步建立新的专业选择机制，同时加强对大学生进行选择专业的指导②。

王婧对南华大学 549 名学生进行自制式问卷调查。调查分析了不同性别、不同专业、不同培养层次、不同年级、高考志愿的决策者和高考志愿的录取结果等因素对专业满意度的影响，得出结论：南华大学在校本科生对所学专业满意度较高③。

张东、许应华采用自编调查问卷，选择 4 所师范院校科学教育本科专业 4 个年级的学生为研究对象，通过调查分析了专业了解度、专业满意度、择业意向三方面的问题，并深入探讨了影响因素，提出了相应的对策建议④。

杜守洪、谢慧玲、邓亚丽以新疆医科大学医学信息管理与信息系统专业学生为调查对象，使用自设调查问卷，对学生选择该专业的原因、就业意愿及对专业总体情况、对教师、教材质量、教学条件、教学环境、教学管理工作、教学效果的评价进行了分析⑤。

马利军、钱育佳采用自编问卷对广东省内 5 所医学院校及哈尔滨 1 所医学院校 430 名非医学专业学生进行问卷调查。得出结论非医学生的专业满意度较低，满意度在年级与生源上存在显著差异。提出医学

---

① 温利香：《应用心理学专业学生对专业培养的满意度现状研究——以 N 大学为例》，南昌大学硕士学位论文，2014 年。
② 樊明成：《我国大学生专业满意度调查分析》，《教育学术月刊》2011 年第 10 期。
③ 王婧：《高校学生专业满意度调查》，《中国健康心理学杂志》2012 年第 12 期。
④ 张东、许应华：《科学教育专业本科生专业满意度的调查》，《重庆师范大学学报》（自然科学版）2014 年第 6 期。
⑤ 杜守洪、谢慧玲、邓亚丽：《医学信息管理与信息系统专业学生满意度调查》，《新疆医科大学学报》2007 年第 4 期。

院校应加大对非医学专业的建设力度、改善教学质量等，提高非医学生的满意度等对策①。

张丽认为学生预期、课程设置、专业软硬件和学生感知是影响专业满意度的主要因素，并依此建立了专业满意度评价指标体系及理论模型②。

（2）专业选择与影响因素研究

刘寒梅采用自编问卷对华中、华南、华北、西北地区 11 所本科院校的 1127 名大学生进行了关于专业满意度和专业承诺的调查。通过分析全面了解大学生专业满意度和专业承诺的总体水平；了解不同学校类别（重点本科高校、普通本科高校）、不同性别、不同年级、不同专业（文科、理科、工科、艺术体育）、不同生源地（农村、乡镇、城市）的大学生在专业满意度和专业承诺方面的差异状况；探讨了大学生专业满意度和专业承诺之间的关系，并构建大学生专业满意度和专业承诺的关系模型；分析目前高校专业选择存在的问题，在总结国内现有相关改革经验的基础上，提出了有利于提高大学生专业满意度和专业承诺水平的建议③。

谭红琴以贵州师范大学生物学专业 2011 级、2012 级、2013 级 300 名学生为调查对象，根据自编问卷调查表对大学生专业志愿与专业满意度关系进行了调查，通过分析得出：大学生专业志愿对专业满意度影响很大。影响学生专业满意度的因素主要有专业志愿梯度、年级、专业选择动因、性别差异和高中学校类型，并提出适宜于学生专业发展的若干建议④。

王恒以西南交通大学 6 个本科延伸专业为例开展调查研究，通过分析得出大学延伸专业学生感知质量对学生满意度和学生行为意向存在显著的正向相关性，学生风险感知水平对满意度具有负相关性。不

① 马利军、钱育佳：《医学院校非医学专业学生专业满意度调查》，《医学教育探索》2009 年第 6 期。
② 张丽：《基于 SEM 模型的专业满意度应用研究》，河北经贸大学硕士学位论文，2012 年。
③ 刘寒梅：《大学生专业满意度及其与专业承诺的关系研究》，长江大学硕士学位论文，2013 年。
④ 谭红琴：《大学生专业志愿与专业满意度的调查与分析——以贵州师范大学生物学专业 2011、2012 和 2013 级学生为调查对象》，贵州师范大学硕士学位论文，2014 年。

同延伸特征的新设专业在学生感知质量、学生满意度和风险感知方面存在显著差异。结合实证分析结果和品牌延伸影响因素等知识，为完善大学专业评价理念和大学更好实施专业延伸策略、提升学生满意度提出了对策建议①。

周敏对扬州大学农科类动物科学、水产养殖学、动物医学、农学等6个专业的2007级学生131人进行了问卷调查，通过专业喜爱程度、专业了解程度、专业选择自主性程度、专业适合性期望、就业专业对口的考虑和专业思想的稳定性等六个维度对学生满意度进行了差异性分析，并提出了建议和改进措施②。

宗晓武调查分析了大学生专业选择影响因素及其与专业满意度的关系③；陶丹英等调查分析了口腔七年制学生专业选择动机与满意度的关系④；樊明成通过对全国31个地区175所普通高校47000余名2007级大学新生进行了专业满意度与专业选择的相关性调查分析，结果显示大学新生对就读专业的满意度整体水平不高，不同专业大学新生的专业满意度差异非常大，许多专业中只有少数大学新生对就读专业满意，入学前选择专业的志愿是否达成对大学新生的专业满意度有一定影响，但并非决定性影响⑤。

（3）教学、课程、学习相关满意度研究

凌磊以延边大学学生为调查对象，选取了包含文科、理工科、医科、农科、师范科和术科专业的960名大学生进行了问卷及访谈调查。对朝、汉族大学生的专业承诺、学习满意度和学习倦怠的现状及差异进行调查分析，探讨其专业承诺、学习满意度对学习倦怠的影响，研究了专业承诺、学习满意度以及学习倦怠三者的关系⑥。

---

① 王恒：《大学延伸专业学生感知质量对满意度及行为意向相关性研究——以西南交通大学为例》，西南交通大学硕士学位论文，2014年。
② 周敏：《农科类大学生专业满意度调查及启示》，《农业教育研究》2008年第3期。
③ 宗晓武：《大学生专业选择影响因素及其与专业满意度的关系》，《江苏科技信息》2012年第12期。
④ 陶丹英：《口腔七年制学生专业选择动机与满意度的调查》，《中国高等医学教育》2016年第3期。
⑤ 樊明成：《我国大学新生的专业满意度与专业选择调查分析》，《教育与考试》2011年第5期。
⑥ 凌磊：《朝、汉族大学生专业承诺、学习满意度与学习倦怠关系的比较研究——以延边大学为例》，延边大学硕士学位论文，2012年。

　　刘怡对大学本科生专业选择满意度与学习结果的相关性进行了研究。选择武汉大学和华中科技大学部分大三、大四的本科生为研究对象，探究他们的专业选择满意度与学习结果的关系。通过调查分析发现：学生在选择前，对专业的了解程度偏低；选择后，专业的达成度偏低、专业选择的总体满意度与具体满意度均有待提高、专业选择满意度与学习结果之间存在正相关的关系。因此，建议确立以学生为本的理念，在现有条件下，尽可能扩大专业选择的自由；加强对大学生进行专业选择的教育和指导；鼓励学生理性地选择专业、认真地对待专业学习[1]。

　　罗文斌以 H 师范大学旅游学院学生为调查对象，对学生个人特征、教学特征和环境特征变量下的 12 个影响因素与大学本科旅游管理专业研究性教学的学生满意度之间的影响关系进行检验。研究结果显示，学生的研究性教学总体满意度不高，学生研究方法掌握情况、教学互动反馈、学校重视程度、制度契合度、设施支持度等 5 个因素与满意度之间具有显著正向影响关系，学生课外活动时长与满意度之间具有显著负向影响关系，学校重视程度因素对学生满意度的影响作用最大，教学互动反馈因素影响作用最小。最后提出了推进大学本科旅游管理专业研究性教学的实施建议[2]。

　　张宝兵根据贸易类专业校友的教学满意度评价指标体系，选取国际贸易、贸易经济等应用性专业校友为调查对象，反思贸易类专业的本科教学与社会需求之间的差距问题。并从理论学习、实践教学等方面提出了提高教学满意度的对策[3]。

　　王韧、曾之明通过对湖南商学院保险专业大四的学生，和已经毕业一年或两年的保险专业人才进行关于保险人才培养的问卷调查，了

---

[1]　刘怡：《研究型大学本科生专业选择满意度与学习结果的相关性研究——以武汉市两所研究型大学为例》，华中科技大学硕士学位论文，2013 年。

[2]　罗文斌：《大学本科旅游管理专业研究性教学满意度影响因素研究——基于 H 师范大学的定量分析》，《中南林业科技大学学报》（社会科学版）2015 年第 6 期。

[3]　张宝兵：《贸易类专业的本科教学满意度调查与思考——基于校友反馈的信息》，《重庆科技学院学报》（社会科学版）2011 年第 21 期。

解保险专业课程在实际工作运用中所存在的主要问题，并提出了解决问题的基本思路和对策建议①。

陈卫中通过调查了解某校非预防医学专业《医学统计学》课程的教学现况和教学满意度，发现教学过程中的薄弱环节及存在的主要问题，并提出了相关建议②。

谢雅婷通过对天津市某高校 454 名护理本科生的问卷调查，了解护理本科生专业承诺、学业自我效能感和学习满意度的相关性。得出结论是本科护生的专业承诺、学业自我效能感与学习满意度有密切关系，专业承诺、学业自我效能感水平越高，学习满意度越高③。

杨玲燕等对江苏财经职业技术学院应用英语专业学生的学习满意度进行了调查，分析了影响专业学习满意度的因素，并在此基础上从专业兴趣、工学结合、专业教材、师资建设、专业机会等角度提出了改进专业教学的建议④。

（4）专业满意度与就业状况的相关研究

张丽通过对河北经贸大学统计学专业满意度的调查，明确了专业满意度与学生就业信心之间的显著正相关关系：提高学生的专业满意度可以显著提升学生就业信心⑤。

王菁针对全国八所综合性大学的非师范类思想政治教育专业学生的专业满意度和就业态度进行了问卷调查。结果显示：非师范类思想政治教育专业大学本科生的专业满意度普遍不高；虽然就业方向明确，但就业信心较差。并进一步分析了专业满意度对该专业同学的就业态度影响情况，发现课程兴趣是影响就业态度的直接因素，课程安排、教学效果、专业图书资源是影响就业态度的间接因素。明确培养目标、

① 王韧、曾之明：《地方院校保险学专业课程设置满意度实证分析——以湖南商学院为例》，《湖南商学院学报》2015 年第 6 期。
② 陈卫中：《非预防医学专业本科阶段〈医学统计学〉教学满意度评价及建议》，《现代预防医学》2013 年第 23 期。
③ 谢雅婷：《护理本科生专业承诺、学业自我效能感和学习满意度的相关性研究》，《天津护理》2015 年第 6 期。
④ 杨玲燕等：《应用英语专业学习满意度调查分析》，《中国电力教育》2013 年第 25 期。
⑤ 张丽：《基于 SEM 模型的专业满意度应用研究》，河北经贸大学硕士学位论文，2012 年。

改革课程体系、建立导师培养机制、提高教师课堂教学能力、建立系统的就业指导体系等有助于提高非师范类思想政治教育专业同学的专业满意度①。

姚琳以在校大学生为研究样本，对大学生的专业满意度与就业信心的关系进行了探讨，并针对解决大学生就业难的问题提供对策与建议②。

鲍富元、舒伯阳通过问卷对酒店专业本科生职业选择意向的影响因素进行了调查研究，调查发现，影响酒店专业本科生职业选择的重要因素依次是职业前景、个人兴趣、工作条件、性格等。据此建议学校应完善酒店专业的实习管理、优化实习教学、引导学生做好职业规划等，从而提高酒店专业本科生从事本专业的职业意愿③。

朱运海对湖北大学和襄樊学院四个年级的大学生进行了调查，得出了影响专业满意度的就业预期、知识获得、学习条件、旅游偏好四大因子。在此基础上，进一步按性别和年级因素对就业预期做方差分析，结果表明，这两个因素对就业预期的影响显著④。

（5）实习满意度的相关研究

熊伟通过问卷的形式，对分布在广州市 9 家高星级酒店内的高校实习生进行了实习满意度状况及其原因的问卷调查，结果显示：从整体上看，广州市高等院校旅游管理专业学生的实习满意度不高，在马斯洛五大需要层次中，各层次的平均满意度由高到低排列依次为社交需要、安全需要、自我实现需要、尊重需要和生理需要。在二级指标中，加班工资、工作时间、交通补贴、领导者的行为、酒店提供的职业发展机会等指标的满意度相对较低。同时，不同酒店类型和不同实

---

① 王菁：《大学生专业满意度与就业态度相关性实证研究分析——以非师范类思想政治教育专业学生为例》，《国家教育行政学院学报》2013 年第 6 期。

② 姚琳：《大学生专业满意度与就业信心相关性的调查研究》，《学校党建与思想教育》2010 年第 11 期。

③ 鲍富元、舒伯阳：《酒店专业本科生职业选择意向的影响因素研究——兼论实习满意度与职业选择变化的关系》，《中南林业科技大学学报》（社会科学版）2014 年第 6 期。

④ 朱运海：《旅游管理专业学生专业满意度和就业期望调查研究》，《襄樊学院学报》2008 年第 6 期。

习部门的工作满意度存在明显差异①。

鲍富元认为实习满意度受到酒店、学校及个人等方面影响。调查发现依影响程度从强到弱，实习满意度影响因素依次是酒店实习管理及劳动强度、学校实习激励及教育、实习准备与沟通能力、实习待遇及福利、实习环境和条件、酒店职业培养与关怀、人际关系、英语水平②。

方义湖采取问卷调查法对 2014 年毕业的 421 名临床医学专业实习生进行实习满意度调查。结论：临床医学专业实习满意率较低，应立足社会医疗环境现状，根据临床医学专业特色，更新教学医院的带教理念、调正医学院校教学模式等方面提高临床实习教学满意度③。

朱伟以河南某酒店旅游管理专业实习生作为研究对象，采取直接向实习生进行访谈的方式进行了实践教学满意度的问卷调查，分析了河南某酒店实习生工作满意度的影响因素，并提出了提高实习生工作满意度的相应对策④。

姜继红、侯兵采取问卷调查的方式，获取学生对实习过程中的实习岗位安排及调整、作息时间安排及业余活动、实习中不满情绪来源等的感知和评价，进而提出要加强对学生实习引导教育、密切与实习单位关系和开展实习成效评估等对策措施⑤。

三　评价

综上所述，我国对专业满意度问题的相关研究，成果颇丰。且主要集中在近十年，尤其以近两年为突出。从研究成果上有理论研究、有比较研究、有不同院校的研究、有不同专业的研究；在研究方法上，

---

① 熊伟：《基于马斯洛需要层次的酒店管理专业大学生的实习满意度研究》，《江西科技师范大学学报》2013 年第 3 期。
② 鲍富元：《酒店专业本科生实习满意度影响因素的实证研究》，《四川旅游学院学报》2015 年第 3 期。
③ 方义湖：《临床医学专业学生实习满意度调查与分析》，《赣南医学院学报》2014 年第 5 期。
④ 朱伟：《论我国高校旅游专业实践教学满意度及对策——以河南某高校旅游专业酒店实习为例》，《新乡学院学报》（社会科学版）2012 年第 1 期。
⑤ 姜继红、侯兵：《旅游管理本科专业酒店实习满意度研究》，《美食研究》2014 年第 4 期。

主要以调查研究、个案研究等方法为主。可以说这些研究不但拓展了专业满意度的研究领域，同时，也为本研究对象的选择、研究思路的拓展、研究策略的提出和研究方法的确立等提供了重要的借鉴和参考。

但是，由于专业满意度问题在学术界还是一个刚刚兴起的研究领域，因而尚存在些许不足。在现已出版的学术著作中，尚未发现有专门研究专业满意度的著作，更多的学者是从学生整体满意度或学习满意度、实习满意度等方面加以研究的。论文类中有涉及专业满意度研究的，但是从研究对象和研究的系统上也均显不足，也没有专门针对地方性普通本科高校专业满意度进行的系统研究。因此，可以说本研究填补了高等教育领域研究地方性普通本科高校专业满意度的空白，研究成果也将对我国地方普通本科高等学校的转型发展提供有力的数据支撑。

第五节　研究思路与研究方法

一　研究思路

本研究循着发现问题——分析问题——解决问题的研究思路，对地方普通本科高校学生专业满意度进行了全面的、综合的、实证的研究。在文献综述、概念内涵及相关理论解读的基础上，以梳理地方普通本科高校专业设置的现状为出发点，通过调查问卷及访谈提纲进行了专业认知调查、专业满意度专项调查和个案调查：专业认知调查，分别针对 5 所不同类型高校、布点较多的 8 个专业的 1245 名在校生和 756 名毕业生进行的问卷调查；专业满意度专项调查，分别对 3 所不同类型公办高校的 715 名在校生和 2 所民办高校的 770 名在校生进行的问卷调查；个案调查，对 112 名教育学专业学生满意度进行了个案调查研究。在三项调查研究的基础上，对地方普通本科高校学生专业满意度的构成要素和影响地方普通本科高校学生专业满意度的因素进行了系统分析，得出了地方普通本科高校学生专业满意度的几点结论，并提出了提升学生专业满意度的相关对策建议（见图 1－1）。

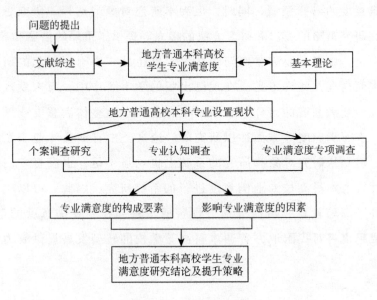

图 1－1　研究思路框图

二　研究方法

（一）文献研究法

文献法是本课题研究的首选方法，具体涉及了专业设置的历史文献、政策文献、数据文献、学术文献、背景文献、国外文献等。笔者通过借助沈阳师范大学图书馆，在中国知网上查询中国学术期刊网络出版总库、中国博士学位论文全文数据库、中国优秀硕士学位论文全文数据库等进行专业检索，并对相关文献进行综述与梳理，从而为本研究提供了坚实的文献基础。

（二）调查研究法

问卷调查法主要是以辽宁省部分高校、部分专业的在校生和毕业生为调查对象，进行专业认知反馈和专业满意度两项调查，共设计四份问卷，包括在校生专业认知反馈调查、毕业生专业认知反馈调查、在校生专业满意度调查、教育学专业在校学生满意度调查。调查数据运用 SPSS17.0 进行相关统计分析。

访谈调查法主要是针对个案——教育学专业学生课堂教学满意度调查研究进行的，通过对毕业生、教师和教学管理者三个层面的访谈，深入分析课堂教学满意度的影响因素。

（三）比较研究法

本研究通过比较不同院校类型、不同专业学生的专业满意度，分析影响专业满意度的因素，并进行系统的归因分析。

（四）个案研究法

本研究选择辽宁省作为个案进行研究，旨在通过对辽宁省普通本科院校的局部研究，期望能够窥一斑而知全豹，为我国地方普通本科专业设置及其转型提供一定的借鉴价值。

第二章

相关理论分析

第一节　利益相关者理论

一　利益相关者的概念

（一）利益相关者概念的产生

据《牛津词典》记载，利益相关者一词最早出现于 1708 年，它表示人们在某一活动或某企业中"下注"，在企业运营过程中抽头或赔本。1929 年通用电器公司一位经理在就职演说中，第一次提出公司应为利益相关者服务的想法。第一本关于利益相关者理论的著作是潘罗斯在 1959 年出版的《企业成长理论》，潘罗斯也被认为是企业利益相关者理论的先驱[①]。由此可见，利益相关者最早是由经济学家提出的一个经济学概念，但因为它起源于企业管理领域，而经济与管理密不可分，所以它又是一个管理学概念。

在西方，学者们真正给出利益相关者的定义是在 20 世纪 60 年代之后。最早正式使用"利益相关者"一词的经济学家是安索夫（Ansoff），1965 年他在所著的《公司战略》一书中提出了"要制定理想的

---

① 胡赤弟：《教育产权与现代大学制度构建》，广东高等教育出版社 2008 年版，第 153 页。

企业目标，必须综合平衡考虑企业的诸多利益相关者之间相互冲突的索求权，包括管理人员、工人、股东、供应商以及顾客"。弗瑞曼在《战略管理——利益相关者方式》一书，提出"利益相关者"、"利益相关者管理"、"利益相关者理论"等术语，这些术语在很多地方得到广泛应用。20 世纪 70 年代，利益相关者理论又有了新的发展，其对企业管理的影响越来越深远，正如经济学家蒂尔所言："我们原本只是认为利益相关者的观点会作为外因影响公司的战略决策和管理过程，但变化已经表明我们今天正从利益相关者影响迈向利益相关者参与[①]。发展到 20 世纪 70 年代，利益相关者观点逐渐从"利益相关者影响（stakeholder influence）迈向利益相关者参与（stakeholder participation）（Dill，1975）"。

（二）利益相关者概念的界定

利益相关者是一个范围广泛、成分复杂、性质各异的群体。因此，要对其作清晰界定十分困难。目前学术界关于这一概念的界定可谓见仁见智。总的来说，利益相关者的概念有广义和狭义之分。广义的概念认为利益相关者是能够影响企业或被企业影响的人或群体，既包括有益于企业价值实现的利益相关者，也包含不益于企业价值实现的利益相关者，如股东、员工、客户、供应商、政府机构、业界团体、竞争对手、公益团体、抗议群体等，更注重强调企业与利益相关者的双方立场。狭义的概念认为利益相关者是与企业有直接关系或者占有重要位置的人或群体，如股东、员工、客户、供应商、重要的政府机关和社会团体、相关的金融机构等，更注重强调的是企业的立场。[②]

二 利益相关者理论的主要内容

（一）利益相关者的类型

分类研究的首要任务是确定分类标准。采取的标准不同，所得的

---

① 胡赤弟：《教育产权与现代大学制度构建》，广东高等教育出版社 2008 年版，第 154 页。
② 同上书，第 155 页。

分类结果也不同。利益相关者是因为独特的利益而存在。如在企业中，股东、雇员和债权人等之间存在各自利益。同样的，在高等学校中，教师、学生、出资人之间也存在各自的利益。由于利益相关者的利益不同，所以受组织的影响程度也不同，从而影响他们参与组织管理的积极性。对利益相关者理论的动态发展做出重要贡献的是米切尔等人（Mitchell，Agle 和 Wood，1997）①。

米切尔等人使利益相关者理论具有一定的可操作性。在米切尔等人看来，企业的利益相关者可以被细分成以下三种类型：第一种，确定型利益相关者。第二种，预期型利益相关者，又可以细分为：支配型利益相关者，对企业拥有合法性和权利性，如投资者、政府部门；依赖型利益相关者，对企业拥有合法性和紧急性，如一些自发组织的协会或者社团；危险型利益相关者，对企业拥有紧急性和权利性，如罢工的员工、宗教极端分子等。第三种，潜在型利益相关者，又细分成以下三种：静态型利益相关者，自主型利益相关者和苛求型利益相关者。该利益相关者的分类是动态的，任何一个人或者团体在得到或者失去某些属性后，就会从一种状态转换成为另一种状态。该方法为利益相关者的鉴别提供了一个很好的框架，具有一定的可操作性②。

（二）利益相关者理论的核心内容

利益相关者理论的核心内容是：受公司利益影响的不仅仅是出资人，而是所有利益相关者，公司治理的目标应是满足多方利益相关者的不同要求，关注公司经营所造成的社会经济和政治影响，使各利益相关者都能参与公司治理，公司决策由各利益相关者合力参与，共同决定。从现代企业的生存与发展看，企业是物质资本与人力等资本的特别契约，企业并非仅仅依赖于股东，而是更多地依赖于利益相关者的合作，为了提高公司治理的效率，就必须平等地对待和保护每个利

① 胡赤弟：《教育产权与现代大学制度构建》，广东高等教育出版社 2008 年版，第 155 页。
② 尹晓敏：《利益相关者参与逻辑下的大学治理研究》，浙江大学出版社 2010 年版，第 31—39 页。

益相关者的产权权益，具体地讲，就是通过剩余索取权合理分配实现各自的产权权益，通过控制权的合理分配构建一个利益相关者的相互制衡机制，以防范自身权益遭受他人侵犯，从而达到长期稳定合作的目的①。

三　利益相关者理论在本研究中的适用分析

（一）大学是一种典型的利益相关者组织

大学是一种典型的利益相关者组织，充分认识利益相关者视角下大学治理的境域转换，坚定大学组织的本质属性，将引导大学治理的真正方向。利益相关者理论的提出给大学的利益相关者共同治理提供了理论依据②。利益相关者理论研究表明，企业除了为股东服务之外，还要为利益相关者服务，是利益相关者之间的"契约网"。由于大学是非营利性组织，所以，本质上它更是利益相关者之间的一张"契约网"，是利益相关者共同治理的组织机构。利益相关者理论为高等教育资源主体之间的合作提供了一个有意义的框架。当今世界利益相关者理论也逐渐成为社会、政治发展的新模式。有关文献研究已经显示，利益相关者理论同样适用于高等教育领域，成为指导高等教育发展的新框架③。

（二）利益相关者理论与大学治理

把利益相关者理论应用于高等教育领域内，将大学作为一个利益相关者组织进行研究的是美国的亨利·罗索夫斯基。作为一名经济学家，他在担任了哈佛大学文理学院院长 11 年之后，出版了《美国校园文化——学生·教授·管理》一书，作为其管理生涯的回顾与总结。在书中，罗索夫斯基提出大学"拥有者"的概念，他认为，人们"拥有"大学就像人民"拥有"国家一样，并特别指出大学的"拥有

---

① 尹晓敏：《利益相关者参与逻辑下的大学治理研究》，浙江大学出版社 2010 年版，第 31—39 页。
② 同上。
③ 胡赤弟：《教育产权与现代大学制度构建》，广东高等教育出版社 2008 年版，第 153 页。

者"不同于企业的所有者①。要理解大学的利益相关者模式，关键是理解利益相关者之间如何配置所有权。尽管大学所有权与企业所有权不同，但是，本质上是组成利益相关者权利的制度安排。为此我们根据"主导＋合作"的治理思路，提出利益相关者共同治理模式。利益相关者共同治理属于多主体治理问题，董事会是多主体治理的有效方式②。

（三）利益相关者理论与大学的社会责任

大学的社会责任是近年来备受人们关注的一个词汇。美国哈佛大学前校长博克和斯坦福大学前校长肯尼迪分别从不同视角关注大学的责任问题。他们一致认为，责任是大学所必须面对的重要问题。近年来大学责任受到关注，反映了社会对大学的新要求。当然，传统大学也讲责任，不能认为大学责任只是近来才有，只是关于大学责任的内涵有了进一步深化。所谓大学的责任，包括学术责任和社会责任。大学教师通常把他们的责任严格限制在学术领域。传统的大学责任即学术责任，是指大学从事教学和科研所要承担的责任。这种大学责任观的前提是，大学只是一个学术团体，其主要社会功能是从事高深学问的研究和人才培养。在高等教育日益成为社会中心的时候，这种责任观只能被认为是学术团体内部和狭义上的大学责任。相对于学术责任来说，另一种责任即社会责任，指大学作为一个社会机构所必须承担的社会责任。大学的社会责任更重要的是从外部去理解其责任。从大学的学术责任到社会责任的扩展，反映出社会对大学提出了更高、更多的要求。大学要以承担学术责任为本，但不可轻视社会责任的存在。学术责任是大学合法性存在的理由，大学的社会责任是大学发挥重要作用的必然结果。所以，社会责任是对于大学学术责任的补充和完善。如果说学术责任观下的大学是"教授治校"的大学，那么与社会责任观对应的大学应是利益相关者共同治理的大学。大学社会责任的产生

---

① 尹晓敏：《利益相关者参与逻辑下的大学治理研究》，浙江大学出版社 2010 年版，第 31—39 页。
② 胡赤弟：《教育产权与现代大学制度构建》，广东高等教育出版社 2008 年版，第 177 页。

是大学走向利益相关者共同治理的重要表现[①]。

第二节 顾客满意度理论

一 顾客满意度概念

顾客的地位至高无上，竭尽全力使顾客获得满意的理念首先产生于质量管理的领域，而后美国学者卡多佐（Cardozo）于 1965 年提出顾客满意的概念[②]。此后有关顾客满意度测评体系的研究也开始蓬勃发展，1989 年瑞典建立世界上第一个顾客满意度指数测评体系[③]。1995年，清华大学学者赵平博士将顾客满意度理论引入中国，开启了我国学者对顾客满意度理论的研究之路[④]。

（一）顾客

在 GB/T19000—2000 的标准中，将顾客定义为：接受产品和服务的组织或个人[⑤]。就顾客而言，供方不仅仅有一个，顾客有权接受和拒绝某一供方的产品或服务，同时，在接受产品或服务之后，还有权将自己的意见和诉求反馈给供方；对于供方而言，就要牢固树立"顾客是中心"的经营理念，力求用"顾客满意"来把握现有的顾客，争取潜在的顾客。本研究中的顾客即指高校学生，是对高校所提供的各项服务的消费者和使用者[⑥]。

---

① 胡赤弟：《教育产权与现代大学制度构建》，广东高等教育出版社 2008 年版，第 162 页。
② Cardozo, R. N, "An Experimental Study of Consumer Effort, Expectation and Satisfaction" Journal of Marketing Research, 1965, No. 2, pp. 244–249.
③ 刘宇：《顾客满意度测评》，社会科学文献出版社 2003 年版，第 2 页。
④ 韩冬梅：《教育学本科专业学生课堂教学满意度调查研究——以 S 大学为例》，沈阳师范大学硕士学位论文，2015 年。
⑤ GB/T19000—2000 是我国国家技术监督局 2000 年发布的等同采用 2000 版 ISO9000 族国际标准的国家质量管理体系标准。
⑥ 许文平：《以顾客满意为宗旨的经营管理研究》，转引自李红玫《辽宁省普通高等院校学生满意度研究》，沈阳师范大学硕士学位论文，2011 年。

（二）顾客满意度

针对不同的研究对象，学者们对顾客满意的定义也不尽相同。如：顾客满意就是指消费者的满足反映，是一种对产品或服务特征，或产品或服务本身所提供的满足情况的判断①；顾客满意是顾客对一个组织所提供的全部产品，包括服务、活动、情况、过程等的可感知效果与其期望比较后所形成的感受状态②……由此可见，顾客满意度就是顾客的某种需求得到满足后的一种愉悦感受。

顾客满意度就是顾客对某种商品的满意程度，"是一种顾客满意的量化统计指标，描述了顾客对产品的认知（期望值）和感知（实际感受值）之间的差异，可以测量顾客满意的程度"③。"顾客满意度实际上包含了顾客满意（积极的）和顾客不满意（消极的）两个方面的含义。④"也即，当顾客的期望值小于实际感受值时，顾客的满意度就高，会对该产品产生赞誉；当顾客的认知大于感知时，顾客的满意度就低，会对该产品产生抱怨⑤。

二 顾客满意度模型

关于顾客满意度的研究，提出了各种满意度理论模型。⑥

（一）期望模型

期望模型是期望——不一致模型（Expectation – Confirmation）的简称，其理论依据来自 70 年代的社会心理学和组织行为学⑦。1972 年 Olshavsky 和 Miller 发表的 "顾客期望、产品绩效与感知产品质量"一文和 1973 年 Anderson 发表的 "顾客不满意：期望与感知质量不一致的

---

① 吴桂华：《顾客满意度研究》，转引自韩冬梅《教育学本科专业学生课堂教学满意度调查研究》，沈阳师范大学硕士学位论文，2015 年。
② 马万民、张美文：《高等教育服务过程的顾客满意度模型》，《知识丛林》2006 年第 5 期。
③ 曹礼和：《顾客满意度理论模型与测评体系研究》，《湖北经济学院学报》2007 年第 1 期。
④ 郑山：《中雅机电实业公司顾客满意度测评及改善对策研究》，南昌大学硕士学位论文，2009 年。
⑤ 曹礼和：《顾客满意度理论模型与测评体系研究》，《湖北经济学院学报》2007 年第 1 期。
⑥ 华娜：《我国民办高校可持续发展研究——以辽宁省为例》，沈阳师范大学硕士学位论文，2011 年。
⑦ 百度百科：《顾客满意度理论》，http：//baike. baidu. com/view/4562328. htm，2015 年 11 月 28 日。

效应"一文，都探查了期望——不一致理论的基本框架①。该模型认为，"顾客在购买之前先根据过去经历、广告宣传等途径，然后在随后的购买和使用中感受到该产品或服务的实际水平，最后在实际的感受与顾客期望的比较过程中进行判断。②"如果实际感受低于期望，顾客就会不满；如果实际感受符合或超过期望，顾客就会满意③。

（二）绩效模型

"绩效通常指顾客所获得的产品效用的总和。④"一些研究者指出，达到或超过期望值一定导致满意的观点在逻辑上是不一致的⑤。该模型认为，满意的主要决定性因素是绩效，而绩效反映的是产品属性满足顾客需要的程度。因此，较高的产品绩效可以为顾客带来更大利益，提高顾客的满意水平，反之降低顾客的满意水平。绩效模型普遍用于测量顾客的整体满意水平，是各个行业满意度指标体系的理论基础。

（三）公平模型

随着满意度研究的发展，有学者将公平作为一个因变量纳入顾客满意的形成过程中。一些研究表明："顾客对产品是否满意，不仅取决于绩效与期望之间的比较，还取决于顾客认为是否交易公平合理"。⑥公平程度越低，顾客满意度就越低，公平程度越高，顾客的满意程度相应也越高。在公平模型中，如果顾客感觉到自己所付出的投入与所获得的效益，产品商提供的服务与自己的感知比例相一致的时候，顾客就会感到公平，同时满意感也会增加。与期望模型和绩效模型相比，公平模型更加关注顾客自己的投入部分（即付出部分），关注点的转移使顾客满意度概念与"价值"紧密联系起来。

---

① 黄中华：《湖北地区民办高校大学生满意度调查研究》，华中农业大学硕士学位论文，2009 年。
② 银淑秋：《基于卡诺模型的医疗行业顾客满意影响因素分析》，《江苏科技大学学报》（社会科学版）2005 年第 2 期。
③ 刘坤：《顾客满意度理论综述》，《山东通信技术》2005 年第 4 期。
④ 百度百科：《顾客满意度理论》，http://baike.baidu.com/view/4562328.htm，2015 年 11 月 28 日。
⑤ 刘坤：《顾客满意度理论综述》，《山东通信技术》2005 年第 4 期。
⑥ 百度百科：《顾客满意度理论》，http://baike.baidu.com/view/4562328.htm，2015 年 11 月 28 日。

三　顾客满意度测量

（一）顾客满意度指数[1]

1. 顾客满意度指数 CSI（Customer Satisfaction Index），是指顾客对组织以及组织提供的产品或服务的满意程度，是衡量顾客满意度的量化指标，也是衡量一个组织服务质量的重要标志[2]。

2. 顾客满意度指数模型的建立

1989 年，瑞典首先采用费耐尔逻辑模型设计出了瑞典顾客满意指数 SCSB（Sweden Customer Satisfaction Barometer）模型（见图 2 - 1），瑞典也因此成为世界上第一个在全国范围内进行顾客满意度调查的国家[3]。

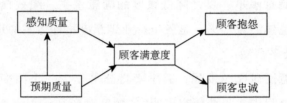

图 2 - 1　瑞典顾客满意度指数结构模型（SCSB）

美国于 1994 年公布了全国性的顾客满意度指数模型 ACSI（America Customer Satisfaction Index）见图 2 - 2。

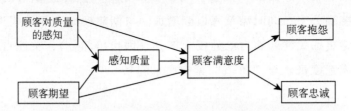

图 2 - 2　美国顾客满意度指数结构模型（ACSI）

① 李红玫：《辽宁省普通高等院校学生专业满意度研究》，沈阳师范大学硕士学位论文，2011 年。

② 韩玉志：《美国大学生满意度调查方法评介》，《比较教育研究》2006 年第 6 期。

③ 石军霞：《高校学生满意度调查研究——以苏州大学本科生为例》，转引自李红玫《辽宁省普通高等院校学生专业满意度研究》，沈阳师范大学硕士学位论文，2011 年。

该模型以顾客满意度为解释变量，顾客的期望、顾客感受到的质量、顾客感受到的价值为解释变量，建立多元线性回归计量模型计算出来[1]。

中国标准化研究院顾客满意度测评中心在学习借鉴美国顾客满意度指数（ACSI）测评方法的基础上，开发了具有符合中国国情的中国顾客满意度指数测量模型（见图2-3)[2]。

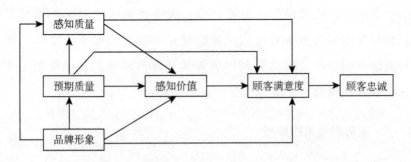

图 2 - 3　中国顾客满意度指数结构模型（CCSI)

（二）顾客满意度测评步骤

顾客满意度测评的主要流程是：确立测评指标并量化→确定被测评对象→抽样设计→问卷设计→实施调查→调查数据汇总整理→计算顾客满意度指数→分析评价→编写顾客满意度指数测评报告→改进建议和措施。[3]

（三）学生满意度测评

学生满意度测评方面的理论和实证研究大多数都是通过调查的形式来进行的。[4] 要准确的测量学生满意程度，首先应该建立满意度指标体系，满意度指标体系能综合反映其本身和环境所构成的复杂系统的不同属性，并按一定层次结构和隶属关系有序组成[5]。

① 韩玉志：《美国大学生满意度调查方法评介》，《比较教育研究》2006 年第 6 期。
② 刘宇：《顾客满意度测评》，社会科学文献出版社 2003 年版，第 89 页。
③ 李红玫：《辽宁省普通高等院校学生专业满意度研究》，沈阳师范大学硕士学位论文，2011 年。
④ 同上。
⑤ 李珂：《关于大学生求学满意度的探讨》，转引自李红玫《辽宁省普通高等院校学生专业满意度研究》，沈阳师范大学硕士学位论文，2011 年。

第三节　服务品质理论

服务质量评价研究是由芬兰著名学者格罗鲁斯开创。服务质量评价，顾名思义，是对于服务质量满意程度的一种评价。[①] "服务质量对于消费者而言，比实物质量更难评价；服务质量的感知取决于消费者期望服务与感受服务的对比；质量的度量不仅仅是服务的结果，同时也涉及服务的提供过程。"[②] 其中服务质量评价研究的理论模型是 PZB 服务质量评价模型，具体可以分为以下两种：

一　服务质量差距模型

此模型由 PZB 于 1985 年提出，又称为服务质量的概念化模型。该模型被提出后，PZB 又根据模型中的五个差距，提出了五个命题。这五个命题定义了影响顾客对服务质量看法的五个差距，即：顾客期望的服务与管理层期望的服务的差距，管理层对顾客期望服务的认知与指定的服务质量规范之间的差距，服务质量标准与实际提供的服务之间的差距，实际提供的服务与外部传达的服务质量之间的差距，顾客期望的服务与实际感知的服务之间的差距[③]。同时，PZB 还认为，最后一个差距是前面四个差距的函数，即命题六："差距 5 = f（差距 1，差距 2，差距 3，差距 4）"[④]。

二　感知服务质量模型

在提出服务质量差距模型之后，PZB 根据感知服务质量的决定性

---

① 华娜：《我国民办高校可持续发展研究——以辽宁省为例》，沈阳师范大学硕士学位论文，2011 年。
② 高锋：《服务质量评价理论研究综述》，《商业时代》2009 年第 6 期。
③ 同上。
④ 同上。

因素，认为信任程度的特性很难被测量，因此，服务的特征只有很少的部分可以探究到。并且，期望服务（ES）和感知服务（PS）之间的差异决定了顾客感知服务质量的高低。这就得出了第七个和第八个命题。命题七内容是：顾客评价服务质量时会依赖过去的经验特征。命题八的内容是：当期望服务质量（ES）大于感知服务质量（PS）时，顾客不满意；当期望服务质量（ES）等于感知服务质量（PS）时，顾客满意；当期望服务质量（ES）小于感知服务质量（PS）时，顾客非常满意，并且会随着差距的增大而成为理想的质量[1]。

本研究主要基于 PZB 服务质量评价模型的命题八，定义了服务质量品质。问卷中的"满意度"即为学生或教师主体对于学校各种服务质量的"感知服务（PS）"，即被满足的程度。问卷中的"重要性"即为学生或教师主体对于学校各种服务质量的一种"期望服务（ES）"。学生或教师对于"学校服务质量品质满意度（QS）"＝感知服务（PS）"—"期望服务（ES）"。本研究中将"服务质量评价研究"通俗地称为"服务品质理论"。[2]

第四节　地方普通本科高校转型

一　转型

"转型"（transformation）一词近十几年来在中国学术领域运用广泛，政治学、经济学、社会学、历史学、哲学、法学等都有所涉及，具体涵义各不相同。

这里所说的转型，是指事物的结构形态、运转模型和人们观念的根本性转变过程。不同转型主体的状态及其与客观环境的适应程度，决定了转型内容和方向的多样性。转型是主动求新求变的过程，是一

---

[1] 高锋：《服务质量评价理论研究综述》，《商业时代》2009 年第 6 期。

[2] 华娜：《我国民办高校可持续发展研究——以辽宁省为例》，沈阳师范大学硕士学位论文，2011 年。

个创新的过程①。

二 专业转型②

专业转型体现了专业设置的根本性转变过程，应从以下三个维度体现：

（一）职业性：专业转型的定位取向

长期以来，我国地方高等院校在践行高等教育首要职能——人才培养的问题上，其专业价值取向始终陷于扬学抑术、尊学贬术而难以自拔的境地。于是，进入我们视阈的是诸多地方高校无不效仿着重点大学，研究型、综合化成为众多地方高校追逐的发展目标。内在价值取向的不平衡导致了诸多地方高校人才培养职业化程度的严重欠缺。

从现代高等教育的发展逻辑来看，职业分工是现代高等教育专业设置的基本依据之一。职业是近代工业化社会及其社会职能分工的产物，最初，职业的划分和高等教育的专业并没有必然的联系，但随着职业分化的日益成熟，科学技术逐渐渗透到职业活动，而职业对知识技术的要求日益提高，对从业人员的素质要求也不断提升。于是，职业知识技能、职业规范等开始进入到高等教育领域，成为专业设置和课程组织的重要依据，职业化亦逐步成为高等教育专业设置的基本考量。

从专业设置的实践逻辑来看，我国地方高等院校若想改变目前的"滞销"窘境，切实履行为社会培养人才的职能，必须实现由传统的精英时期"学术导向为主"向大众化阶段的"社会需求导向为主"转型。在课程组织和教学内容上，实现从偏重文化技术和理论知识转向重视就业技能和发展能力的转型，从重视学科性与专业性的教学内容向注重实践、关注职业走向的教学内容转型。

（二）多样性：专业转型的成长方式

当下的中国高等教育在似乎激烈的竞争中，仍然延续着精英教育

---

① 360 百科：《转型》，http://baike.so.com/doc/6788128 - 7004737.html，2015 年 11 月 20 日。
② 唐卫民：《地方高校应实现专业转型》，《光明日报》2007 年 7 月 11 日第 11 版。

的专业—课程—职业的专业成长路线，相安无事地招生、培养与就业。由此，我们所看到的是大量的地方高校举办着大量的雷同专业，大量雷同专业培养的学生挣扎在求职的征途上。

诸多问题的产生也隐含着地方高等院校办学条件和办学成本的无奈，学校的生存与发展所带来的危机已经超出了对学生未来的关注。

为此，在已步入大众化的现实面前，地方高等院校意欲增加竞争力、提升办学效益，就必须转变传统的专业成长模式，以特色求发展，走多样化发展之路。地方高校根据本校的专长学科作为适应社会需求的基础条件，在学分制的框架下拓展课程体系，实现相同专业的特色化。同时，依据行业需求发展新型专业。

（三）地方性：专业转型的设置视域

长期以来，我国高校的专业目录的制订过多地依据了学科体系的分化，而对社会分工和职业发展的考量明显不足。对专业名称、学科划分、业务规格、主要专业课程等内容的格式化界定，使得来自于不同地区的不同类型院校不得不在狭窄而雷同的空间内加以选择。

我国是一个区域社会发展极不均衡的国家，高校种类庞多。从市场竞争的角度讲，地方高校更贴近区域社会，市场竞争体制迫使高校必须对区域社会和经济形势的变化做出灵活的反应，不断调整专业设置，改革教学方法和课程组合，以有利于学生形成社会适应能力。在大众化的条件下，如果仍然实行全国统一的专业目录和专业要求，必然会带来雷同，地方高校也难以调整专业价值取向和变革专业成长模式，从而极大地限制地方高等院校的发展，不利于培养地方高等院校的办学特色，不利于地方高校为区域社会培养人才职能的实现。

为此，在专业设置的视域上，应该逐步向地方过渡，允许地方高等院校依据本地区的经济发展和人才需求状况，自主设置专业和界定专业规格。国家颁布的专业目录应该只是一个指导性的参考目录，而非唯一的设置标准。从政府的角度看，实施学科专业评估应成为主要调控手段，主管部门乃至社会各界更多地应关注学校的专业设置条件、评估专业培养质量，而非过多地掌握审批程序乃至专业名称。

三　地方普通本科高校转型

笔者曾在 2007 年、2008 年在光明日报和辽宁教育研究上发表过两篇文章，分别是《地方高校应实现专业转型》、《大众化背景下我国地方高等院校的专业转型》提出了"职业性：地方高等院校专业转型的实践逻辑；多样性：地方高等院校专业转型的成长模式；地方性：地方高等院校专业转型的设置视域。"认为我国地方高校专业转型发展的路径是："专业价值取向的职业性；专业成长模式的市场化；专业设置权限的地方化。"这一观点引起了众多学者的关注，并被多家网站转载。此后，不断有学者开始关注并研究地方高校的转型发展问题。随着高等教育大众化的不断推进，政府也日益重视，并于 2015 年 10 月 21 日由教育部、发改委、财政部联合签发了《关于引导部分高校地方普通本科高校向应用型转变的指导意见》（教发［2015］7 号），提出了地方普通高校转型的重要意义、指导思想和基本思路、转型发展的主要任务、配套政策和推进机制等。这一文件的出台，无疑为我国地方普通高等学校转型发展提供了强有力的政策支持。但是，不可否认，地方普通本科高校转型发展的核心问题仍然是专业设置转型的问题。

地方普通高等学校本科专业设置转型是指在地方普通高校本科专业设置、专业设置权的分配、地方普通高校的专业选择等相关层面，在大众化背景下应予实现的根本转变过程。

（一）地方普通高校本科专业设置[①]

专业设置反映了一个国家或地区设置的专业种类和种数。在种类方面，体现着专业划分标准，即依据什么设置专业；在专业种数方面，不仅反映着专业的数量，更重要的是在当前我国的专业设置实践中，反映着专业口径的大小。

1. 专业划分依据的变革

我国现行的《普通高等学校本科专业目录》中"专业主要按学

---

① 唐卫民：《大众化背景下普通高等学校本科专业设置研究》，厦门大学博士学位论文，2012 年。

科划分",相对而言,它更适合于培养理论型、学术型人才。显然,这个目录不仅不适合跨学科人才的培养,更不适合应用性人才的培养。为此,在高等教育大众化的背景下,如何解决"未来发展急需的高新技术类专业人才、高层次经营管理人才供给不足、面向地方经济建设的应用型人才培养薄弱"等问题,进而"主动适应我国经济结构战略性调整、人才市场需求和提高国际竞争能力的需要,发展高新技术类学科专业和应用型学科专业"成为专业设置转型之必然措施。

在高等教育大众化阶段,在保留"以学科划分专业"的方式下,需要增加以"行业划分专业"的应用型专业,以利于大众化时代应用型人才的培养。"设置新的本科专业,……充分考虑职业岗位和人才需求"。显然,职业谱系应该成为应用型专业设置的关注点。

我国的职业分类按照 2015 年修订的《中华人民共和国职业分类大典》,共分为 8 个大类、75 个中类、434 个小类、1481 个职业,并列出了 2670 个工种,标注了 127 个绿色职业。

以第二大类中的"专业技术人员"为例,又分为 11 个中类、120 个小类、451 个职业。专业技术人员的职业描述是:从事科学研究和专业技术工作的人员。其中以 11 个中类中的"工程技术人员"为例,职业描述是:从事矿物勘探和开采,产品开发和设计、制造,建筑、交通、通信及其他工程规划、设计、施工等的技术人员。又细分为 35 个小类。以下设的 35 个小类中的"计算机与应用工程技术人员"为例,其职业描述是:从事计算机硬件、软件、网络研究、设计、开发、调试、集成、维护和管理以及系统分析的工程技术人员。本小类包括 5 个职业,职业描述分别是:计算机硬件技术人员:从事计算机硬件技术研究、设计、开发、调试、集成、维护和管理的工程技术人员。计算机软件技术人员:从事计算机系统软件和应用软件研究、设计、开发、测试、集成、维护和管理的工程技术人员。计算机网络技术人员:从事计算机网络和计算机通信技术研究、设计、开发、安装、集成、调试计算机网络硬件和软件的工程技术人员。计算机系统分析技术人员：从事计算机系统分析和计算机应用系统分析，并提出相应解决方案的工程技术人员。其他计算机与应用工程技术人员：指未列入上述 4 个职业的计算机与应用工程技术人员。

从上述职业分类中可以看出，"计算机与应用工程技术人员"中的 5 个职业，应该成为高校本科专业设置的主要参照系。

2. 专业口径的认知变革

长期以来，为扩大专业口径，减少专业种数逐步成为拓宽专业覆盖面、社会适应度的沿袭措施，专业种数越少，专业覆盖面和社会适应度就越高已成为基本的认知。显然，专业口径的大小，不能仅仅用专业的种数来控制，而应视专业的性质来决定专业的口径宜宽还是宜窄。就应用型专业而言，应把握好专业与职业的关系。

从专业与职业的相关性来讲，它们并不都是一一对应的关系，而是呈现出一对一、一对多、多对多等非常复杂的相关关系，并在某种程度上反映了专业应有的口径。

（1）专业与职业的"一对一"关系

专业与职业的"一对一"关系最为简单。它是一个专业方向对应一个职业目标，此类职业的技术含量比较高，也比较单一，因此专业的培养目标单一明确。这类专业和职业一般都适合于专业技术人员（见图 2-4）。

图 2-4　专业与职业的"一对一"关系图

在专业设置实践中，由于专业设置与职业需要的不同适应程度，也可能会出现以下三种情况：第一种，专业包容职业：是以职业为核心，专业领域包容职业需求。这种情况下，由于职业需求为专业内容所涵盖，而且略有拓展，因而有利于毕业生学以致用。第二种，职业包容专业：是以专业为核心、职业包容专业的方式。这种情况下，职业与专业虽然在方向上一致，但职业需求超出了专业领域，会使毕业生的适应面不够，产生知识体系或技能体系有所欠缺的问题。第三种，专业与职业交叉：是以专业领域和职业领域的核心内容为共担的方式。这种情况下，职业需求与专业领域在某一重点方向融合，存在的空白空间较大，因而会使毕业生产生有些知识是"学非所用"、有些需求在专业中却没有学到的问题。

在专业设置与人才培养实践中，应力求实现第一种方式，避免后两种方式的出现。当然，为了增强毕业生的职业适应性，也不能使第一种方式走向极端，无限放大专业的涵盖面。应在正确领会"宽口径、厚基础"内涵的基础上扩大专业的涵盖面。

（2）专业与职业的"一对多"关系

在现实的普通高等学校本科专业中，一个专业对应多个职业的现象比较多，比如法学专业，它所对应的"法律专业人员"分为法官、检察官、律师、公证员、司法鉴定人员、书记员等职业，而这些职业人员均需要法学专业来培养。

在地方普通高等学校本科专业设置转型实践中，仍然会产生专业与职业的"一对多"现象。仍以"法律专业人员"为例，它所包含的"书记员"职业，由于职业要求相对较低，所从事的工作领域不需要设置专门的本科专业，其职业需求完全可以在一个专业中与其他职业需求同时得以实现。这样的职业领域在高校的专业设置中会经常出现。

（3）专业与职业的"多对一"关系

在现实的本科专业设置实践中，专业与职业的"多对一"成长方式也会经常出现。

以职业分类——中类中的"教学人员"为例，职业描述是从事各级各类教育教学工作的专业人员。

本中类包括下列小类：高等教育教师、中等职业教育教师、中学教师、小学教师、幼儿教师、特殊教育教师、其他教学人员。

在小类之下的细类即职业层面做进一步的划分，以"中学教师"

为例，其职业描述是：在中学专门从事教育教学工作的人员。从事的工作主要包括：①承担教学任务，备课、授课、辅导、批改作业；②对学生进行考试、考核；③对学生进行思想品德教育，担任班主任或组织、辅导学生课外活动；④进行教育教学研究工作。

众所周知，中学是分科教学的，如语文教师、数学教师、物理教师、化学教师、生物教师、地理教师、外语教师等等，其中外语教师又可能分为英语、日语、俄语等多个语种。显然，中学教师这一职业是不可能通过一个专业来培养的，它需要来自于几个、甚至十几个的专业。但无论什么科的教师，其职业要求是基本一致的，即应该具有相应的学科理论知识和教师职业技能。为此，在培养目标和规格的界定以及课程体系的设计上应该是有章可循的。

（二）普通本科专业设置权的分配①

普通本科专业设置权分配是高校本科专业设置转型的制度性变革，应切实实现专业的设置权、专业选择的审批权的重心下移，同时，亦应进一步规范高校的专业选择权。

1. 专业设置权的重心下移

长期以来，我国普通本科专业的设置始终是自上而下的决策过程，教育部代表中央政府行使着专业的设置和调整权力，其具体的标志就是《专业目录》，地方政府和高校基本上没有专业的设置权。当然，2001 年后，几所国家重点建设大学获得了自主设置专业的权力，应该说这是我国本科专业设置实践中的一件大事，尽管它只是在局部的放权。

我国是一个地域广阔、经济发展不平衡的国家，各区域的高等教育的发展水平也参差不齐。发展区域性经济长期以来一直是我国经济体制改革的重要目标。并且，近年来区域经济迅速发展，从而带动了区域高等教育的快速发展，高等教育地方化的趋势越来越明显。为适应这一趋势，在普通本科专业设置转型上也必须体现地方性的特点，

---

① 唐卫民：《大众化背景下普通高等学校本科专业设置研究》，厦门大学博士学位论文，2012 年。

即扩大地方政府和普通高等学校的专业设置权，加强普通高等学校本科专业设置的区域化特点。为了适应高等教育地方化的趋势，应该建立专业设置转型的权力下放和制约机制，国家教育行政部门应充分考虑和尊重地域广阔、经济社会发展不平衡、人才需求规格差异大的客观现实，将专业的设置权逐步下放到省级教育行政部门和高校，鼓励地方政府及高校分析劳动力市场和区域产业的发展需求，重视用人单位的信息反馈，面向行业、面向基层、贴近实际、灵活自主地调整专业结构，设置与拓宽新专业。

为此，在可以继续保留国家层面的专业设置权——专业目录的制定与修订权的同时，应该赋予地方政府乃至普通高等学校的专业设置权。地方政府或普通高等学校可以设置适应于地方社会需求或学校特点的专业，直至形成地方化的引导性专业目录，真正体现"立足地方、依托地方、服务地方"的指导思想。

2. 本科专业的选择权和审批权的规范与下移

改革开放后，我国的一些高校尤其是地方普通高等学校兴起一股模仿、攀比之风。进入 20 世纪 90 年代，又大刮升格之风。期间，高校布点了大量的新专业。高校扩招以后，高校申办新专业之风更甚，直至院校之间专业布点趋同、许多专业高频数重复布点。上述问题，往往把缘由归咎于高校，似乎是高校不规范地使用选择权，其实，归根结底是政府不能按照有关的规定使用审批权。为此，进一步规范高校的专业选择权和审批权是十分必要的。

一方面，梳理多年来高校专业选择的问题，重新规划高校的专业选择范围，使高校的专业选择权更为合理。如，医药院校原则上只能选择医学门类的专业，而其他学科门类的"医药类"专业却变成了"非类"专业。如工科门类中，生物医学工程类的生物医学工程专业、化工与制药类的制药工程专业；农学门类中，动物医学类的动物医学专业，等等。显然，这些问题的存在，既反映出专业设置的不合理，同时也反映了关于高校专业选择权的规定不合理。另一方面，政府部门应正确行使审批权，不能不作为，更不能姑息迁就高校的选择行为。

为此，中央政府和地方政府应各司其责，教育部应放审批权于地方政府，进而履行"监督职责"，对于地方政府乃至高校在专业选择和审批过程中的违规情节，可以采用"发回重审"。

国家教育行政部门在专业目录的使用上，应该逐步向具有统计功能的专业目录过渡，而不应作为当前的专业设置转型的根本依据。地方政府在本科专业的设置和管理上，要严格标准、规范程序、加强监督和评估。而高校应在国家和地方政府的指导下，从本校的性质、办学定位、服务面向和实际办学条件出发，深入调研、科学论证、合理规划，切实做好专业设置和转型工作。

（三）地方普通本科高校的专业选择[①]

教发［2015］7 号文件提出的"坚持需求导向、服务地方"的指导思想，为地方普通高等学校的专业设置和转型指明了方向。同时，也为地方普通高等学校的专业选择提出了新要求。

1. 行业需求为目标

在大众化背景下，普通高等学校本科专业的选择应该以行业需求为目标，应该建立专业设置的行业需求预测机制，避免盲目设置、跟风设置的倾向。尤其是原部委所属高校转制之后，与行业的关系渐渐疏远，行业特色淡化，甚至消失。行业特色高校应主动与相关行业发展紧密联系起来，为行业发展服务，走与行业发展良性互动的办学道路。要加强产学研合作教育，充分利用国内外资源，不断拓展校际之间、校企之间、高校与科研院所之间的合作，加强各种形式的实践教学基地和实验室建设。

普通高等学校通过与行业部门的密切接触，了解行业的现实需求，并依托高校的学科优势，共同开发新型专业。目前，尽管业已存在大量的目录外专业，但真正沿上述路线而产生的专业却少之又少。为此，针对社会行业需求设计培养目标和规格，依托高校学科优势构建课程体系，应成为今后新型专业生成的基本逻辑（见图 2-5）。

---

① 唐卫民：《大众化背景下普通高等学校本科专业设置研究》，厦门大学博士学位论文，2012 年。

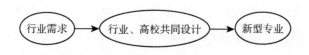

图 2-5　新型专业生成模式示意图

2. 特色专业为引导

高校在专业选择过程中，应以特色专业为引导，即以学校原有的办学优势、办学条件为基础，充分利用学校在地域上的优势，扬长避短，针对本地区行业的特殊需要，采取点面结合的方针，把"人无我有"和"人有我强"作为专业选择的目标，努力培育和形成自身的品牌、特色专业。应该改变过去所有专业一起抓的状况，应该以设置和建设学校的特色专业为重点，以特色专业引导学校的特色化发展。因为这种特色专业越突出，学校就越具有不可替代性，在竞争中就越具独特的优势。同时，可以借鉴国外经验，依托学校原有学科优势和历史传统，组建不同的专业群，从而扩大专业的覆盖面，这也是保障普通高等学校专业特色发展的有效路径之一。

3. 专业内涵为重点

由于一个专业不可能只在一个学校开设，为此，如何避免不同学校开设同一专业的雷同，成为普通高等学校本科专业转型必须谈及的问题。相同专业具有相同的培养目标及培养规格似乎是合情合理的，但如果诸多学校相同专业的培养目标及培养规格都毫无差别，势必会带来所培养的人才雷同问题。为此，在总体目标和规格大致相同的情况下，应该加强专业内涵的建设，即通过不同的课程设置来调节雷同成分，通过独具特色的课程体系设置来推动专业的特色发展。

4. 学生诉求为根本

在普通高等学校专业选择转型的过程中，还应考虑利益相关者之一的学生的诉求，即应该以学生诉求为根本，允许学生按照未来就业意向和自己的兴趣来自主选择专业，或由学生自己选修课程组成具有个性化特点的专业。而不是由学校决定学生学什么专业、学哪些课程内容。目前，在有些高校已经开始试行学生自主选择专业，但是还处在初步探索阶段，关键在于高校的专业选择以何种理念为指导？如何进行管理？在技术层面上如何操作，等等。

　　总之，普通高等学校专业的选择只有形成外部适应社会行业需求、内部适应学生诉求、加强特色专业和内涵建设相统一的转型机制，才能够更好地保障本科专业的质量，最终提高本科人才培养的质量。

第三章

地方普通本科高校专业设置案例分析

第一节　普通高校专业设置目录（2012）变化分析

《普通高等学校本科专业目录（2012年）》是高等教育工作的基本指导性文件之一。它规定专业划分、名称及所属门类，是设置和调整专业、实施人才培养、安排招生、授予学位、指导就业，进行教育统计和人才需求预测等工作的重要依据①。

本目录根据《教育部关于进行普通高等学校本科专业目录修订工作的通知》（教高〔2010〕11号）要求，按照科学规范、主动适应、继承发展的修订原则，在1998年原《普通高等学校本科专业目录》及原设目录外的专业基础上，经分科类调查研究、专题论证、总体优化配置、广泛征求意见、专家审议、行政决策等过程形成的②。

新目录分为基本专业（352种）和特设专业（154种），并确定了62种专业为国家控制布点专业。特设专业和国家控制布点专业分别在专业代码后加"T"和"K"表示，以示区分③。

---

① 教育部：《教关于印发〈普通高等学校本科专业目录（2012年）〉〈普通高等学校本科专业设置管理规定〉等文件的通知》，http：//www.moe.gov.cn/srcsite/A08/moe_ 1034/s3882/201209/t20120918_ 143152.html，2015年12月28日。
② 同上。
③ 同上。

一　基本专业设置状况

本目录的学科门类与国务院学位委员会、教育部 2011 年印发的《学位授予和人才培养学科目录（2011 年）》的学科门类基本一致，分设哲学、经济学、法学、教育学、文学、历史学、理学、工学、农学、医学、管理学、艺术学 12 个学科门类，92 个专业类，506 个专业。具体情况是哲学门类下设专业类 1 个，4 种专业；经济学门类下设专业类 4 个，17 种专业；法学门类下设专业类 6 个，32 种专业；教育学门类下设专业类 2 个，16 种专业；文学门类下设专业类 3 个，76 种专业；历史学门类下设专业类 1 个，6 种专业；理学门类下设专业类 12 个，36 种专业；工学门类下设专业类 31 个，169 种专业；农学门类下设专业类 7 个，27 种专业；医学门类下设专业类 11 个，44 种专业；管理学门类下设专业类 9 个，46 种专业；艺术学门类下设专业类 5 个，33 种专业（具体见表 3 - 1）①。

表 3 - 1　　　　2012 年本科专业目录基本专业设置状况一览表

学科门类	专业类	具体专业
哲学	哲学类	哲学、逻辑学、宗教学（K）
经济学	经济学类	经济学、经济统计学
	财政学类	财政学（K）、税收学
	金融学类	金融学（K）、金融工程、保险学、投资学
	经济与贸易类	国际经济与贸易、贸易经济
法学	法学类	法学（K）
	政治学类	政治学与行政学、国际政治、外交学
	社会学类	社会学、社会工作
	民族学类	民族学
	马克思主义理论类	科学社会主义、中国共产党历史、思想政治教育
	公安学类	治安学（K）、侦查学（K）、边防管理（K）

① 教育部：《教关于印发〈普通高等学校本科专业目录（2012 年）〉〈普通高等学校本科专业设置管理规定〉等文件的通知》，http：//www.moe.gov.cn/srcsite/A08/moe_ 1034/s3882/201209/t20120918_ 143152.html，2015 年 12 月 28 日。

续表

学科门类	专业类	具体专业
教育学	教育学类	教育学、科学教育、人文教育、教育技术学、艺术教育、学前教育、小学教育、特殊教育
	体育学类	体育教育、运动训练（K）、社会体育指导与管理、武术与民族传统体育（K）、运动人体科学
文学	中国语言文学类	汉语言文学、汉语言、汉语国际教育、中国少数民族语言文学、古典文献学
	外国语言文学类	英语、俄语、德语、法语、西班牙语、阿拉伯语、日语、波斯语、朝鲜语、菲律宾语、梵语巴利语、印度尼西亚语、印地语、柬埔寨语、老挝语、缅甸语、马来语、蒙古语、僧伽罗语、泰语、乌尔都语、希伯来语、越南语、豪萨语、斯瓦希里语、阿尔巴尼亚语、保加利亚语、波兰语、捷克语、斯洛伐克语、罗马尼亚语、葡萄牙语、瑞典语、塞尔维亚语、土耳其语、希腊语、匈牙利语、意大利语、泰米尔语、普什图语、世界语、孟加拉语、尼泊尔语、克罗地亚语、荷兰语、芬兰语、乌克兰语、挪威语、丹麦语、冰岛语、爱尔兰语、拉脱维亚语、立陶宛语、斯洛文尼亚语、爱沙尼亚语、马耳他语、哈萨克语、乌兹别克语、祖鲁语、拉丁语、翻译、商务英语
	新闻传播学类	新闻学、广播电视学、广告学、传播学、编辑出版学
历史学	历史学类	历史学、世界史、考古学、文物与博物馆学
理学	数学类	数学与应用数学、信息与计算科学
	物理学类	物理学、应用物理学、核物理
	化学类	化学、应用化学
	天文学类	天文学
	地理科学类	地理科学、自然地理与资源环境、人文地理与城乡规划、地理信息科学
	大气科学类	大气科学、应用气象学
	海洋科学类	海洋科学、海洋技术
	地球物理学	地球物理学、空间科学与技术
	地质学类	地质学、地球化学
	生物科学类	生物科学、生物技术、生物信息学、生态学
	心理学类	心理学、应用心理学
	统计学类	统计学、应用统计学
工学	力学类	理论与应用力学、工程力学
	机械类	机械工程、机械设计制造及其自动化、材料成型及控制工程、机械电子工程、工业设计、过程装备与控制工程、车辆工程、汽车服务工程

续表

学科门类	专业类	具体专业
工学	仪器类	测控技术与仪器
	材料类	材料科学与工程、材料物理、材料化学、冶金工程、金属材料工程、无机非金属材料工程、高分子材料与工程、复合材料与工程
	能源动力类	能源与动力工程
	电气类	电气工程及其自动化
	电子信息类	电子信息工程、电子科学与技术、通信工程、微电子科学与工程、光电信息科学与工程、信息工程
	自动化类	自动化
	计算机类	计算机科学与技术、软件工程、网络工程、信息安全（K）、物联网工程、数字媒体技术
	土木类	土木工程、建筑环境与能源应用工程、给排水科学与工程、建筑电气与智能化
	水利类	水利水电工程、水文与水资源工程、港口航道与海岸工程
	测绘类	测绘工程、遥感科学与技术
	化工与制药类	化学工程与工艺、制药工程
	地质类	地质工程、勘查技术与工程、资源勘查工程
	矿业类	采矿工程、石油工程、矿物加工工程、油气储运工程
	纺织类	纺织工程、服装设计与工程
	轻工类	轻化工程、包装工程、印刷工程
	交通运输类	交通运输、交通工程、航海技术（K）、轮机工程（K）、飞行技术（K）
	海洋工程类	船舶与海洋工程
	航空航天类	航空航天工程、飞行器设计与工程、飞行器制造工程、飞行器动力工程、飞行器环境与生命保障工程
	兵器类	武器系统与工程、武器发射工程、探测制导与控制技术、弹药工程与爆炸技术、特种能源技术与工程、装甲车辆工程、信息对抗技术
	核工程类	核工程与核技术、辐射防护与核安全、工程物理、核化工与核燃料工程
	农业工程类	农业工程、农业机械化及其自动化、农业电气化、农业建筑环境与能源工程、农业水利工程
	林业工程类	森林工程、木材科学与工程、林产化工
	环境科学与工程类	环境科学与工程、环境工程、环境科学、环境生态工程
	生物医学工程类	生物医学工程

续表

学科门类	专业类	具体专业
工学	食品科学与工程类	食品科学与工程、食品质量与安全、粮食工程、乳品工程、酿酒工程
	建筑类	建筑学、城乡规划、风景园林
	安全科学与工程类	安全工程
	生物工程类	生物工程
	公安技术类	刑事科学技术（K）、消防工程（K）
农学	植物生产类	农学、园艺、植物保护、植物科学与技术、种子科学与工程、设施农业科学与工程
	自然保护与环境生态类	农业资源与环境、野生动物与自然保护区管理、水土保持与荒漠化防治
	动物生产类	动物科学
	动物医学类	动物医学、动物药学
	林学类	林学、园林、森林保护
	水产类	水产养殖学、海洋渔业科学与技术
	草学类	草业科学
医学	基础医学类	基础医学（K）
	临床医学类	临床医学（K）
	口腔医学类	口腔医学（K）
	公共卫生与预防医学类	预防医学（K）、食品卫生与营养学
	中医学类	中医学（K）、针灸推拿学（K）、藏医学（K）、蒙医学（K）、维医学（K）、壮医学（K）、哈医学（K）
	中西医结合类	中西医临床医学（K）
	药学类	药学、药物制剂
	中药学类	中药学、中药资源与开发
	法医学类	法医学（K）
	医学技术类	医学检验技术、医学实验技术、医学影像技术、眼视光学、康复治疗学、口腔医学技术、卫生检验与检疫
	护理学类	护理学
管理学	管理科学与工程类	管理科学、信息管理与信息系统、工程管理、房地产开发与管理、工程造价
	工商管理类	工商管理（K）、市场营销、会计学（K）、财务管理、国际商务、人力资源管理、审计学、资产评估、物业管理、文化产业管理
	农业经济管理类	农林经济管理、农村区域发展

续表

学科门类	专业类	具体专业
管理学	公共管理类	公共事业管理、行政管理、劳动与社会保障、土地资源管理、城市管理
	图书情报与档案管理类	图书馆学、档案学、信息资源管理
	物流管理与工程类	物流管理、物流工程
	工业工程类	工业工程
	电子商务类	电子商务
	旅游管理类	旅游管理（K）、酒店管理、会展经济与管理
艺术学	艺术学理论类	艺术史论
	音乐与舞蹈学类	音乐表演、音乐学、作曲与作曲技术理论、舞蹈表演、舞蹈学、舞蹈编导
	戏剧与影视学类	表演、戏剧学、电影学、戏剧影视文学、广播电视编导、戏剧影视导演、戏剧影视美术设计、录音艺术、播音与主持艺术、动画
	美术学类	美术学、绘画、雕塑、摄影
	设计学类	艺术设计学、视觉传达设计、环境设计、产品设计、服装与服饰设计、公共艺术、工艺美术、数字媒体艺术

二 特设专业设置状况

2012 年专业目录新增设了特色专业，涉及学科门类 12 个，专业类 59 个，具体专业 154 个，没有设置特设专业的学科门类 9 个，专业类 33 个（具体见表 3-2）。

表 3-2 　　　　2012 年本科专业目录特设专业设置状况一览表

学科门类	专业类	具体专业
哲学	哲学类	伦理学
经济学	经济学类	国民经济管理、资源与环境经济学、商务经济学、能源经济
	金融学类	金融数学、信用管理、经济与金融
法学	法学类（2）	知识产权、监狱学
	政治学类（2）	国际事务与国际关系、政治学、经济学与哲学
	社会学类（3）	人类学、女性学、家政学
	公安学类（TK）	禁毒学、警犬技术、经济犯罪侦查、边防指挥、消防指挥、警卫学、公安情报学、犯罪学、公安管理学、涉外警务、国内安全保卫、警务指挥与战术

续表

学科门类	专业类	具体专业
教育学	教育学类	华文教育
	体育学类	运动康复、休闲体育
文学	中国语言文学类	应用语言学、秘书学
	新闻传播学类	网络与新媒体、数字出版
历史学	历史学类	文物保护技术、外国语言与外国历史
理学	数学类	数理基础科学
	物理学类	声学
	化学类	化学生物学、分子科学与工程
	海洋科学类	海洋资源与环境、军事海洋学
	地质学类	地球信息科学与技术、古生物学
工学	机械类	机械工艺技术、微机电系统工程、机电技术教育、汽车维修工程教育
	材料类	粉体材料科学与工程、宝石及材料工艺学、焊接技术与工程、功能材料、纳米材料与技术、新能源材料与器件
	能源动力类	能源与环境系统工程、新能源科学与工程
	电气类	智能电网信息工程、光源与照明、电气工程与智能控制
	电子信息类	广播电视工程、水声工程、电子封装技术、集成电路设计与集成系统、医学信息工程、电磁场与无线技术、电波传播与天线、电子信息科学与技术、电信工程及管理、应用电子技术教育
	自动化类	轨道交通信号与控制
	计算机类	智能科学与技术、空间信息与数字技术、电子与计算机工程
	土木类	城市地下空间工程、道路桥梁与渡河工程
	水利类	水务工程
	测绘类	导航工程、地理国情监测
	化工与制药类	资源循环科学与工程、能源化学工程、化学工程与工业生物工程
	地质类	地下水科学与工程
	矿业类	矿物资源工程、海洋油气工程
	纺织类	非织造材料与工程、服装设计与工艺教育
	交通运输类	交通设备与控制工程、救助与打捞工程、船舶电子电气工程
	海洋工程类	海洋工程与技术、海洋资源开发技术

续表

学科门类	专业类	具体专业
工学	航空航天类	飞行器质量与可靠性、飞行器适航技术
	环境科学与工程类	环保设备工程、资源环境科学、水质科学与技术
	生物医学工程类	假肢矫形工程
	食品科学与工程类	葡萄与葡萄酒工程、食品营养与检验教育、烹饪与营养教育
	建筑类	历史建筑保护工程
	生物工程类	生物制药
	公安技术类（TK）	交通管理工程、安全防范工程、公安视听技术、抢险救援指挥与技术、火灾勘查、网络安全与执法、核生化消防
农学	植物生产类	茶学、烟草、应用生物科学、农艺教育、园艺教育
	动物生产类	蚕学、蜂学
	动物医学类	动植物检疫
	水产类	水族科学与技术
医学	临床医学类（TK）	麻醉学、医学影像学、眼视光医学、精神医学、放射医学
	公共卫生与预防医学类（TK）	妇幼保健医学、卫生监督、全球健康学
	药学类	临床药学（TK）、药事管理、药物分析、药物化学、海洋药学
	中药学类	藏药学、蒙药学、中药制药、中草药栽培与鉴定
	医学技术类	听力与言语康复学
管理学	管理科学与工程类	保密管理
	工商管理类	劳动关系、体育经济与管理、财务会计教育、市场营销教育
	公共管理类	海关管理（TK）、交通管理、海事管理、公共关系学
	物流管理与工程类	采购管理
	工业工程类	标准化工程、质量管理工程
	电子商务类	电子商务及法律
	旅游管理类	旅游管理与服务教育
艺术学	戏剧与影视学类	影视摄影与制作
	美术学类	书法学、中国画
	设计学类	艺术与科技

综上所述，2012 年专业目录新增了艺术学学科门类，未设军事学学科门类，其代码 11 预留。专业类由修订前的 73 个增加到 92 个，增加了 19 个；专业由修订前的 635 种调减到 506 种，减少了 129 种①。

第二节　辽宁省普通本科高校专业设置概况

一　部委所属普通本科高校专业设置概况

辽宁省共有部委所属普通本科高校 5 所，分别是大连理工大学、东北大学、大连海事大学、大连民族大学和中国刑事警察学院。截至 2016 年 3 月统计，5 所部委所属普通本科高校专业设置情况如下。

（一）哲学门类

在哲学门类的哲学类中设置哲学专业的高校有 3 所，分别是大连理工大学、东北大学和大连海事大学（见表 3 - 3）。

表 3 - 3　　部委所属普通本科高校哲学门类开设专业情况一览表

专业类别	具体专业	全省布点总数	布点数	占全省总数的%	具体院校
哲学类	哲学	4	3	75	大连理工大学、东北大学、大连海事大学

（二）经济学门类

在经济学门类的经济学类中设置经济学专业的高校有 4 所，分别是大连理工大学、东北大学、大连海事大学和大连民族大学；在金融学类中设置金融学专业的有 2 所大学，分别是大连理工大学和东北大学；在经济与贸易类中设置国际经济与贸易专业的院校有 4 所，分别是大连理工大学、东北大学、大连海事大学和大连民族大学（见表 3 - 4）。

---

① 新浪教育：《2012 教育部新颁高校本科专业目录（附目录全文）》，http://edu.sina.com.cn/gaokao/2012 - 10 - 12/1124358003.shtml，2015 年 9 月 12 日。

表3-4　部委所属普通本科高校经济学门类开设专业情况一览表

专业类别	具体专业	全省布点总数	布点数	占全省总数的%	具体院校
经济学类	经济学	18	4	22.2	大连理工大学、东北大学、大连海事大学、大连民族大学
金融学类	金融学	24	2	8.3	大连理工大学、东北大学
经济与贸易类	国际经济与贸易	34	4	11.8	大连理工大学、东北大学、大连海事大学、大连民族大学

（三）法学门类

在法学门类的法学类中设置法学专业的高校有4所，分别是大连理工大学、东北大学、大连海事大学和大连民族大学，设置特设专业知识产权的高校只有大连理工大学1所；在政治学类中设置政治学与行政学专业的高校只有大连海事大学1所；在社会学类中设置社会工作专业的院校只有大连海事大学1所；在马克思主义理论类中设置思想政治教育的专业只有东北大学1所；在公安学类中设置国家控制布点专业治安学专业和侦查学专业的只有中国刑事警察学院1所，设置特设及国家控制布点专业禁毒学、警犬技术、经济犯罪侦查、公安情报学和涉外警务专业的也分别只有中国刑事警察学院1所（见表3-5）。

表3-5　部委所属普通本科高校法学门类开设专业情况一览表

专业类别	具体专业	全省布点总数	布点数	占全省总数的%	具体院校
法学类	法学	24	4	16.7	大连理工大学、东北大学、大连海事大学、大连民族大学
	知识产权	3	1	33.3	大连理工大学
政治学类	政治学与行政学	4	1	25	大连海事大学
社会学类	社会工作	7	1	14.3	大连海事大学
马克思主义理论类	思想政治教育	5	1	20	东北大学
公安学类	治安学	2	1	50	中国刑事警察学院
	侦查学	2	1	50	中国刑事警察学院
	禁毒学	1	1	100	中国刑事警察学院
	警犬技术	1	1	100	中国刑事警察学院

续表

专业类别	具体专业	全省布点总数	布点数	占全省总数的%	具体院校
公安学类	经济犯罪侦查	1	1	100	中国刑事警察学院
	公安情报学	1	1	100	中国刑事警察学院
	涉外警务	1	1	100	中国刑事警察学院

（四）教育学门类

在教育学门类的体育学类中设置国家控制布点专业运动训练的高校只有大连理工大学 1 所，设置社会体育指导与管理专业的高校只有东北大学 1 所，设置特设专业运动康复专业的院校只有大连理工大学 1 所（见表 3 - 6）。

表 3 - 6　　部委所属普通本科高校教育学门类开设专业情况一览表

专业类别	具体专业	全省布点总数	布点数	占全省总数的%	具体院校
体育学类	运动训练	8	1	12.5	大连理工大学
	社会体育指导与管理	12	1	8.3	东北大学
	运动康复	6	1	16.7	大连理工大学

（五）文学门类

在文学门类的中国语言文学类中设置汉语言文学专业的高校有 3 所，分别是大连理工大学、大连海事大学和大连民族大学，设置汉语言专业的高校有 2 所，分别是大连理工大学、东北大学，设置汉语国际教育专业的高校只有大连民族大学 1 所；在外国语言文学类中设置英语专业的高校有 4 所，分别是大连理工大学、东北大学、大连海事大学、大连民族大学，设置俄语专业的有 2 所，分别是大连理工大学、东北大学，设置德语专业的只有东北大学 1 所，设置日语专业的有 4 所，分别是大连理工大学、东北大学、大连海事大学、大连民族大学，设置朝鲜语专业的只有大连民族大学 1 所，设置翻译专业和商务英语专业的分别只有大连理工大学 1 所；在新闻传播学类中设置新闻学专业的院校有 2 所，分别是东北大学、大连民族大学，设置广播电视学专业的只有大连理工大学 1 所（见表 3 - 7）。

表 3-7　　　部委所属普通本科高校文学门类开设专业情况一览表

专业类别	具体专业	全省布点总数	布点数	占全省总数的%	具体院校
中国语言文学类	汉语言文学	17	3	17.6	大连理工大学、大连海事大学、大连民族大学
	汉语言	15	2	13.3	大连理工大学、东北大学
	汉语国际教育	11	1	9.1	大连民族大学
外国语言文学类	英语	40	4	10	大连理工大学、东北大学、大连海事大学、大连民族大学
	俄语	11	2	18.2	大连理工大学、东北大学
	德语	4	1	25	东北大学
	日语	30	4	13.3	大连理工大学、东北大学、大连海事大学、大连民族大学
	朝鲜语	4	1	25	大连民族大学
	翻译	7	1	14.3	大连理工大学
	商务英语	9	1	11.1	大连理工大学
新闻传播学类	新闻学	14	2	14.3	东北大学、大连民族大学
	广播电视学	6	1	16.7	大连理工大学

（六）理学门类

在理学门类的数学类中设置数学与应用数学专业和信息与计算科学专业的高校分别有 4 所，分别是大连理工大学、东北大学、大连海事大学和大连民族大学，设置特设专业数理基础科学专业的只有大连理工大学 1 所；在物理学类中设置应用物理学专业的有 3 所，分别是大连理工大学、东北大学、大连海事大学；在化学类中设置应用化学专业的有 3 所，分别是大连理工大学、东北大学、大连民族大学；在地理科学类中设置地理信息科学专业的只有大连海事大学 1 所；在海洋科学类中设置海洋科学专业和特设专业海洋资源与环境专业的分别只有大连海事大学 1 所，设置海洋技术专业的只有大连理工大学 1 所；在生物科学类中设置生物科学专业的只有大连理工大学 1 所，设置生物技术专业的有 2 所，分别是大连理工大学、大连民族大学，设置生物信息学专业的只有大连理工大学 1 所；在统计学类中设置统计学专业的有 2 所，分别是大连海事大学和大连民族大学，设置应用统计学专业的只有东北大学 1 所（见表 3 - 8）。

表 3 - 8　　部委所属普通本科高校理学门类开设专业情况一览表

专业类别	具体专业	全省布点总数	布点数	占全省总数的%	具体院校
数学类	数学与应用数学	17	4	23.5	大连理工大学、东北大学、大连海事大学、大连民族大学
	信息与计算科学	24	4	16.7	大连理工大学、东北大学、大连海事大学、大连民族大学
	数理基础科学	1	1	100	大连理工大学.
物理学类	应用物理学	14	3	21.4	大连理工大学、东北大学、大连海事大学
化学类	应用化学	25	3	12	大连理工大学、东北大学、大连民族大学
地理科学类	地理信息科学	3	1	33.3	大连海事大学
海洋科学类	海洋科学	2	1	50	大连海事大学
	海洋技术	2	1	50	大连理工大学
	海洋资源与环境	2	1	50	大连海事大学
生物科学类	生物科学	9	1	11.1	大连理工大学
	生物技术	16	2	12.5	大连理工大学、大连民族大学
	生物信息学	1	1	50	大连理工大学
统计学类	统计学	4	2	50	大连海事大学、大连民族大学
	应用统计学	5	1	20	东北大学

（七）工学门类

在工学门类的力学类中，设置工程力学专业的高校有 2 所，分别是东北大学、大连理工大学；

在机械类中，设置机械工程的高校只有东北大学 1 所，设置机械设计制造及其自动化专业的高校有 3 所，分别是大连理工大学、大连海事大学和大连民族大学，设置材料成型及控制工程专业的高校有 2 所，分别是大连理工大学、东北大学，设置工业设计专业的高校有 3 所，分别是大连理工大学、东北大学、大连民族大学，设置过程装备与控制工程专业的高校有 2 所，分别是东北大学、大连理工大学，设置车辆工程专业的高校有 3 所，分别是大连理工大学、东北大学、大连民族大学；

在仪器类中，设置测控技术与仪器专业的高校有 4 所，分别是大连理工大学、东北大学、大连海事大学、大连民族大学；

在材料类中，设置材料科学与工程专业的高校有 2 所，分别是东北大学、大连海事大学，设置材料物理专业的有 2 所，分别是大连理工大学、东北大学，设置冶金工程专业的有东北大学 1 所，设置金属材料工程专业、无机非金属材料工程专业、高分子材料与工程专业的分别只有大连理工大学 1 所，设置特设专业功能材料专业的高校有 3 所，分别是大连理工大学、东北大学、大连民族大学，设置特设专业纳米材料与技术专业的只有大连理工大学 1 所；

在能源动力类中，设置能源与动力工程专业的高校有 3 所，分别是大连理工大学、东北大学、大连海事大学，设置特设专业能源与环境系统工程专业的高校只有大连理工大学 1 所，设置特设专业新能源科学与工程专业的只有东北大学 1 所；

在电气类中，设置电气工程及其自动化专业的高校有 3 所，分别是大连理工大学、东北大学、大连海事大学；

在电子信息类中，设置电子信息工程专业、通信工程专业的高校均有 4 所，分别是大连理工大学、东北大学、大连海事大学、大连民族大学，设置电子科学与技术专业的高校有 2 所，分别是大连理工大学、东北大学，设置光电信息科学与工程专业的高校有 3 所，分别是大连理工大学、大连海事大学、大连民族大学，设置特设专业集成电路设计与集成系统专业的高校只有大连理工大学 1 所，设置特设专业电子信息科学与技术专业的高校只有大连海事大学 1 所；

在自动化类中，设置自动化专业的高校有 4 所，分别是大连理工大学、东北大学、大连海事大学、大连民族大学；

在计算机类中，设置计算机科学与技术专业、软件工程专业、物联网工程专业的高校均有 4 所，分别大连理工大学、东北大学、大连海事大学、大连民族大学，设置网络工程专业的高校有 3 所，分别是大连理工大学、大连海事大学、大连民族大学，设置信息安全专业的高校有 2 所，分别是东北大学、中国刑事警察学院，设置数字媒体技术专业的高校有 2 所，分别是大连理工大学、东北大学，设置特设专业智能科学与技术专业的高校只有大连海事大学1所；

在土木类中，设置土木工程专业的高校有4所，分别是大连理工大学、东北大学、大连海事大学、大连民族大学，设置建筑环境与能源应用工程专业的高校有2所，分别是大连理工大学、大连民族大学；

在水利类中，设置水利水电工程专业和港口航道与海岸工程专业的高校分别只有大连理工大学1所；

在测绘类中，设置测绘工程专业的高校只有东北大学1所；

在化工与制药类中，设置化学工程与工艺专业和制药工程专业的高校均有2所，分别是大连理工大学和大连民族大学，设置特设专业资源循环科学与工程专业的高校有2所，分别是大连理工大学、东北大学，设置特设专业能源化学工程专业和化学工程与工业生物工程专业的高校分别只有大连理工大学1所；

在地质类中，设置勘查技术与工程专业和资源勘查工程专业的高校分别只有东北大学1所；

在矿业类中，设置采矿工程专业和矿物加工工程专业的高校分别只有东北大学1所；

在交通运输类中，设置交通运输专业的高校有大连海事大学1所，设置交通工程专业的高校有大连理工大学1所，设置国家控制布点专业航海技术专业和轮机工程专业的高校均有大连海事大学1所，设置特设专业救助与打捞工程专业和船舶电子电气工程专业的高校均有大连海事大学1所；

在海洋工程类中，设置船舶与海洋工程专业的高校有2所，分别是大连理工大学和大连海事大学，设置特设专业海洋资源开发技术专业的高校有大连理工大学1所；

在航空航天类中，设置飞行器设计与工程专业的高校只有大连理工大学1所；

在环境科学与工程类中，设置环境工程专业的高校有4所，分别是大连理工大学、东北大学、大连海事大学、大连民族大学，设置环境科学专业的高校有3所，分别是大连理工大学、东北大学、大连民族大学，设置环境生态工程专业的高校只有大连理工大学1所；

在生物医学工程类中，设置生物医学工程专业的高校有2所，分别是大连理工大学和东北大学；

在食品科学与工程类中，设置食品科学与工程的高校有2所，分别是大连理工大学和大连民族大学，设置食品质量与安全专业的高校只有大连民族大学1所；

在建筑类中，设置建筑学专业和城乡规划专业的高校均有3所，分别是大连理工大学、东北大学、大连民族大学；

在安全科学与工程类中，设置安全工程专业的高校有2所，分别是大连理工大学和东北大学；

在生物工程类中，设置生物工程专业的高校有3所，分别是大连理工大学、东北大学、大连民族大学；

在公安技术类中，设置国家控制布点专业刑事科学技术专业、特设专业及国家控制布点专业公安视听技术专业和网络安全与执法专业的高校分别只有中国刑事警察学院1所（见表3-9）。

表3-9　部委所属普通本科高校工学门类开设专业情况一览表

专业类别	具体专业	全省布点总数	布点数	占全省总数的%	具体院校
力学类	工程力学	5	2	40	东北大学、大连理工大学
机械类	机械工程	8	1	12.5	东北大学
	机械设计制造及其自动化	28	3	10.7	大连理工大学、大连海事大学、大连民族大学
	材料成型及控制工程	19	2	10.5	大连理工大学、东北大学
	工业设计	18	3	16.7	大连理工大学、东北大学、大连民族大学
	过程装备与控制工程	12	2	16.7	东北大学、大连理工大学
	车辆工程	13	3	23.1	大连理工大学、东北大学、大连民族大学
仪器类	测控技术与仪器	21	4	19.0	大连理工大学、东北大学、大连海事大学、大连民族大学
材料类	材料科学与工程	7	2	28.6	东北大学、大连海事大学

续表

专业类别	具体专业	全省 布点总数	布点数	占全省 总数的%	具体院校
材料类	材料物理	4	2	50	大连理工大学、东北大学
	冶金工程	3	1	33.3	东北大学
	金属材料工程	9	1	11.1	大连理工大学
	无机非 金属材料工程	11	1	9.1	大连理工大学
	高分子 材料与工程	11	1	9.1	大连理工大学
	功能材料	7	3	42.9	大连理工大学、东北大学、 大连民族大学
	纳米材料与技术	1	1	100	大连理工大学
能源动力类	能源与动力工程	12	3	25	大连理工大学、东北大学、 大连海事大学
	能源与环境 系统工程	3	1	33.3	大连理工大学
	新能源 科学与工程	5	1	20	东北大学
电气类	电气工程 及其自动化	25	3	12	大连理工大学、东北大学、 大连海事大学
电子信息类	电子信息工程	29	4	13.8	大连理工大学、东北大学、 大连海事大学、大连民族大学
	电子科学与技术	11	2	18.2	大连理工大学、东北大学
	通信工程	30	4	13.3	大连理工大学、东北大学、 大连海事大学、大连民族大学
	光电信息 科学与工程	6	3	50	大连理工大学、大连海事大学、 大连民族大学
	集成电路设计与 集成系统	2	1	50	大连理工大学
	电子信息科学与 技术	5	1	20	大连海事大学
自动化类	自动化	33	4	12.1	大连理工大学、东北大学、 大连海事大学、大连民族大学
计算机类	计算机科学与 技术	43	4	9.3	大连理工大学、东北大学、 大连海事大学、大连民族大学
	软件工程	23	4	17.4	大连理工大学、东北大学、 大连海事大学、大连民族大学

续表

专业类别	具体专业	全省布点总数	布点数	占全省总数的%	具体院校
计算机类	网络工程	20	3	15	大连理工大学、大连海事大学、大连民族大学
	信息安全	2	2	100	东北大学、中国刑事警察学院
	物联网工程	17	4	23.5	大连理工大学、东北大学、大连海事大学、大连民族大学
	数字媒体技术	9	2	22.2	大连理工大学、东北大学
	智能科学与技术	3	1	33.3	大连海事大学
土木类	土木工程	21	4	19.0	大连理工大学、东北大学、大连海事大学、大连民族大学
	建筑环境与能源应用工程	15	2	13.3	大连理工大学、大连民族大学
水利类	水利水电工程	3	1	33.3	大连理工大学
	港口航道与海岸工程	2	1	50	大连理工大学
测绘类	测绘工程	10	1	10	东北大学
化工与制药类	化学工程与工艺	16	2	12.5	大连理工大学、大连民族大学
	制药工程	12	2	16.7	大连理工大学、大连民族大学
	资源循环科学与工程	3	2	66.7	大连理工大学、东北大学
	能源化学工程	7	1	14.3	大连理工大学
	化学工程与工业生物工程	1	1	100	大连理工大学
地质类	勘查技术与工程	2	1	50	东北大学
	资源勘查工程	2	1	50	东北大学
矿业类	采矿工程	6	1	16.7	东北大学
	矿物加工工程	5	1	20	东北大学
交通运输类	交通运输	12	1	8.3	大连海事大学
	交通工程	6	1	16.7	大连理工大学
	航海技术	3	1	33.3	大连海事大学
	轮机工程	3	1	33.3	大连海事大学
	救助与打捞工程	1	1	100	大连海事大学
	船舶电子电气工程	2	1	50	大连海事大学

续表

专业类别	具体专业	全省布点总数	布点数	占全省总数的%	具体院校
海洋工程类	船舶与海洋工程	3	2	66.7	大连理工大学、大连海事大学
海洋工程类	海洋资源开发技术	3	1	33.3	大连理工大学
航空航天类	飞行器设计与工程	2	1	50	大连理工大学
环境科学与工程类	环境工程	26	4	15.4	大连理工大学、东北大学、大连海事大学、大连民族大学
	环境科学	15	3	20	大连理工大学、东北大学、大连民族大学
	环境生态工程	4	1	25	大连理工大学
生物医学工程类	生物医学工程	7	2	28.6	大连理工大学、东北大学
食品科学与工程类	食品科学与工程	15	2	13.3	大连理工大学、大连民族大学
	食品质量与安全	10	1	10	大连民族大学
建筑类	建筑学	14	3	21.4	大连理工大学、东北大学、大连民族大学
	城乡规划	6	3	50	大连理工大学、东北大学、大连民族大学
安全科学与工程类	安全工程	13	2	15.4	大连理工大学、东北大学
生物工程类	生物工程	14	3	21.4	大连理工大学、东北大学、大连民族大学
公安技术类	刑事科学技术	2	1	50	中国刑事警察学院
	公安视听技术	1	1	100	中国刑事警察学院
	网络安全与执法	2	1	50	中国刑事警察学院

（八）医学门类

在医学门类的药学类中，设置药学专业的高校有大连理工大学1所（见表3-10）。

表3-10　部委所属普通本科高校医学门类开设专业情况一览表

专业类别	具体专业	全省布点总数	布点数	占全省总数的%	具体院校
药学类	药学	11	1	9.1	大连理工大学

（九）管理学门类

在管理学门类的管理科学与工程类中，设置管理科学专业的高校有大连理工大学 1 所，设置信息管理与信息系统专业的高校有 3 所，分别是大连理工大学、东北大学和大连海事大学，设置工程管理专业的高校有 2 所，分别是大连理工大学、大连民族大学；

在工商管理类中，设置工商管理专业的高校有 4 所，分别是大连理工大学、东北大学、大连海事大学和大连民族大学，设置市场营销专业的高校有 3 所，分别是东北大学、大连海事大学和大连民族大学，设置会计学专业的高校有 2 所，分别是东北大学、大连民族大学，设置财务管理专业的高校有 2 所，分别是大连海事大学、大连民族大学，设置国际商务专业的高校有大连民族大学 1 所，设置人力资源管理专业的高校有 2 所，分别是大连理工大学、大连民族大学；

在公共管理类中，设置公共事业管理的高校有 3 所，分别是大连理工大学、东北大学、大连海事大学，设置行政管理的高校有 3 所，分别是东北大学、大连海事大学、大连民族大学，设置特设专业交通管理专业和海事管理专业的只有大连海事大学 1 所；

在物流管理与工程类中，设置物流管理专业和物流工程专业的高校有 2 所，分别是大连理工大学、大连海事大学；

在工业工程类中，设置工业工程的高校有 2 所，分别是东北大学、大连民族大学；

在电子商务类中，设置电子商务的高校有 3 所，分别是大连理工大学、东北大学、大连海事大学；

在旅游管理类中，设置旅游管理专业的高校有 2 所，分别是大连海事大学、大连民族大学（见表 3 - 11）。

表 3 - 11　部委所属普通本科高校管理学门类开设专业情况一览表

专业类别	具体专业	全省布点总数	布点数	占全省总数的%	具体院校
管理科学与工程类	管理科学	3	1	33.3	大连理工大学
	信息管理与信息系统	32	3	9.4	大连理工大学、东北大学、大连海事大学
	工程管理	20	2	10	大连理工大学、大连民族大学
工商管理类	工商管理	30	4	13.3	大连理工大学、东北大学、大连海事大学、大连民族大学

续表

专业类别	具体专业	全省布点总数	布点数	占全省总数的%	具体院校
工商管理类	市场营销	39	3	7.7	东北大学、大连海事大学、大连民族大学
	会计学	35	2	5.7	东北大学、大连民族大学
	财务管理	17	2	11.8	大连海事大学、大连民族大学
	国际商务	6	1	16.7	大连民族大学
	人力资源管理	18	2	11.1	大连理工大学、大连民族大学
公共管理类	公共事业管理	22	3	13.6	大连理工大学、东北大学、大连海事大学
	行政管理	12	3	25	东北大学、大连海事大学、大连民族大学
	交通管理	1	1	100	大连海事大学
	海事管理	1	1	100	大连海事大学
物流管理与工程类	物流管理	20	2	10	大连理工大学、大连海事大学
	物流工程	11	2	18.2	大连理工大学、大连海事大学
工业工程类	工业工程	16	2	12.5	东北大学、大连民族大学
电子商务类	电子商务	21	3	14.3	大连理工大学、东北大学、大连海事大学
旅游管理类	旅游管理	24	2	8.3	大连海事大学、大连民族大学

（十）艺术学门类

在艺术学门类的音乐与舞蹈学类中，设置音乐表演专业的高校有东北大学1所；在设计学类中，设置视觉传达设计专业和环境设计专业的高校分别有3所，分别是大连理工大学、东北大学和大连民族大学，设置产品设计的专业高校有大连民族大学1所（见表3-12）。

表3-12　部委所属普通本科高校艺术学门类开设专业情况一览表

专业类别	具体专业	全省布点总数	布点数	占全省总数的%	具体院校
音乐与舞蹈学类	音乐表演	12	1	8.3	东北大学
设计学类	视觉传达设计	37	3	8.1	大连理工大学、东北大学、大连民族大学
	环境设计	36	3	8.3	大连理工大学、东北大学、大连民族大学
	产品设计	27	1	3.7	大连民族大学

综上所述，辽宁省部属 5 所本科院校共设置 10 大学科门类（无历史和农学门类），占全国总数的 83.3%；55 个专业类，占全国总数的 59.8%；138 个专业（其中特设专业和国家控制布点专业 24 个），占全国 568 种专业的 24.3%，专业布点数 265 个，占全省布点总数 1626 的 16.3%（见附表 1）。

二　地方普通本科高校专业设置概况

辽宁省共有地方普通本科高校 60 所，占全省普通本科高校总数 65 所的 92.3%。截至 2016 年 3 月统计，60 所地方普通本科高校专业设置情况如下。

（一）哲学门类

在哲学门类的哲学类中，设置哲学专业的高校 1 所，设置宗教学专业的高校 1 所（见表 3 - 13）。

表 3 - 13　　　　地方普通本科高校哲学门类开设专业情况一览表

专业类别	具体专业	全省布点总数	布点数	占全省总数的%
哲学类	哲学	4	1	25
	宗教学	1	1	100

（二）经济学门类

在经济学门类的经济学类中，设置经济学专业的高校有 14 所，设置经济统计学专业的高校 6 所，设置国民经济管理专业的高校 1 所，设置能源经济专业的高校 1 所；

在财政学类中，设置财政学专业的高校 6 所，设置税收学专业的高校 4 所；

在金融学类中，设置金融学专业的高校 22 所，设置金融工程专业的高校 5 所，设置保险学专业的高校 5 所，设置投资学专业的高校 4 所，设置金融数学专业的高校 2 所，设置经济与金融专业的高校 1 所；

在经济与贸易类中，设置国际经济与贸易专业的高校 30 所，设置贸易经济专业的高校 1 所（见表 3 - 14）。

表 3-14　　　地方普通本科高校经济学门类开设专业情况一览表

专业类别	具体专业	全省布点总数	布点数	占全省总数的%
经济学类	经济学	18	14	77.8
	经济统计学	6	6	100
	国民经济管理	1	1	100
	能源经济	1	1	100
财政学类	财政学	6	6	100
	税收学	4	4	100
金融学类	金融学	24	22	91.7
	金融工程	5	5	100
	保险学	5	5	100
	投资学	4	4	100
	金融数学	2	2	100
	经济与金融	1	1	100
经济与贸易类	国际经济与贸易	34	30	88.2
	贸易经济	1	1	100

（三）法学门类

在法学门类的法学类中，设置法学专业的高校有 20 所，设置特设专业知识产权的高校 2 所，设置特设专业监狱学的高校 1 所；

在政治学类中，设置政治学与行政学专业的高校 3 所，设置国际政治专业的高校 1 所，设置特设专业国际事务与国际关系专业的高校 1 所；

在社会学类中，设置社会学专业的高校 2 所，设置社会工作专业的高校 6 所；

在马克思主义理论类中，设置思想政治教育专业的高校 4 所；

在公安学类中，设置国家控制布点专业治安学专业的高校 1 所，设置国家控制布点专业侦查学专业的高校 1 所（见表 3-15）。

表 3-15　　　地方普通本科高校法学门类开设专业情况一览表

专业类别	具体专业	全省布点总数	布点数	占全省总数的%
法学类	法学	24	20	83.3
	知识产权	3	2	66.7
	监狱学	1	1	100

续表

专业类别	具体专业	全省布点总数	布点数	占全省总数的%
政治学类	政治学与行政学	4	3	75
	国际政治	1	1	100
	国际事务与国际关系	1	1	100
社会学类	社会学	2	2	100
	社会工作	7	6	85.7
马克思主义理论类	思想政治教育	5	4	80
公安学类	治安学	2	1	50
	侦查学	2	1	50

（四）教育学门类

在教育学门类的教育学类中，设置教育学专业的高校2所，设置科学教育专业的高校1所，设置教育技术学专业的高校5所，设置学前教育专业的高校4所，设置小学教育专业的高校8所，设置特殊教育专业的高校1所；

在体育学类中，设置体育教育专业的高校6所，设置国家控制布点专业运动训练专业的高校7所，设置社会体育指导与管理专业的高校11所，设置武术与民族传统体育专业的高校2所，设置运动人体科学专业的高校2所，设置特设专业运动康复的高校5所（见表3-16）。

表3-16　　　地方普通本科高校教育学门类开设专业情况一览表

专业类别	具体专业	全省布点总数	布点数	占全省总数的%
教育学类	教育学	2	2	100
	科学教育	1	1	100
	教育技术学	5	5	100
	学前教育	4	4	100
	小学教育	8	8	100
	特殊教育	1	1	100
体育学类	体育教育	6	6	100
	运动训练	8	7	87.5
	社会体育指导与管理	12	11	91.7
	武术与民族传统体育	2	2	100

专业类别	具体专业	全省布点总数	布点数	占全省总数的%
体育学类	运动人体科学	2	2	100
	运动康复	6	5	83.3

（五）文学门类

在文学门类的中国语言文学类中，设置汉语言文学专业的高校 14 所，设置汉语言专业的高校 13 所，设置汉语国际教育专业的高校 10 所，设置特设专业秘书学专业的高校 1 所；

在外国语言文学类中，设置英语专业的高校 36 所，设置俄语专业的高校 9 所，设置德语专业的高校 3 所，设置法语专业的高校 5 所，设置西班牙语专业的高校 1 所，设置阿拉伯语专业的高校 1 所，设置日语专业的高校 26 所，设置朝鲜语专业的高校 3 所，设置葡萄牙语专业的高校 1 所，设置意大利语专业的高校 1 所，设置翻译专业的高校 6 所，设置商务英语专业的高校 8 所；

在新闻传播学类中，设置新闻学专业的高校 12 所，设置广播电视学专业的高校 5 所，设置广告学专业的高校 14 所，设置传播学专业的高校 3 所，设置编辑出版学专业的高校 1 所，设置特设专业网络与新媒体专业的高校 5 所（见表 3－17）。

表 3－17　　地方普通本科高校文学门类开设专业情况一览表

专业类别	具体专业	全省布点总数	布点数	占全省总数的%
中国语言文学类	汉语言文学	17	14	82.4
	汉语言	15	13	86.7
	汉语国际教育	11	10	90.9
	秘书学	1	1	100
外国语言文学类	英语	40	36	90
	俄语	11	9	81.8
	德语	4	3	75
	法语	5	5	100
	西班牙语	1	1	100
	阿拉伯语	1	1	100

续表

专业类别	具体专业	全省布点总数	布点数	占全省总数的%
外国语言文学类	日语	30	26	86.7
	朝鲜语	4	3	75
	葡萄牙语	1	1	100
	意大利语	1	1	100
	翻译	7	6	85.7
	商务英语	9	8	88.9
新闻传播学类	新闻学	14	12	85.7
	广播电视学	6	5	83.3
	广告学	14	14	100
	传播学	3	3	100
	编辑出版学	1	1	100
	网络与新媒体	5	5	100

（六）历史学门类

在历史学门类的历史学类中，设置历史学专业的高校6所，设置考古学专业的高校1所，设置文物与博物馆学专业的高校2所（见表3-18）。

表3-18　　地方普通本科高校历史学门类开设专业情况一览表

专业类别	具体专业	全省布点总数	布点数	占全省总数的%
历史学类	历史学	6	6	100
	考古学	1	1	100
	文物与博物馆学	2	2	100

（七）理学门类

在理学门类的数学类中，设置数学与应用数学专业的高校13所，设置信息与计算科学专业的高校20所；

在物理学类中，设置物理学专业的高校7所，设置应用物理学专业的高校11所；

在化学类中，设置化学专业的高校11所，设置应用化学专业的高校22所；

在地理科学类中，设置地理科学专业的高校2所，设置自然地理与资源环境专业的高校 1 所，设置人文地理与城乡规划专业的高校 3 所，设置地理信息科学专业的高校 2 所；

在大气科学类中，设置大气科学专业的高校 1 所，设置应用气象学专业的高校 1 所；

在海洋科学类中，设置海洋科学专业的高校 1 所，设置海洋技术专业的高校 1 所；设置特设专业海洋资源与环境专业的高校 1 所；

在地质学类中，设置古生物学专业的高校 1 所；

在生物科学类中，设置生物科学专业的高校 8 所，设置生物技术专业的高校 14 所，设置生态学专业的高校 2 所；

在心理学类中，设置心理学专业的高校 1 所，设置应用心理学专业的高校 10 所；

在统计学类中，设置统计学专业的高校 2 所，设置应用统计学专业的高校 4 所（见表 3 - 19）。

表 3 - 19　　地方普通本科高校理学门类开设专业情况一览表

专业类别	具体专业	全省布点总数	布点数	占全省总数的%
数学类	数学与应用数学	17	13	76.5
	信息与计算科学	24	20	83.3
物理学类	物理学	7	7	100
	应用物理学	14	11	78.6
化学类	化学	11	11	100
	应用化学	25	22	88
地理科学类	地理科学	2	2	100
	自然地理与资源环境	1	1	100
	人文地理与城乡规划	3	3	100
	地理信息科学	3	2	66.7
大气科学类	大气科学	1	1	100
	应用气象学	1	1	100
海洋科学类	海洋科学	2	1	50
	海洋技术	2	1	50
	海洋资源与环境	2	1	50
地质学类	古生物学	1	1	100

续表

专业类别	具体专业	全省布点总数	布点数	占全省总数的%
心理学类	心理学	1	1	100
	应用心理学	10	10	100
生物科学类	生物科学	9	8	88.9
	生物技术	16	14	87.5
	生态学	2	2	100
	生物信息学	1	1	50
统计学类	统计学	4	2	50
	应用统计学	5	4	80.0

（八）工学门类

在工学门类的力学类中，设置理论与应用力学专业的高校 3 所，设置工程力学专业的高校 3 所；

在机械类中，设置机械工程专业的高校 7 所，设置机械设计制造及其自动化专业的高校 25 所，设置材料成型及控制工程专业的高校 17 所，设置机械电子工程专业的高校 12 所，设置工业设计专业的高校 15 所，设置过程装备与控制工程专业的高校 10 所，设置车辆工程专业的高校 10 所，设置汽车服务工程专业的高校 9 所，设置飞行器适航技术专业的高校 1 所，设置机械工艺技术专业的高校 3 所；

在仪器类中，设置测控技术与仪器专业的高校 17 所；

在材料类中，设置材料科学与工程专业的高校有 5 所，设置材料物理专业的高校有 2 所，设置材料化学专业的高校 6 所，设置冶金工程专业的高校 2 所，设置金属材料工程专业的高校 8 所，设置无机非金属材料工程专业的高校 10 所，设置高分子材料与工程专业的高校 10 所，设置复合材料与工程专业的高校 2 所，设置特设专业粉体材料科学与工程专业的高校 1 所，设置特设专业焊接技术与工程专业的高校 7 所，设置特设专业功能材料专业的高校有 4 所，设置特设专业新能源材料与器件专业的高校 2 所；

在能源动力类中，设置能源与动力工程专业的高校有 9 所，设置特设专业能源与环境系统工程专业的高校 2 所，设置特设专业新能源科学与工程专业的高校 4 所；

在电气类中，设置电气工程及其自动化专业的高校有 22 所，设置特设专业智能电网信息工程专业的高校 1 所，设置特设专业光源与照明专业的高校 2 所，设置特设专业电气工程与智能控制专业的高校 2 所；

在电子信息类中，设置电子信息工程专业的高校 25 所，设置电子科学与技术专业的高校 9 所，设置通信工程专业的高校 26 所，设置微电子科学与工程专业的高校 2 所，设置光电信息科学与工程专业的高校有 3 所，设置信息工程专业的高校 2 所，设置特设专业集成电路设计与集成系统专业的高校 1 所，设置特设专业医学信息工程的科学与技术专业的高校 2 所，设置特设专业电子信息科学与技术专业的高校 4 所；

在自动化类中，设置自动化专业的高校有 29 所，设置特设专业轨道交通信号与控制专业的高校 4 所；

在计算机类中，设置计算机科学与技术专业的高校 39 所，设置软件工程专业的高校 19 所，设置网络工程专业的高校 17 所，设置物联网工程专业的高校 13 所，设置数字媒体技术专业的高校 7 所，设置特设专业智能科学与技术专业的高校 2 所；

在土木类中，设置土木工程专业的高校 17 所，设置建筑环境与能源应用工程专业的高校 13 所，设置给排水科学与工程专业的高校 8 所，设置建筑电气与智能化专业的高校 4 所，设置特设专业城市地下空间工程专业的高校 4 所，设置特设专业道路桥梁与渡河工程专业的高校 7 所；

在水利类中，设置水利水电工程专业的高校 2 所，设置水文与水资源工程专业的高校 2 所，设置港口航道与海岸工程专业的高校 1 所；

在测绘类中，设置测绘工程专业的高校 9 所，设置遥感科学与技术专业的高校 2 所；

在化工与制药类中，设置化学工程与工艺专业的高校 14 所，设置制药工程专业的高校 10 所，设置特设专业资源循环科学与工程专业的

高校 1 所, 设置特设专业能源化学工程专业的高校 6 所;

在地质类中, 设置地质工程专业的高校 2 所, 设置勘查技术与工程专业的高校 1 所, 设置资源勘查工程专业的高校 1 所;

在矿业类中, 设置采矿工程专业的高校 5 所, 设置石油工程专业的高校 1 所, 设置矿物加工工程专业的高校 4 所, 设置油气储运工程专业的高校 4 所, 设置特设专业矿物资源工程专业的高校 1 所;

在纺织类中, 设置纺织工程专业的高校 2 所, 设置服装设计与工程专业的高校 7 所;

在轻工类中, 设置轻化工程专业的高校 2 所, 设置包装工程专业的高校 3 所, 设置印刷工程专业的高校 1 所;

在交通运输类中, 设置交通运输专业的高校 11 所, 设置交通工程专业的高校 5 所, 设置国家控制布点专业航海技术和轮机工程专业的高校分别有 2 所, 设置飞行技术专业的高校只有 1 所, 设置特设专业交通设备与控制工程和船舶电子电气工程专业的高校分别只有 1 所;

在海洋工程类中, 设置船舶与海洋工程专业的高校 1 所, 设置特设专业海洋资源开发技术专业的高校 2 所;

在航空航天类中, 设置航空航天工程、飞行器设计与工程、飞行器制造工程、飞行器动力工程专业和特设专业飞行器质量与可靠性专业的高校分别只有 1 所;

在兵器类中, 设置武器发射工程、装甲车辆工程和信息对抗技术专业的高校分别只有 1 所, 设置探测制导与控制技术、弹药工程与爆炸技术和特种能源技术与工程专业的高校分别有 2 所;

在核工程类中, 设置核工程与核技术专业的高校 1 所;

在农业工程类中, 设置农业工程、农业机械化及其自动化和农业建筑环境与能源工程专业的高校分别只有 1 所, 设置农业电气化和农业水利工程专业的高校分别有 2 所;

在林业工程类中, 设置林产化工专业的高校 1 所;

在环境科学与工程类中, 设置环境科学与工程专业的高校 2 所, 设置环境工程专业的高校有 22 所, 设置环境科学专业的高校有 12 所,设置环境生态工程专业的高校 3 所，设置资源环境科学、水质科学与技术专业的高校分别只有 1 所；

在生物医学工程类中，设置生物医学工程专业的高校 5 所；

在食品科学与工程类中，设置食品科学与工程专业的高校 13 所，设置食品质量与安全专业的高校 9 所，设置粮食工程专业的高校 2 所，设置特设专业葡萄与葡萄酒工程专业的高校 2 所，设置特设专业食品营养与检验教育专业的高校 3 所；

在建筑类中，设置建筑学专业的高校 11 所，设置城乡规划专业的高校 3 所，设置风景园林专业的高校 7 所；

在安全科学与工程类中，设置安全工程专业的高校 11 所；

在生物工程类中，设置生物工程专业的高校有 11 所，设置特设专业生物制药专业的高校 2 所；

在公安技术类中，设置国家控制布点专业刑事科学技术专业和消防工程专业的高校各 1 所，设置特设专业及国家控制布点专业交通管理工程专业和网络安全与执法专业的高校各 1 所（见表 3-20）。

表 3-20　　地方普通本科高校工学门类开设专业情况一览表

专业类别	具体专业	全省布点总数	布点数	占全省总数的%
力学类	理论与应用力学	3	3	100
	工程力学	5	3	60
机械类	机械工程	8	7	87.5
	机械设计制造及其自动化	28	25	89.3
	材料成型及控制工程	19	17	89.5
	机械电子工程	12	12	100
	工业设计	18	15	83.3
	过程装备与控制工程	12	10	83.3
	车辆工程	13	10	76.9
	汽车服务工程	9	9	100
	飞行器适航技术	1	1	100
	机械工艺技术	3	3	100
仪器类	测控技术与仪器	21	17	81.0

续表

专业类别	具体专业	全省布点总数	布点数	占全省总数的%
材料类	材料科学与工程	7	5	71.4
	材料物理	4	2	50
	材料化学	6	6	100
	冶金工程	3	2	66.7
	金属材料工程	9	8	88.9
	无机非金属材料工程	11	10	90.9
	高分子材料与工程	11	10	90.9
材料类	复合材料与工程	2	2	100
	粉体材料科学与工程	1	1	100
	焊接技术与工程	7	7	100
	功能材料	7	4	57.1
	新能源材料与器件	2	2	100
能源动力类	能源与动力工程	12	9	75
	能源与环境系统工程	3	2	66.7
	新能源科学与工程	5	4	80
电气类	电气工程及其自动化	25	22	88
	智能电网信息工程	1	1	100
	光源与照明	2	2	100
	电气工程与智能控制	2	2	100
电子信息类	电子信息工程	29	25	86.2
	电子科学与技术	11	9	81.8
	通信工程	30	26	86.7
	微电子科学与工程	2	2	100
	光电信息科学与工程	6	3	50
	信息工程	2	2	100
	集成电路设计与集成系统	2	1	50
	医学信息工程	2	2	100
	电子信息科学与技术	5	4	80
自动化类	自动化	33	29	96.7
	轨道交通信号与控制	4	4	100

续表

专业类别	具体专业	全省布点总数	布点数	占全省总数的%
计算机类	计算机科学与技术	43	39	90.7
	软件工程	23	19	82.6
	网络工程	20	17	85
	物联网工程	17	13	76.5
	数字媒体技术	9	7	77.8
	智能科学与技术	3	2	66.7
土木类	土木工程	21	17	81.0
	建筑环境与能源应用工程	15	13	86.7
	给排水科学与工程	8	8	100
土木类	建筑电气与智能化	4	4	100
	城市地下空间工程	4	4	100
	道路桥梁与渡河工程	7	7	100
水利类	水利水电工程	3	2	66.7
	水文与水资源工程	2	2	100
	港口航道与海岸工程	2	1	50
测绘类	测绘工程	10	9	90
	遥感科学与技术	2	2	100
化工与制药类	化学工程与工艺	16	14	87.5
	制药工程	12	10	83.3
	资源循环科学与工程	3	1	33.3
	能源化学工程	7	6	85.7
地质类	地质工程	2	2	100
	勘查技术与工程	2	1	50
	资源勘查工程	2	1	50
矿业类	采矿工程	6	5	83.3
	石油工程	1	1	100
	矿物加工工程	5	4	80
	油气储运工程	4	4	100
	矿物资源工程	1	1	100
纺织类	纺织工程	2	2	100
	服装设计与工程	7	7	100

续表

专业类别	具体专业	全省布点总数	布点数	占全省总数的%
轻工类	轻化工程	2	2	100
	包装工程	3	3	100
	印刷工程	1	1	100
交通运输类	交通运输	12	11	91.7
	交通工程	6	5	83.3
	航海技术	3	2	66.7
	轮机工程	3	2	66.7
	飞行技术	1	1	100
	交通设备与控制工程	1	1	100
	船舶电子电气工程	2	1	50
海洋工程类	船舶与海洋工程	3	1	33.3
	海洋资源开发技术	3	2	66.7
航空航天类	航空航天工程	1	1	100
	飞行器设计与工程	2	1	50
	飞行器制造工程	1	1	100
	飞行器动力工程	1	1	100
	飞行器质量与可靠性	1	1	100
兵器类	武器发射工程	1	1	100
	探测制导与控制技术	2	2	100
	弹药工程与爆炸技术	2	2	100
	特种能源技术与工程	2	2	100
	装甲车辆工程	1	1	100
	信息对抗技术	1	1	100
核工程类	核工程与核技术	1	1	100
农业工程类	农业工程	1	1	100
	农业机械化及其自动化	1	1	100
	农业电气化	2	2	100
	农业建筑环境与能源工程	1	1	100
	农业水利工程	2	2	100
林业工程类	林产化工	1	1	100

续表

专业类别	具体专业	全省布点总数	布点数	占全省总数的%
环境科学与工程类	环境科学与工程	2	2	100
	环境工程	26	22	84.6
	环境科学	15	12	80
	环境生态工程	4	3	75
	资源环境科学	1	1	100
	水质科学与技术	1	1	100
生物医学工程类	生物医学工程	7	5	71.4
食品科学与工程类	食品科学与工程	15	13	86.7
	食品质量与安全	10	9	90
	粮食工程	2	2	100
	葡萄与葡萄酒工程	2	2	100
	食品营养与检验教育	3	3	100
建筑类	建筑学	14	11	78.6
	城乡规划	6	3	50
	风景园林	7	7	100
安全科学与工程类	安全工程	13	11	84.6
生物工程类	生物工程	14	11	78.6
	生物制药	2	2	100
公安技术类	刑事科学技术	2	1	50
	消防工程	1	1	100
	交通管理工程	1	1	100
	网络安全与执法	2	1	50

（九）农学门类

在农学门类的植物生产类中，设置农学专业的高校2所，设置园艺专业的高校3所，设置植物保护专业的高校2所，设置种子科学与工程专业的高校2所，设置设施农业科学与工程专业的高校2所，设置特设专业应用生物科学专业的高校1所；

在自然保护与环境生态类中，设置农业资源与环境专业的高校1所，设置水土保持与荒漠化防治专业的高校2所；

在动物生产类中，设置动物科学专业的高校4所，设置特设专业

蚕学专业的高校 1 所;

在动物医学类中,设置动物医学专业的高校 5 所,设置动物药学专业的高校 1 所,设置特设专业动植物检疫专业的高校 2 所;

在林学类中,设置林学专业的高校 1 所,设置园林专业的高校 5 所,设置森林保护专业的高校 1 所;

在水产类中,设置水产养殖学专业的高校 2 所,设置海洋渔业科学与技术专业的高校 1 所,设置特设专业水族科学与技术专业和水产动物医学专业的高校各 1 所;

在草学类中,设置草业科学专业的高校 1 所(见表 3 - 21)。

表 3 - 21　　地方普通本科高校农学门类开设专业情况一览表

专业类别	具体专业	全省布点总数	布点数	占全省总数的%
植物生产类	农学	2	2	100
	园艺	3	3	100
	植物保护	2	2	100
	种子科学与工程	2	2	100
	设施农业科学与工程	2	2	100
	应用生物科学	1	1	100
自然保护与环境生态类	农业资源与环境	1	1	100
	水土保持与荒漠化防治	2	2	100
动物生产类	动物科学	4	4	100
	蚕学	1	1	100
动物医学类	动物医学	5	5	100
	动物药学	1	1	100
	动植物检疫	2	2	100
林学类	林学	1	1	100
	园林	5	5	100
	森林保护	1	1	100
水产类	水产养殖学	2	2	100
	海洋渔业科学与技术	1	1	100
	水族科学与技术	1	1	100
	水产动物医学	1	1	100
草学类	草业科学	1	1	100

（十）医学门类

在医学门类的临床医学类中，设置临床医学专业的高校 9 所，设置特设专业及国家控制布点专业麻醉学专业和医学影像学专业的高校各 5 所；

在口腔医学类中，设置口腔医学专业的高校 8 所；

在公共卫生与预防医学类中，设置预防医学专业的高校 5 所，设置食品卫生与营养学专业的高校 1 所；

在中医学类中，设置中医学专业的高校 2 所，设置针灸推拿学专业的高校 4 所；

在中西医结合类中，设置中西医临床医学专业的高校 3 所；

在药学类中，设置药学专业的高校 10 所，设置药物制剂专业的高校 3 所，设置特设专业及国家控制布点专业临床药学专业的高校 3 所，设置特设专业药事管理专业的高校 4 所，设置特设专业药物分析专业的高校 1 所，设置特设专业药物化学专业的高校 2 所；

在中药学类中，设置中药学专业的高校 4 所，设置中药资源与开发专业的高校 2 所，设置特设专业中药制药专业的高校 1 所，设置特设专业中草药栽培与鉴定专业的高校 2 所；

在法医学类中，设置法医学专业的高校 2 所；

在医学技术类中，设置医学检验技术专业的高校 6 所，设置医学实验技术专业的高校 2 所，设置医学影像技术专业的高校 7 所，设置眼视光学专业的高校 3 所，设置康复治疗学专业的高校 7 所，设置口腔医学技术专业的高校 1 所，设置卫生检验与检疫专业的高校 1 所；

在护理学类中，设置护理学专业的高校 12 所（见表 3 - 22）。

表 3 - 22　　　地方普通本科高校医学门类开设专业情况一览表

专业类别	具体专业	全省布点总数	布点数	占全省总数的%
临床医学类	临床医学	9	9	100
	麻醉学	5	5	100
	医学影像学	5	5	100
口腔医学类	口腔医学	8	8	100

专业类别	具体专业	全省布点总数	布点数	占全省总数的%
公共卫生与预防医学类	预防医学	5	5	100
	食品卫生与营养学	1	1	100
中医学类	中医学	2	2	100
	针灸推拿学	4	4	100
中西医结合类	中西医临床医学	3	3	100
药学类	药学	11	10	90.9
	药物制剂	3	3	100
	临床药学	3	3	100
	药事管理	4	4	100
	药物分析	1	1	100
	药物化学	2	2	100
中药学类	中药学	4	4	100
中药学类	中药资源与开发	2	2	100
	中药制药	1	1	100
	中草药栽培与鉴定	2	2	100
法医学类	法医学	2	2	100
医学技术类	医学检验技术	6	6	100
	医学实验技术	2	2	100
	医学影像技术	7	7	100
	眼视光学	3	3	100
	康复治疗学	7	7	100
	口腔医学技术	1	1	100
	卫生检验与检疫	1	1	100
护理学类	护理学	12	12	100

（十一）管理学门类

在管理学门类的管理科学与工程类中，设置管理科学专业的高校 2 所，设置信息管理与信息系统专业的高校 29 所，设置工程管理专业的高校 18 所，设置房地产开发与管理专业的高校 5 所，设置工程造价专业的高校 9 所；

在工商管理类中，设置工商管理专业的高校 26 所，设置市场营销专业的高校 36 所，设置会计学专业的高校 33 所，设置财务管理专业

的高校 15 所，设置国际商务专业的高校 5 所，设置人力资源管理专业
的高校 16 所，设置审计学专业的高校 2 所，设置资产评估专业的高校
5 所，设置物业管理专业的高校 2 所，设置文化产业管理专业的高校 5
所，设置特设专业体育经济与管理专业的高校 1 所；

在农业经济管理类中，设置农林经济管理专业的高校 3 所，设置
农村区域发展专业的高校 2 所；

在公共管理类中，设置公共事业管理专业的高校 19 所，设置行政
管理专业的高校 9 所，设置劳动与社会保障专业的高校 11 所，设置土
地资源管理专业的高校 2 所，设置城市管理专业的高校 1 所；

在图书情报与档案管理类中，设置图书馆学专业的高校 3 所，设
置档案学专业的高校 2 所；

在物流管理与工程类中，设置物流管理专业的高校 18 所，设置物
流工程专业的高校 9 所；

在工业工程类中，设置工业工程专业的高校 14 所；

在电子商务类中，设置电子商务专业的高校 18 所；

在旅游管理类中，设置旅游管理专业的高校 22 所，设置酒店管理
专业的高校 8 所，设置会展经济与管理专业的高校 2 所（见表 3－23）。

表 3－23　　　地方普通本科高校管理学门类开设专业情况一览表

专业类别	具体专业	全省布点总数	布点数	占全省总数的%
管理科学 与工程类	管理科学	3	2	66.7
	信息管理与信息系统	32	29	90.6
	工程管理	20	18	90
	房地产开发与管理	5	5	100
	工程造价	9	9	100
工商管理类	工商管理	30	26	86.7
	市场营销	39	36	92.3
	会计学	35	33	94.3
	财务管理	17	15	88.2
	国际商务	6	5	83.3
	人力资源管理	18	16	88.9

续表

专业类别	具体专业	全省布点总数	布点数	占全省总数的%
工商管理类	审计学	2	2	100
	资产评估	5	5	100
	物业管理	2	2	100
	文化产业管理	5	5	100
	体育经济与管理	1	1	100
农业经济管理类	农林经济管理	3	3	100
	农村区域发展	2	2	100
公共管理类	公共事业管理	22	19	86.4
	行政管理	12	9	75
	劳动与社会保障	11	11	100
	土地资源管理	2	2	100
	城市管理	1	1	100
图书情报与档案管理类	图书馆学	3	3	100
图书情报与档案管理类	档案学	2	2	100
物流管理与工程类	物流管理	20	18	90
	物流工程	11	9	81.8
工业工程类	工业工程	16	14	87.5
电子商务类	电子商务	21	18	85.7
旅游管理类	旅游管理	24	22	91.7
	酒店管理	8	8	100
	会展经济与管理	2	2	100

（十二）艺术学门类

在艺术学门类的音乐与舞蹈学类中，设置音乐表演专业的高校11所，设置音乐学专业的高校11所，设置作曲与作曲技术理论专业的高校1所，设置舞蹈表演专业的高校8所，设置舞蹈学专业的高校5所，设置舞蹈编导专业的高校4所；

在戏剧与影视学类中，设置表演专业的高校13所，设置戏剧影视文学专业的高校2所，设置广播电视编导专业的高校10所，设置戏剧影视导演专业的高校1所，设置戏剧影视美术设计专业的高校4

所，设置录音艺术专业的高校 2 所，设置播音与主持艺术专业的高校 11 所，设置动画专业的高校 21 所，设置特设专业影视摄影与制作专业的高校 3 所；

在美术学类中，设置美术学专业的高校 11 所，设置绘画专业的高校 7 所，设置雕塑专业的高校 6 所，设置摄影专业的高校 7 所，设置特设专业书法学专业的高校 2 所，设置特设专业中国画专业的高校 4 所；

在设计学类中，设置艺术设计学专业的高校 3 所，设置视觉传达设计专业的高校 34 所，设置环境设计专业的高校 33 所，设置产品设计专业的高校 26 所，设置服装与服饰设计专业的高校 18 所，设置公共艺术专业的高校 4 所，设置工艺美术专业的高校 5 所，设置数字媒体艺术专业的高校 11 所，设置特设专业艺术与科技专业的高校 1 所（见表 3 - 24）。

表 3 - 24　　地方普通本科高校艺术学门类开设专业情况一览表

专业类别	具体专业	全省布点总数	布点数	占全省总数的%
音乐 与舞蹈学类	音乐表演	12	11	91.7
	音乐学	11	11	100
	作曲与作曲技术理论	1	1	100
	舞蹈表演	8	8	100
	舞蹈学	5	5	100
	舞蹈编导	4	4	100
戏剧 与影视学类	表演	13	13	100
	戏剧影视文学	2	2	100
	广播电视编导	10	10	100
	戏剧影视导演	1	1	100
	戏剧影视美术设计	4	4	100
	录音艺术	2	2	100
	播音与主持艺术	11	11	100
	动画	21	21	100
	影视摄影与制作	3	3	100

续表

专业类别	具体专业	全省布点总数	布点数	占全省总数的%
美术学类	美术学	11	11	100
	绘画	7	7	100
	雕塑	6	6	100
	摄影	7	7	100
	书法学	2	2	100
	中国画	4	4	100
设计学类	艺术设计学	3	3	100
	视觉传达设计	37	34	91.9
	环境设计	36	33	91.7
	产品设计	27	26	96.3
	服装与服饰设计	18	18	100
	公共艺术	4	4	100
	工艺美术	5	5	100
	数字媒体艺术	11	11	100
	艺术与科技	1	1	100

综上所述，辽宁省地方普通本科院校设置的专业涵盖了 12 大学科门类；87 个专业类，占全国 92 个专业类的 94.6%；329 种专业（其中特设专业和国家控制布点专业 85 个），占全国 568 种专业的 57.9%；专业布点数 2062 个，占全省总布点数 2312 个的 89.30%（见附表 2）。

第四章

地方普通本科高校学生专业
满意度调查设计

本研究以辽宁省地方普通本科高校为调查对象，课题组设计了三类调查：第一类是专业认知调查，分别针对 5 所不同类型高校、布点较多的 8 个专业的 1245 名在校生和 756 名毕业生进行的问卷调查；第二类是专业满意度专项调查，分别对 3 所不同类型公办高校的 715 名在校生和 2 所民办高校的 770 名在校生进行的问卷调查；第三类是对112 名教育学专业学生满意度进行的个案调查。

第一节　调查目的、调查内容及假设

一　调查目的

通过调查辽宁省地方普通本科高等学校的在校生和毕业生对所学专业和课程的认知程度和满意程度，为了解专业设置的现状提供一手资料；统计调查结果、分析数据，为本研究提供数据支持，分析影响学生是否更换专业、专业满意度和影响学生选择就读专业的因素，进而找出专业设置存在的主要问题；从学生反馈和满意度的视角，了解地方普通高校专业设置的现状，从而为地方普通本科高校专业设置转型乃至地方普通本科高校整体转型提供数据佐证，并以此为依据提出

相应的对策建议。

二　调查内容

（一）调查地方普通本科高校学生对专业的认知状况

1. 调查地方普通本科高校在校生的专业认知状况

主要包括：专业认知状况的调查和课程认知状况的调查。对在校生进行的专业认知状况的调查包括对专业社会需求程度的认知、对专业了解程度的认知、是否更换专业及专业满意度。课程认知状况的调查主要是调查在校生对工作而言应该增加的课程类别的状况。

2. 调查地方普通本科高校毕业生的专业认知状况

主要包括专业认知状况的调查和课程认知状况的调查。对毕业生进行的专业认知状况调查，也包括4个项目，即：对专业了解程度的认知、是否更换专业、专业满意度、专业与工作岗位对口程度。课程认知状况的调查主要是调查毕业生对工作而言应该增加的课程类别的状况。

（二）调查地方普通公办和民办本科高校学生专业满意度状况

1. 调查公立本科高校学生专业满意度的状况

主要了解公立本科高校学生的特征、院校类型、专业类别、专业满意度构成要素与满意度之间的关系。

2. 调查民办本科高校学生专业满意度的状况

主要了解民办高校学生的特征和对选报专业的了解程度与满意度的关系、了解学生对学校发展前景的认知及总体满意度的状况。

3. 调查个案：教育学专业学生课堂教学满意度的状况

主要了解个案教育学专业学生课堂教学满意度的总体状况、差异状况、满意度构成要素、课堂教学存在的问题及归因分析。

（三）分析地方普通本科高校学生专业满意度构成要素

1. 调查研究公立本科高校学生专业满意度构成要素

主要了解公立本科高校学生专业总体满意度与专业二级指标的相关性，以及专业构成要素的重要性、满意度、绩差、优先行动矩阵状况。

2. 调查研究民办本科高校学生专业满意度构成要素

主要了解民办本科高校学生专业满意度细目权重、专业满意度要素、服务品质、优先行动矩阵状况。

（四）分析地方普通本科高校学生专业满意度的影响因素

1. 调查学生是否更换专业与专业满意度的相关因素

主要了解影响地方普通本科高校学生是否更换专业的相关因素及影响学生专业满意度的相关因素。

2. 调查影响学生更换专业的原因

主要了解地方普通本科高校学生更换专业原因的总体状况、不同院校学生更换专业的原因和不同专业学生更换专业的原因。

3. 调查影响学生选择就读专业可能因素的重要程度

主要了解地方普通本科高校学生选择就读专业可能因素的重要程度概况、不同院校学生选择就读专业可能因素的重要程度以及不同专业学生选择就读专业可能因素的重要程度。

三 研究假设

（一）调查的主要问题

根据上述调查内容，主要围绕以下问题进行调查：

1. 地方普通本科高校学生对专业及课程的认知状况是否存在院校和专业之间的差异？

2. 地方普通本科高校学生对专业认知的各组成要素之间的关系如何？

3. 影响地方普通本科高校学生更换专业的主要原因有哪些？

4. 影响地方普通本科高校学生选择就读专业的可能因素的重要程度如何？

5. 影响地方普通本科高校学生专业满意度的因素有哪些？

6. 地方普通本科高校学生专业满意度构成要素有哪些？

（二）研究假设

根据上述调查的主要问题，提出如下假设：

1. 学生的专业认知存在院校和专业间的差异；

2. 学生的课程认知存在院校和专业间的差异；

3. 是否更换专业与学生对专业的了解程度之间存在相关关系；

4. 是否更换专业与在校生对专业社会需求程度的认知之间存在相关关系；

5. 是否更换专业与毕业生是否工作和对专业与岗位对口程度认知之间存在相关关系；

6. 专业满意度与学生对专业的了解程度之间存在相关关系；

7. 专业满意度与在校生对专业社会需求程度的认知之间存在相关关系；

8. 专业满意度与毕业生是否工作和对专业与岗位对口程度认知之间存在相关关系；

9. 专业总体满意度与专业构成要素的满意度之间存在相关关系；

10. 学生特征（学生的性别、家庭所在地、父母受教育程度、高考志愿等）、学校类别、专业类别影响学生专业满意度。

第二节 调查问卷及访谈提纲的设计

一 调查问卷

（一）专业认知调查问卷

专业认知调查问卷，调查对象包括在校生和毕业生两个群体，主要是针对全省 5 所高校 8 个专业的在校生和毕业生进行的专业反馈情况调查。针对在校生和毕业生的调查问卷分别设计了 8 个问题，包括三部分内容：学生的基本情况、学生对专业的认知状况和学生对课程的认知状况。

（二）专业满意度调查问卷

专业满意度调查问卷是包括针对 4 所公办高校、2 所民办高校的在校生进行的问卷调查，共设计了三部分内容：学生基本情况、学生对专业的总体满意度和学生对专业各个子要素的满意度。

该问卷是根据实际需要，结合对国内外已有的满意度问卷研究的基础之上编制而成的。与以往传统的只评测学生的满意程度一个维度的学生满意度调查问卷不同的是，本次问卷借鉴了《美国大学生满意度量表》所具有的两个维度，是二维的。它不仅可以测评学生的满意度，还可以测量学生的期望，即学生对专业各方面的重要性的看法。

　　其中，调查细目共分为：专业培养目标、专业课程设置、任课教师状况、专业硬件设施、实习见习情况和本专业的就业前景等维度，一共分为21个项目，选用应用最广泛的5级 Likert 量表，利用程度递进选择方式，将重要性和满意度分别赋值5、4、3、2、1，即"5"代表"很重要"，"1"代表"很不重要"。"5"代表"很满意"，"1"代表"很不满意"（见表4-1、表4-2）。

表4-1　　　　　　　　　　　重要性程度计分方式

意义	很重要	重要	一般	不重要	很不重要
分数	5	4	3	2	1

表4-2　　　　　　　　　　　满意程度计分方式

意义	很满意	满意	一般	不满意	很不满意
分数	5	4	3	2	1

（三）教育学专业满意度调查问卷

　　教育学专业学生满意度调查问卷，是由导语、个人信息和题项三部分组成，共有20个题项，围绕教师的角度，分为"教师素质"、"教学目标"、"教学内容"、"教学方法与手段"、"关注学生需求"、"评价学生的方式"六个维度，即：第1、2、3、4题项为"教师素质"维度；第5、6、7、8题项为"教学目标"维度；第9、10、11题项为"教学内容"维度；第12、13、14、15题项为"教学方法和手段"维度；第16、17、18题项为"关注学生需求"维度；第19、20题项为"评价学生的方式"维度。问卷中的每个题项，均有两种问题，一种问题是了解学生心目中认为此题项内容的重要性程度，另一种问题是了解满意程度[1]。

---

[1] 韩冬梅：《教育学本科专业学生课堂教学满意度调查研究——以 S 大学为例》，沈阳师范大学硕士学位论文，2015 年。

本问卷同样采取 Likert 量表中的 5 级计分方式（见表 4 - 1、表 4 - 2）。

二　访谈提纲

访谈调查主要包括对教育学本专业的五名毕业生（2 名学生为研究生在读、3 名学生已经工作）和四名任课教师（1 位主管教学院长、1 位教学主任、两位普通任课教师）的访谈。旨在弥补教育学专业满意度问卷调查的不足，对调查结果进行归因分析。以此，从学生、教师和教学管理者三个角度来分析影响教育学专业学生课堂教学满意度的因素[①]。

三　调查问卷的信度与效度

调查问卷回收后，录入数据库。然后运用 SPSS Statistics 17.0 对调查数据进行统计分析。同时，采用 SPSS 17.0 统计软件对问卷的信度和效度进行了分析。

（一）信度

1. 专业认知调查问卷信度

专业认知调查中，在校生问卷的总量表信度系数 cronbach's Alpha 值为 0.83，毕业生问卷的总量表信度系数 cronbach's Alpha 值为 0.89。说明本问卷中的问项均具有高程度的内部一致性，问卷在信度上具有可信性，由此得到的调查数据结果可信。

2. 专业满意度调查问卷信度

专业满意度调查中，问卷的总量表信度系数 cronbach's Alpha 值为 0.87，说明本问卷中的问项均具有高程度的内部一致性，问卷在信度上具有可信性，由此得到的调查数据结果可信。

---

① 韩冬梅：《教育学本科专业学生课堂教学满意度调查研究——以 S 大学为例》，沈阳师范大学硕士学位论文，2015 年。

3. 教育学专业满意度调查问卷信度

教育学专业满意度调查中，问卷信度的 Alpha 值为 0.928 > 0.9，说明本问卷总量表的设计可靠性很高，符合进行教育科学研究的标准。

（二）效度

在效度上，调查中的 4 份问卷是在文献研究基础上整理出相关问题，并与有关专家、学者讨论问卷中各问项的适切性基础上编制而成的。同时，经过预测检验和修正内容后最终形成本研究所用的正式问卷。

1. 专业认知调查问卷信度

在专业认知调查中，在校生问卷量表的效度系数 KMO 值是 0.86，毕业生问卷量表的效度系数 KMO 值是 0.81。说明 2 份问卷的效度较高，真实地反映了想要考察的内容。

2. 专业满意度调查问卷信度

在专业满意度调查中，问卷量表的效度系数 KMO 值是 0.87，说明该问卷的效度较高，能够真实地反映想要考察的内容。

3. 教育学专业满意度调查问卷信度

在教育学专业满意度调查中，进行效度的分析，得出表示效度的 KMO 值为 0.8 < 0.88 < 0.9。由此可知，本问卷总量表的设计的有效性和正确性均很高，符合进行教育科学研究的标准。

第三节　调查对象与实施

一　调查对象

（一）专业认知调查对象

专业认知调查对象是辽宁省 5 所公办普通本科高校，分别是省属综合类大学 1 所、省属理工类大学 2 所、省属师范类大学 1 所、市属综合类大学 1 所（以下分别用省综合、省理工 1、省理工 2、省师范、市综合代替）（见表 4 - 3）。选择的 8 个专业分别是国际经济与贸易、法学、英语、艺术设计、信息与计算科学、计算机科学与技术、信息管理与信息系统、市场营销。该 8 个专业是按照现行专业目录，分别隶属于 6 大学科门类，而且在专业大类中布点数几乎都是排在第一位的专业（见表 4-4）。具体的调查是对上述 5 所学校中的 8 个专业的在校生和毕业生，分别采取整群抽样的方法，进行的抽样问卷调查。

表 4-3 　　　　　　　　　　　调查院校的具体情况

高校类型	具体特征	占全省普通本科高校总数的百分比%	占全省同类普通本科高校总数的百分比%
省综合	211 工程大学、博士点	2/43 = 4.65	2/4 = 50.00
市综合	市属、硕士点		
省理工 1	省属、硕士点	2/43 = 4.65	2/17 = 11.8
省理工 2	省属、博士点		
省师范	省属、硕士点	1/43 = 2.33	1/4 = 25.00

表 4-4 　　　　　　　　　　　调查专业的布点情况

学科门类及布点数	专业大类及布点数	专业大类布点数占学科门类布点数的%	具体专业	专业布点数	专业布点数在专业大类中的排名	专业布点数占专业大类布点数的%
经济学 103	经济学类 103	100	国际经济与贸易	50	1	48.54
法学 63	法学类 30	47.62	法学	30	1	100
文学 350	外国语言文学类 120	34.29	英语	68	1	56.67
	艺术类 160	45.71	艺术设计	59	1	36.88
理学 200	数学类 46	23.00	信息与计算科学	25	1	54.35
工学 674	电气信息类 238	35.31	计算机科学与技术	67	1	28.15
管理学 345	管理科学与工程类 69	20.00	信息管理与信息系统	35	1	50.72
	工商管理类 221	64.06	市场营销	42	2	19.00

注：布点数参见辽宁教育研究院编著：《辽宁教育决策咨询研究（2008）》，辽宁民族出版社 2009 年版，第 226—239 页。

（二）专业满意度调查对象

专业满意度调查对象包括公办普通本科高校 3 所、上述调查院校中的公办省属综合类大学、公办省属师范类大学、公办市属综合类大学（以下分别用公办省综合、公办省师范、公办市综合代替）3 所高校，同时增加了 2 所民办本科高校。选择的 7 个专业，分别是第一类调查中的国际经济与贸易、法学、英语、艺术设计、计算机科学与技术、信息管理与信息系统、市场营销 7 个专业。具体的调查也是采取整群抽样的方法进行。

（三）教育学专业满意度调查对象

在本研究中学生问卷的发放时间为 2014 年 1 月，选取 S 大学教育学本科专业的大一（2013 级）、大二（2012 级）、大三（2011 级）共三个年级的学生 112 人为研究样本。

二　调查实施

（一）专业认知调查实施

专业认知调查一共分三次进行。第一次调查为预测，于 2011 年 9 月份进行，发放问卷 100 份，目的是对问卷本身进行测量，以便发现问题，并及时修改问卷。第二次、第三次调查为正式调查，调查对象是在校生和毕业生，在校生调查于 2012 年 3—6 月进行，毕业生调查于 2012 年 1—6 月份进行。

对在校生的调查主要选取 2008 级或 2009 级（大三或大四）的学生，以班级为单位进行，共发放问卷 1245 份，回收 1143 份，回收率为 91.81%。对毕业生的调查主要通过电子邮件的方式进行，共发放问卷 855 份，回收 756 份，回收率 88.42%（见表 4-5、表 4-6）。

表 4-5　　　　　　　不同院校学生的问卷发放与回收情况

院校	在校生			毕业生		
	发放份数	回收份数	回收率（%）	发放份数	回收份数	回收率（%）
省综合	240	218	90.83	180	174	83.89
省理工 1	260	247	95.0	170	143	84.12
省理工 2	245	209	85.30	170	138	81.18
省师范	260	243	93.46	170	157	86.47
市综合	240	226	91.17	165	144	80.0
总计	1245	1143	91.81	855	756	87.91

表4-6　　　　　　　　　不同专业学生的问卷发放与回收情况

院校	在校生			毕业生		
	发放份数	回收份数	回收率（%）	发放份数	回收份数	回收率（%）
国际经济与贸易	160	146	91.25	110	97	88.18
法学	160	149	93.13	110	95	86.36
英语	160	144	90.00	110	104	94.55
艺术设计	145	133	91.72	100	85	85.0
信息与计算科学	160	145	90.63	105	87	82.86
计算机科学与技术	160	147	91.88	110	98	89.09
信息管理与信息系统	150	138	92.0	105	96	91.43
市场营销	150	141	94.0	105	94	89.52
总计	1245	1143	91.81	855	756	88.42

（二）专业满意度调查实施

专业满意度调查是对3所公办本科高校、2所民办本科高校的2010级（大三）的在校生进行的专业满意度问卷调查。其中，3所公办本科高校共发放问卷715份，回收有效问卷669份，有效率93.6%。2所民办本科高校共发放问卷770份，回收问卷714份，有效率为92.7%。

（三）教育学专业满意度调查实施

教育学专业满意度调查共发放问卷112份，回收有效问卷106份，有效率为95.53%。其中，各年级问卷回收的有效率如表4-7所示：

表4-7　　　　　　　　　各年级问卷回收的有效率

年级	2013级	2012级	2011级	总计
发放问卷数	36	36	40	112
回收问卷数	35	34	37	106
问卷有效率（%）	97.22	94.44	92.50	95.53

第五章

地方普通本科高校学生的专业认知现状

为揭示不同类型高校和不同专业的学生在专业认知层面的差异之处，反馈其在本科专业设置层面的基本考量，本章对辽宁省普通高等学校的部分在校生和毕业生做了问卷调查，通过分析探寻影响学生专业认知的因素，从而为普通高等学校本科专业的设置转型提供"利益相关者"之一——学生视角的基本满意度。

第一节　人口学统计

专业认知调查包括两部分，一是专业认知状况的调查，二是课程认知状况的调查，具体运用频数、交叉表和卡方检验等方式进行分析。

一　在校生的人口学统计

在专业反馈的调查中，不同院校和不同专业的在校生分布情况见表 5-1、表 5-2 和图 5-1、图 5-2。

表 5-1　　　　　　　　　不同院校在校生频数分布表

院校	频数	百分比	累积百分比
省综合	218	19.07	19.07
省理工 1	247	21.61	40.68

续表

院校	频数	百分比	累积百分比
省理工 2	209	18.29	58.97
省师范	243	21.26	80.23
市综合	226	19.77	100.0
总计	1143	100.0	

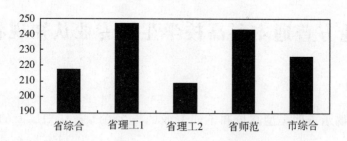

图 5-1　不同院校在校生频数分布图

表 5-2　　　　　　　　不同专业在校生频数分布表

专业	频数	百分比	累积百分比
国际经济与贸易	146	12.77	12.77
法学	149	13.04	25.81
英语	144	12.60	38.41
艺术设计	133	11.64	50.04
信息与计算科学	145	12.69	62.73
计算机科学与技术	147	12.86	75.59
信息管理与信息系统	138	12.07	187.66
市场营销	141	12.34	100.0
总计	1143	100.0	

二　毕业生的人口学统计

（一）不同院校的分布

在被调查的 756 名毕业生中，不同院校的频数分布见表 5-3、图 5-3。

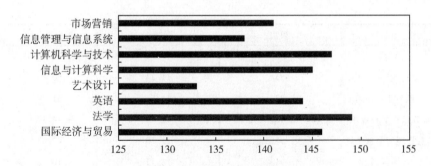

图 5-2 不同专业在校生频数分布图

表 5-3   不同院校的毕业生频数分布表

院校	频数	百分比	累积百分比
省综合	174	23.02	23.02
省理工 1	143	18.91	41.93
省理工 2	138	18.25	60.18
省师范	157	20.77	80.95
市综合	144	19.05	100.0
总计	756	100.0	

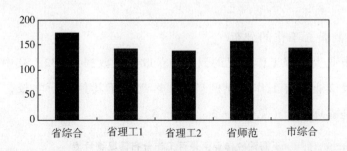

图 5-3 不同院校的毕业生频数分布图

（二）不同专业的分布

不同专业毕业生的分布情况见表 5-4、图 5-4。

表 5-4   不同专业的毕业生频数分布表

专业	频数	百分比	累积百分比
国际经济与贸易	97	12.83	12.83
法学	95	12.57	25.40

专业	频数	百分比	累积百分比
英语	104	13.76	39.15
艺术设计	85	11.24	50.40
信息与计算科学	87	11.51	61.90
计算机科学与技术	98	12.96	74.87
信息管理与信息系统	96	12.70	87.57
市场营销	94	12.43	100.0
总计	756	100.0	

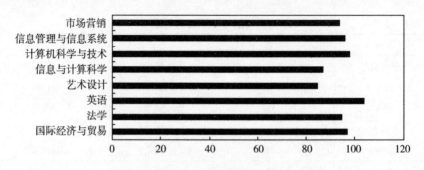

图5-4　不同专业的毕业生频数分布图

（三）是否工作的分布

对毕业生是否工作状况的调查，获取有效数据是632，其中，省理工2院校毕业生有工作的比例最高，远远高于其他四所学校，而最低的院校是省理工1（见表5-5、图5-5）。

表5-5　　　　　不同院校毕业生是否工作分布情况统计表

院校	是		否		总计	
	人数	百分比	人数	百分比	人数	百分比
省综合	94	68.12	44	31.89	138	100.0
省理工1	75	59.52	38	40.48	126	100.0
省理工2	99	81.82	23	18.18	121	100.0
省师范	91	68.94	44	31.06	132	100.0
市综合	86	74.78	38	25.22	115	100.0
总计	445	70.41	187	29.59	632	100.0

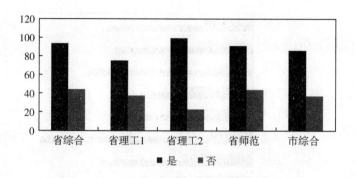

图5-5 不同院校毕业生是否工作分布情况统计图

不同专业毕业生是否工作的情况不同，其中，英语专业有工作的比例最高，远远高于其他专业，依次为计算机科学与技术专业、市场营销专业、信息管理与信息系统专业、艺术设计专业、信息与计算科学专业、法学专业，最低的专业是国际经济与贸易专业（见表5-6、图5-6）。

表5-6　　　　　不同专业毕业生是否工作分布情况统计表

专业	是		否		总计	
	人数	百分比	人数	百分比	人数	百分比
国际经济与贸易	32	5.06	37	5.85	69	10.92
法学	43	6.80	29	4.59	72	11.39
英语	86	13.61	13	2.06	99	15.66
艺术设计	53	8.39	19	3.00	72	11.39
信息与计算科学	46	7.28	29	4.59	75	11.87
计算机科学与技术	67	10.60	19	3.00	86	13.61
信息管理与信息系统	56	8.86	22	3.48	78	12.34
市场营销	61	9.65	20	3.16	81	12.82
总计	444	70.25	188	29.75	632	100.00

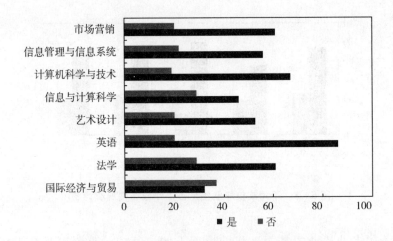

图 5-6　不同专业毕业生是否工作分布情况统计图

第二节　专业的认知状况

对在校生进行的专业认知状况调查，共包括 4 个项目，即：对专业社会需求程度的认知、对专业了解程度的认知、是否更换专业及专业满意度。对毕业生进行的专业认知状况调查，也包括 4 个项目，即：对专业了解程度的认知、是否更换专业、专业满意度、专业与工作岗位对口程度。

一　专业的社会需求程度

（一）总体状况

对专业社会需求程度的调查项目上，只调查了在校生，获取有效数据是 963。在校生选择专业的社会需求程度的频数分布在"大及很大"的百分比是 37.69%，选择"小及很小"以下的百分比是 21.81%（见表 5-7、图 5-7）。

表 5 - 7　　　　在校生对专业社会需求程度认知的频数分布表

专业社会需求程度	样本数	百分比	累积百分比
小及很小	210	21.81	21.81
一般	390	40.50	62.31
大及很大	363	37.69	100.0
总计	963	100.0	

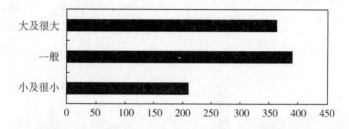

图 5 - 7　在校生对专业社会需求程度认知的频数分布图

从图 5 - 7 中可见，在校生认为专业社会需求程度大及很大的人数要比认为社会需求程度小及很小的人数多，但二者均少于认为专业社会需求程度一般的人数。

（二）不同院校在校生对专业的社会需求程度认知状况

从在校生的专业社会需求程度与院校交叉表中可以看出，在选择专业社会需求程度"大及很大"的选项上，省师范院校在校生选择的百分比为 9.55%，显著高于省理工 2 院校在校生选择的百分比 4.57%；在选择专业社会需求程度"小及很小"的选项上，省理工 2 院校在校生选择的百分比为 5.40%，显著高于省师范院校在校生选择的百分比 2.91%。从中可以看出，省理工 2 院校的学生认为本校的专业社会需求程度最低（见表 5 - 8）。

表 5 - 8　　　　在校生的专业社会需求程度 ﹡ 院校交叉表

专业社会需求程度		院校					合计
		省综合	省理工 1	省理工 2	省师范	市综合	
小及很小	频数	40	47	52	28	43	210
	总和的%	4.15	4.89	5.40	2.91	4.47	21.81

续表

专业社会需求程度		院校					合计
		省综合	省理工1	省理工2	省师范	市综合	
一般	频数	78	111	45	70	86	390
	总和的%	8.10	11.53	4.67	7.27	8.93	40.50
大及很大	频数	84	72	44	92	71	363
	总和的%	8.72	7.48	4.57	9.55	7.37	37.69
总计	频数	202	230	141	190	200	963
	总和的%	20.98	23.88	14.64	19.73	20.77	100

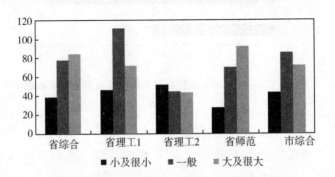

图 5-8 在校生的专业社会需求程度 ＊ 院校交叉图

从图 5-8 中可见，在五所高校中，认为本校专业的社会需求程度在大及很大程度上，省师范院校在校生比例最高，而省理工 2 院校则最低；认为本校专业的社会需求程度在小及很小程度上，省理工 2 院校在校生比例最高，而省师范院校则最低。

经卡方检验，X^2 值为 40.913＊＊，Sig＜0.01，表明不同院校在校生在选择专业的社会需求程度的 3 个选项上，至少有一个选项的频数百分比间有显著差异。

（三）不同专业在校生对专业社会需求程度认知的状况

从在校生的专业社会需求程度与专业交叉表中可以看出，在选择"大及很大"的选项上，计算机科学与技术专业的百分比为 8.72%，显著高于信息与计算科学的百分比 1.87%；在选择"小及很小"的选项上，信息与计算科学的百分比 5.92%，显著高于市场营销专业选择的百分比1.04%。从中可以看出，信息与计算科学专业学生认为该专业的社会需求程度总体最低（见表5－9）。

表5－9　　　　　　在校生的专业社会需求程度 * 专业交叉表

专业社会需求程度		专业								合计
		国际经济与贸易	法学	英语	艺术设计	信息与计算科学	计算机科学与技术	信息管理与信息系统	市场营销	
小及很小	频数	33	35	14	27	57	14	20	10	210
	总和的%	3.43	3.63	1.45	2.80	5.92	1.45	2.08	1.04	21.81
一般	频数	56	47	71	62	46	35	34	39	390
	总和的%	5.82	4.88	7.37	6.44	4.78	3.63	3.53	4.05	40.50
大及很大	频数	33	46	51	28	18	84	38	65	363
	总和的%	3.43	4.78	5.30	2.91	1.87	8.72	3.95	6.75	37.69
总计	频数	122	128	136	117	121	133	92	114	963
	总和的%	12.67	13.29	14.12	12.15	12.56	13.81	9.55	11.84	100.0

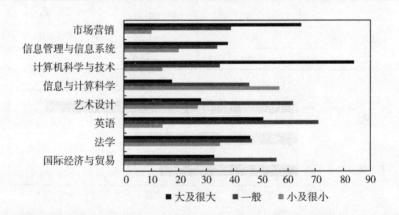

图5－9　在校生的专业社会需求程度 * 专业交叉图

从图5－9中可见，选择专业的社会需求程度在"大及很大"的8个专业中，百分比最高的专业是计算机科学与技术，最低的专业是信息与计算科学；选择专业的社会需求在"小及很小"的专业最高的是信息与计算科学，最低的是市场营销。

经卡方检验，X^2值为163.286[**]，Sig < 0.01，表明不同专业在校生在选择专业的社会需求程度的3个选项上，至少有一个选项的频数

百分比间有显著差异。

二　专业的了解程度

（一）对专业了解程度的总体状况

在对专业了解程度的调查项目上，获取在校生有效数据是 959。在校生选择专业了解程度的频数分布见表 5－10。从该表可以看出，在校生选择对专业了解程度在"了解及很了解"程度的百分比是 45.56%，选择"不了解及很不了解"程度的百分比是 25.03%。可见，在校生认为对专业的了解程度持了解的要比认为对专业了解程度持不了解的百分比多。

表 5－10　　　　　　　　在校生对专业的了解程度频数分布表

专业的了解程度	频数	百分比	累积百分比
不了解及很不了解	240	25.03	25.03
一般	282	29.41	54.44
了解及很了解	437	45.56	100.0
总计	959	100.0	

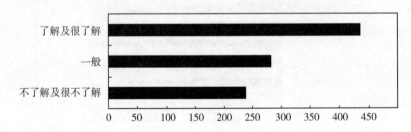

图 5－10　在校生对专业的了解程度频数分布图

从图 5－10 可见，在校生对专业的了解程度在"了解及很了解"的比例显著高于"不了解及很不了解"的比例。

在对毕业生进行的专业了解程度的调查项目上，获取有效数据是 709，具体分布情况见表 5－11。从该表可以看出，毕业生选择对专业了解程度在"了解及很了解"程度的百分比是 40.06%，选择"不了解及很不了解"程度的百分比是 29.90%。可见，毕业生认为对专业的了解程度持了解的要比认为对专业了解程度持不了解的百分比多。

表 5-11　　　　　　毕业生对专业的了解程度频数分布表

专业的了解程度	频数	百分比	累积百分比
不了解及很不了解	212	29.90	29.90
一般	213	30.04	59.94
了解及很了解	284	40.06	100.0
总计	709	100.0	

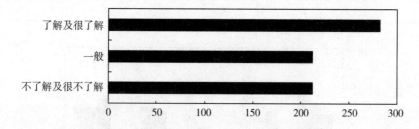

图 5-11　毕业生对专业的了解程度频数分布图

从图 5-11 中可见，毕业生对专业的了解程度在"了解及很了解"的比例显著高于"不了解及很不了解"的比例，基本与在校生的情况一致。

（二）不同院校学生对专业的了解程度状况

从在校生的专业了解程度与院校交叉表中可以看出，在选择"了解及很了解"选项上，省理工 1 院校在校生选择的百分比 11.47% 显著高于市综合院校在校生选择的百分比 7.09%。在选择"不了解及很不了解"选项上，市综合院校在校生选择的百分比 6.88% 显著高于省理工 2 院校在校生选择的百分比 1.67%。从中可以看出，市综合院校的学生对专业的了解程度总体上最低（见表 5-12）。

表 5-12　　　　　　在校生的专业了解程度 * 院校交叉表

专业的了解程度		院校					合计
		省综合	省理工 1	省理工 2	省师范	市综合	
不了解及很不了解	频数	51	54	16	53	66	240
	总和的%	5.32	5.63	1.67	5.53	6.88	25.03

续表

专业的了解程度		院校					合计
		省综合	省理工1	省理工2	省师范	市综合	
一般	频数	63	68	37	57	57	282
	总和的%	6.57	7.09	3.86	5.9	5.94	29.41
了解及很了解	频数	79	110	76	104	68	437
	总和的%	8.24	11.47	7.92	10.84	7.09	45.56
总计	频数	193	232	129	214	191	959
	总和的%	20.13	24.19	13.45	22.31	19.92	100.0

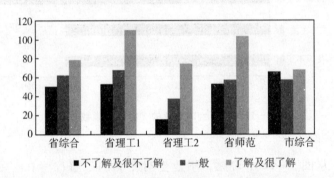

图 5 - 12　在校生的专业了解程度 * 院校交叉图

从图 5 - 12 中可见，对专业的了解程度在"了解及很了解"上，省理工 1 院校的比例最高，而市综合院校比例最低；在"不了解及很不了解"上，市综合院校比例最高，而省理工 2 院校比例最低。

经卡方检验，X^2 值为 27.582**，Sig < 0.01，表明不同院校在校生在选择对专业的了解程度的 3 个选项上，至少有一个选项的频数百分比间有显著差异。

从毕业生的专业了解程度与院校交叉表中可以看出，对专业的了解程度在"了解及很了解"选项上，省师范院校毕业生选择的百分比 10.86%，显著高于省理工 1 院校毕业生选择的百分比 5.78%。在选择"不了解及很不了解"选项上，省综合院校毕业生选择的百分比 8.74%，显著高于省理工 2 院校毕业生选择的百分比 3.67%（见表 5 - 13）。

表5-13　　　　　　　　　毕业生的专业了解程度 ＊ 院校交叉表

专业的了解程度		院校					合计
		省综合	省理工1	省理工2	省师范	市综合	
不了解及 很不了解	频数	62	36	26	39	49	212
	总和的%	8.74	5.08	3.67	5.50	6.91	29.90
一般	频数	59	43	37	35	39	213
	总和的%	8.32	6.06	5.22	4.94	5.50	30.04
了解 及很了解	频数	51	41	63	77	52	284
	总和的%	7.19	5.78	8.89	10.86	7.33	40.06
总计	频数	172	120	126	151	140	709
	总和的%	24.26	16.93	17.77	21.30	19.75	100.0

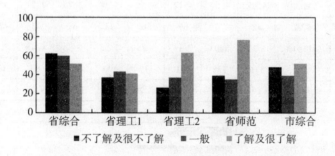

图5-13　毕业生的专业了解程度 ＊ 院校交叉图

从图5-13中可见，在五所高校中，选择对专业了解程度在"了解及很了解"省师范的百分比最高的是院校，最低的是省理工1院校。对专业的了解程度在"不了解及很不了解"的百分比最高的是省综合院校，最低的是省理工2院校。

经卡方检验，X^2值为30.206＊＊，Sig<0.01，表明不同院校毕业生在选择对专业了解程度的3个选项上，至少有一个选项的频数百分比间有显著差异。

（三）不同专业学生对专业的了解程度状况

从在校生的专业了解程度与专业交叉表中可以看出，在选择"了解及很了解"选项上，法学专业最高为8.03%，其次为英语专业7.19%，第三为艺术设计专业，选择的百分比6.88%，显著多于国际经济与贸易专业4.37%和市场营销专业选择的百分比2.71%。在选择"不了解及很不了解"选项上，市场营销专业的比例最高为5.53%，显著高于信息管理与信息系统专业的1.88%（见表5-14）。

表5-14 在校生的专业了解程度 ＊ 专业交叉表

专业的了解程度		专业								合计
		国际经济与贸易	法学	英语	艺术设计	信息与计算科学	计算机科学与技术	信息管理与信息系统	市场营销	
不了解及很不了解	频数	35	22	22	19	41	30	18	53	240
	总和的%	3.65	2.29	2.29	1.98	4.28	3.13	1.88	5.53	25.02
一般	频数	39	39	40	32	41	36	26	29	282
	总和的%	4.07	4.07	4.17	3.34	4.28	3.75	2.71	3.02	29.41
了解及很了解	频数	42	77	69	66	53	61	43	26	437
	总和的%	4.37	8.03	7.19	6.88	5.53	6.36	4.48	2.71	45.57
总计	频数	116	138	131	117	135	127	87	108	959
	总和的%	12.96	14.39	13.66	12.20	14.08	13.24	9.07	11.26	100.0

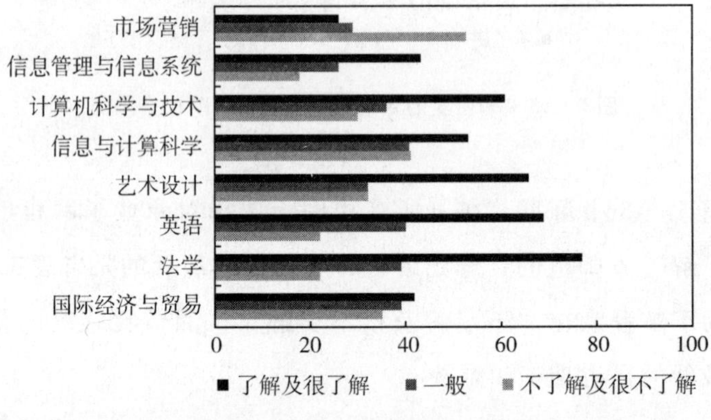

图5-14 在校生的专业了解程度 ＊ 专业交叉图

从图5-14中可见，对专业了解程度在"了解及很了解"上的专业比例最高的是法学，最低的是市场营销；对专业了解程度在"不了解及很不了解"上的专业比例最高的是市场营销专业，最低的是信息管理与信息系统。

经卡方检验，X^2值为67.404[**]，Sig<0.01，表明不同专业在校生

在选择对专业了解程度的 3 个选项上，至少有一个选项的频数百分比间有显著差异。

从毕业生的专业了解程度与专业交叉表中可以看出，在选择"了解及很了解"选项上，英语专业选择的百分比为 9.17% 显著高于国际经济与贸易专业 2.26%。在选择"不了解及很不了解"选项上，国际经济与贸易专业选择的百分比为 5.50% 显著高于英语专业选择的百分比 0.85%。可见，英语专业的毕业生对专业了解程度总体上最高，而国际经济与贸易专业的毕业生对专业了解程度总体上最低（见表 5－15）。

表 5－15　　　　　　　毕业生的专业了解程度 ＊ 专业交叉表

专业的了解程度		专业								合计
		国际经济与贸易	法学	英语	艺术设计	信息与计算科学	计算机科学与技术	信息管理与信息系统	市场营销	
不了解及很不了解	频数	39	32	6	13	37	13	35	37	212
	总和的%	5.50	4.51	0.85	1.83	5.22	1.83	4.94	5.22	29.90
一般	频数	23	32	30	19	25	32	26	26	213
	总和的%	3.24	4.51	4.23	2.68	3.53	4.51	3.67	3.67	30.04
了解及很了解	频数	16	29	65	51	18	50	29	26	284
	总和的%	2.26	4.09	9.17	7.19	2.54	7.05	4.09	3.67	40.06
总计	频数	78	93	101	83	80	95	90	89	709
	总和的%	11.00	13.12	14.25	11.71	11.28	13.40	12.69	12.55	100.0

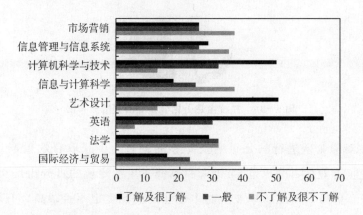

图 5－15　毕业生的专业了解程度 ＊ 专业交叉图

从图 5-15 中可见，毕业生对专业了解程度在 "了解及很了解" 上，百分比最高的专业是英语，最低的专业是国际经济与贸易。在 "不了解及很不了解" 程度上，百分比最高的专业是国际经济与贸易，最低的专业是英语专业。

经卡方检验，X^2 值为 81.120**，Sig < 0.01，表明不同专业毕业生在选择对专业了解程度的 3 个选项上，至少有一个选项的频数百分比间有显著差异。

三 是否更换专业

（一）是否更换专业的总体状况

对在校生进行的是否更换专业的调查上，获取有效数据是 1040，选择更换专业的百分比是 51.54%，选择不更换专业的百分比是 48.46%（见表 5-16）。可见，在校生对本专业的满意度不高，有超过一半的学生想更换自己的专业。

表 5-16　　　　　　　　　在校生是否更换专业的频数分布表

是否更换专业	频数	百分比	累积百分比
是	536	51.54	51.54
否	504	48.46	100.0
总计	1040	100.0	

否 48%　　　是 52%

图 5-16　　在校生是否更换专业的频数分布图

在对毕业生进行的是否更换专业的调查上，获取有效数据是 618，选择更换专业的百分比是 54.05%，选择不更换专业的百分比是 45.95%（见表 5-17）。可见，毕业生对本专业的满意度也不是很高，有超过一半的学生想更换自己的专业。

表 5-17　　　　　　　　毕业生是否更换专业的频数分布表

是否更换专业	频数	百分比	累积百分比
是	334	54.05	54.05
否	284	45.95	100.0
总计	618	100.0	

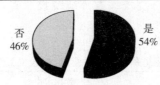

图 5-17　毕业生是否更换专业的频数分布图

（二）不同院校的学生是否更换专业的状况

不同院校在校生是否更换专业的频数分布见表 5-18。从该表可以看出，5 所院校中，在是否更换专业的选择中，选择"是"的按照从高到低的顺序排列是：省理工 1 院校、省综合院校、省师范院校、市综合院校、省理工 2 院校。

表 5-18　　　　　　　在校生是否更换专业 ＊ 院校交叉表

是否更换专业		院校					合计
		省综合	省理工 1	省理工 2	省师范	市综合	
是	频数	112	136	83	108	97	536
	总和的 %	10.77	13.08	7.98	10.38	9.33	51.6
否	频数	97	111	65	120	111	504
	总和的 %	9.33	10.67	6.26	11.54	10.67	48.4
总计	频数	209	247	148	228	208	1040
	总和的 %	20.10	23.75	14.23	21.92	20.00	100.0

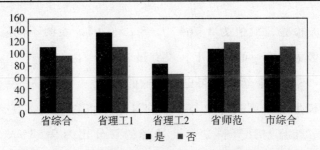

图 5-18　在校生是否更换专业 ＊ 院校交叉图

经卡方检验，X^2值为 6.783**，Sig > 0.05，表明不同院校在校生在选择是否更换专业的选项上，没有显著差异。

不同院校毕业生是否更换专业的频数分布见表 5 - 19。从该表可以看出，5 所院校中，在是否更换专业的选择中，选择"是"的按照从高到低的顺序排列是：省综合院校、省师范院校、省理工 2 院校、市综合院校、省理工 1 院校。

表 5 - 19　　　　　　毕业生是否更换专业 ＊ 院校交叉表

是否更换专业		院校					合计
		省综合	省理工 1	省理工 2	省师范	市综合	
是	频数	86	52	62	76	58	334
	总和的%	13.92	8.41	10.03	12.30	9.39	54.05
否	频数	69	51	46	59	59	284
	总和的%	11.17	8.25	7.44	9.55	9.55	45.95
总计	频数	155	103	108	135	117	618
	总和的%	25.08	16.67	17.48	21.84	18.93	100.0

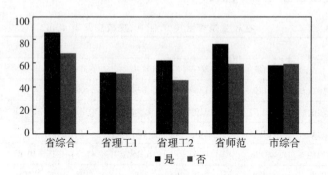

图 5 - 19　毕业生是否更换专业 ＊ 院校交叉图

经卡方检验，X^2值为 3.764**，Sig > 0.05，表明不同院校毕业生在选择是否更换专业的选项上，没有显著差异。

（三）不同专业学生是否更换专业的状况

从在校生是否更换专业与专业交叉表中可以看出，在选择"是"的选项上，信息与计算科学专业选择的百分比为 9.13%，显著高于信息管理与信息系统专业 4.81%。在选择"否"的选项上，英语专业选择的百分比为 7.60%，显著高于信息与计算科学专业 4.52%。可见，信息与计算科学专业的在校生选择更换专业的比例总体最高。（见表 5 - 20）

表 5 - 20　　　　在校生是否更换专业 * 专业交叉表

是否更换专业		专业								合计
		国际经济与贸易	法学	英语	艺术设计	信息与计算科学	计算机科学与技术	信息管理与信息系统	市场营销	
是	频数	65	75	61	62	95	61	50	67	536
	总和的%	6.25	7.21	5.87	5.96	9.13	5.87	4.81	6.44	51.54
否	频数	60	73	79	67	47	74	51	53	504
	总和的%	5.77	7.02	7.60	6.44	4.52	7.12	4.90	5.60	48.46
总计	频数	125	148	140	129	142	135	101	120	1040
	总和的%	12.02	14.23	13.46	12.40	13.65	13.65	12.98	11.54	100.0

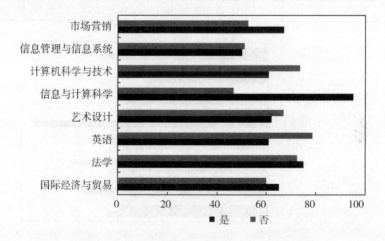

图 5 - 20　在校生是否更换专业 * 专业交叉图

经卡方检验，X^2 值为 18.731**，Sig < 0.01，表明不同专业在校生在选择是否更换专业的选项上，至少有一个选项的频数百分比间有显著差异。

从毕业生是否更换专业与专业交叉表中可以看出，在选择"是"的选项上，计算机科学与技术专业毕业生选择的百分比 10.52%，显著高于信息与计算科学专业毕业生选择的百分比 2.42%。在选择

"否"的选项上，信息与计算科学专业毕业生选择的百分比8.25%，显著高于选择国际经济与贸易专业毕业生选择的百分比3.07%（见表5-21）。可见，信息与计算科学专业毕业生选择不更换专业的比例总体最低。

表5-21　　　　　　　毕业生是否更换专业 ＊ 专业交叉表

是否更换专业度		专业								合计
		国际经济与贸易	法学	英语	艺术设计	信息与计算科学	计算机科学与技术	信息管理与信息系统	市场营销	
是	频数	29	50	62	46	15	65	40	27	334
	总和的%	4.69	8.09	10.03	7.44	2.42	10.52	6.47	4.37	51.1
否	频数	19	33	50	21	51	40	36	34	284
	总和的%	3.07	5.34	8.09	3.40	8.25	6.47	5.83	5.50	45.95
总计	频数	48	83	112	67	66	105	76	61	618
	总和的%	7.77	13.43	18.12	10.84	10.68	16.99	12.30	9.87	100.0

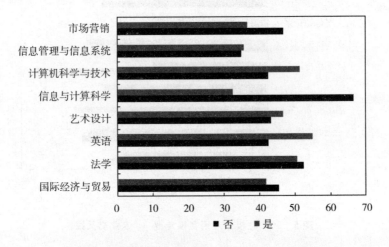

图5-21　毕业生是否更换专业 ＊ 专业交叉图

经卡方检验，X^2值为49.694**，Sig < 0.01，表明不同专业毕业生在选择是否更换专业的选项上，至少有一个选项的频数百分比间有显著差异。

四　专业满意度

（一）专业满意度的总体状况

对在校生进行的专业满意度的调查项目上，获取有效数据1098，具体频数分布见表5－22。从该表中可以看出，在校生选择对专业的满意程度在"满意及很满意"的百分比是46.27%，选择"不满意及很不满意"的百分比是21.49%。可见，在校生对专业的满意程度持满意的要比对专业满意程度持不满意的百分比多。

表5－22　　　　　在校生专业满意度的频数分布表

专业满意度	频数	百分比	累积百分比
不满意及很不满意	236	21.49	21.49
一般	354	32.24	53.73
满意及很满意	508	46.27	100.0
总计	1098	100.0	

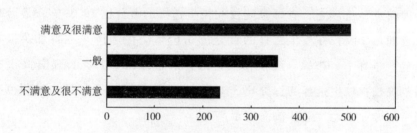

图5－22　在校生专业满意度的频数分布图

对毕业生进行的专业满意程度的调查项目上，获取有效数据是698，具体频数分布见表5－23。从该表中可以看出，毕业生选择对专业的满意程度在"满意及很满意"的百分比是51.72%，选择"不满意及很不满意"的百分比是22.92%。可见，毕业生对专业的满意程度持满意的要比对专业满意程度持不满意的百分比多。

表5－23　　　　　毕业生专业满意度的频数分布表

专业满意度	频数	百分比	累积百分比
不满意及很不满意	160	22.92	22.92

续表

专业满意度	频数	百分比	累积百分比
一般	177	25.36	48.28
满意及很满意	361	51.72	100.0
总计	698	100.0	

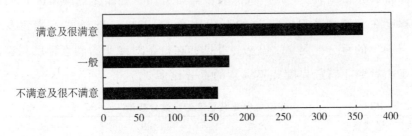

图 5-23　毕业生专业满意度的频数分布图

（二）不同院校学生的专业满意程度状况

从在校生的专业满意度与院校交叉表中可以看出，在选择"满意及很满意"选项上，省师范院校在校生选择的百分比 12.39%，显著高于省理工 2 院校在校生选择的百分比 5.65%。在选择"不满意及很不满意"选项上，市综合院校在校生选择的百分比 6.19%，显著高于省师范院校在校生选择的百分比 3.19%（见表 5-24）。可见，省师范在校生的专业满意度总体满意度最高。

表 5-24　　　　在校生的专业满意度 ＊ 院校交叉表

专业满意度		院校					合计
		省综合	省理工 1	省理工 2	省师范	市综合	
不满意及很不满意	频数	38	44	51	35	68	236
	总和的%	3.46	4.01	4.64	3.19	6.19	21.49
一般	频数	60	90	66	70	68	354
	总和的%	5.46	8.20	3.7	6.01	6.19	32.24
满意及很满意	频数	117	111	62	136	82	508
	总和的%	10.66	10.11	5.65	12.39	7.47	46.27
总计	频数	215	245	179	241	218	1098
	总和的%	19.58	22.31	16.30	21.95	19.85	100.0

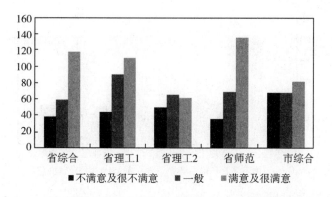

图 5 - 24　在校生的专业满意度 ＊ 院校交叉图

经卡方检验，X^2值为 42.371＊＊，Sig < 0.01，表明不同院校在校生在选择对专业满意程度的 3 个选项上，至少有一个选项的频数百分比间有显著差异。

从毕业生的专业满意度与院校交叉表中可以看出，在选择"满意及很满意"选项上，省综合院校生毕业生选择的百分比 14.33%，显著高于省理工 1 院校生选择的百分比 6.88%。在选择"不满意及很不满意"选项上，市综合院校生毕业生选择的百分比 5.73%，显著高于省理工 2 院校生选择的百分比 4.15%（见表 5 - 25）。

表 5 - 25　　　　　　毕业生的专业满意度 ＊ 院校交叉表

专业满意度		院校					合计
		省综合	省理工 1	省理工 2	省师范	市综合	
不满意及很不满意	频数	30	31	29	30	40	160
	总和的%	4.30	4.44	4.15	4.30	5.73	22.92
一般	频数	36	39	28	36	38	177
	总和的%	5.16	5.59	4.01	5.16	5.44	25.36
满意及很满意	频数	100	48	66	87	60	361
	总和的%	14.33	6.88	9.46	12.46	8.60	51.72
总计	频数	166	118	123	153	138	698
	总和的%	23.78	16.91	17.62	21.92	19.77	100.0

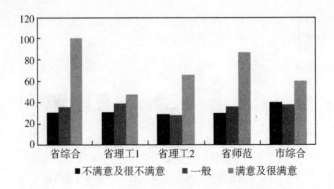

图 5-25　毕业生的专业满意度 * 院校交叉图

经卡方检验，X^2值为 23.020**，Sig < 0.01，表明不同院校毕业生在选择对专业的满意程度的 3 个选项上，至少有一个选项的频数百分比间有显著差异。

（三）不同专业学生的专业满意程度状况

从在校生的专业满意度与专业交叉表中可以看出，在选择"满意及很满意"选项上，法学专业在校生选择的百分比 7.56%，显著高于信息与计算科学专业 3.92%。在选择"不满意及很不满意"选项上，信息与计算科学专业在校生选择的百分比为 5.10%，显著高于英语专业在校生选择的百分比 1.82%（见表 5-26）。可见，在 8 个专业中，信息与计算科学专业学生的专业满意程度总体上最低。

表 5-26　　　　在校生的专业满意度 * 专业交叉表

专业满意度		专业								合计
		国际经济与贸易	法学	英语	艺术设计	信息与计算科学	计算机科学与技术	信息管理与信息系统	市场营销	
不满意及很不满意	频数	28	23	20	28	56	27	27	27	236
	总和的%	2.55	2.09	1.82	2.55	5.10	2.46	2.46	2.46	21.49
一般	频数	46	41	45	42	44	43	55	38	354
	总和的%	4.19	3.73	4.10	3.83	4.01	3.92	5.01	3.46	32.24
满意及很满意	频数	59	83	76	58	43	74	54	61	508
	总和的%	5.37	7.56	6.92	5.28	3.92	6.74	4.92	5.56	46.27

续表

专业满意度		专业								合计
		国际经济与贸易	法学	英语	艺术设计	信息与计算科学	计算机科学与技术	信息管理与信息系统	市场营销	
总计	频数	133	147	141	128	143	144	136	126	1098
	总和的%	12.11	13.39	12.84	12.2	11.66	13.11	12.39	11.48	100.0

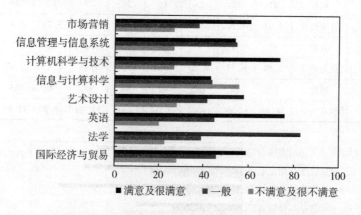

图 5-26　在校生的专业满意度 * 专业交叉图

经卡方检验，X^2值为 46.955**，Sig < 0.01，表明不同专业在校生在选择对专业的满意程度的 3 个选项上，至少有一个选项的频数百分比间有显著差异。

从毕业生的专业满意度与专业交叉表中可以看出，在选择"满意及很满意"选项上，英语专业毕业生选择的百分比为 8.02%，显著高于信息与计算科学专业 4.30%。在选择"不满意及很不满意"选项上，信息与计算科学专业毕业生选择的百分比为 4.87%，显著高于艺术设计专业 0.72% （见表 5-27、图 5-27）。可见，在 8 个专业中，信息与计算科学专业的学生专业满意度总体上最低。

表 5－27　　　　　　　　毕业生的专业满意度 ＊ 专业交叉表

专业满意度		专业								合计
		国际经济与贸易	法学	英语	艺术设计	信息与计算科学	计算机科学与技术	信息管理与信息系统	市场营销	
不满意及很不满意	频数	20	17	23	5	34	20	19	22	160
	总和的%	2.86	2.44	3.30	0.72	4.87	2.87	2.72	3.15	22.92
一般	频数	21	26	23	16	20	25	26	20	177
	总和的%	3.01	3.72	3.30	2.29	2.87	3.58	3.72	2.87	25.36
满意及很满意	频数	39	47	56	51	30	52	45	41	361
	总和的%	5.59	6.73	8.02	7.31	4.30	7.45	6.45	5.87	51.72
总计	频数	80	90	102	72	84	97	90	83	698
	总和的%	11.46	12.89	14.61	10.32	12.03	13.90	12.90	11.89	100.0

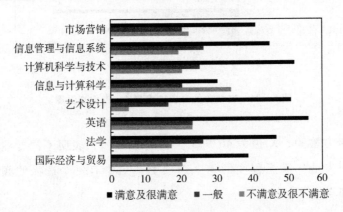

图 5－27　毕业生的专业满意度 ＊ 专业交叉图

经卡方检验，X^2 值为 70.487[**]，Sig ＜ 0.01，表明不同专业毕业生在选择对专业的满意程度的 3 个选项上，至少有一个选项的频数百分比间有显著差异。

五　毕业生的专业与工作岗位对口程度

（一）毕业生的专业与工作岗位对口程度的总体状况

对毕业生进行的专业与工作岗位对口程度的调查，获取有效数据 396，其频数分布见表 5－28。从该表中可以看出，认为专业与工作岗位对口程度为"对口及很对口"的比例占 53.79%，而认为"不对口及很不对口"的占 32.83%。可见，毕业生对专业与工作岗位对口程度的总体认知是基本对口。

表 5-28　　　　毕业生的专业与工作岗位对口程度频数表

对口程度	频数	有效百分比	累积百分比
不对口及很不对口	130	32.83	32.83
一般	53	14.36	47.19
对口及很对口	213	53.79	100.0
总计	396	100.0	

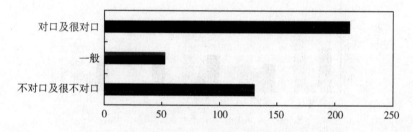

图 5-28　毕业生的专业与工作岗位对口程度频数图

（二）不同院校毕业生的专业与工作岗位对口程度状况

从毕业生的专业与工作岗位对口程度与院校交叉表中可以看出，在选择"对口及很对口"的选项上，省理工 2 院校的毕业生选择的百分比为 14.9%，显著高于省理工 1 院校的 5.05%。在选择"不对口及很不对口"的选项上，省综合院校的毕业生选择的百分比为 8.08%，显著高于省理工 1 院校的 5.05%（见表 5-29、图 5-29）。可见，省理工 1 院校的毕业生专业与工作岗位对口程度呈现出两个极端现象，即对口和不对口的比例均最低。

表 5-29　　　毕业生的专业与工作岗位对口程度 * 院校交叉表

对口程度		就读院校					合计
		省综合	省理工 1	省理工 2	省师范	市综合	
不对口及很不对口	频数	32	20	27	25	26	130
	总计的%	8.08	5.05	6.82	6.31	6.57	32.83

续表

对口程度		就读院校					合计
		省综合	省理工1	省理工2	省师范	市综合	
一般	频数	7	15	11	8	12	53
	总计的%	1.77	3.79	2.78	2.02	3.03	13.38
对口及很对口	频数	53	20	58	47	35	213
	总计的%	13.38	5.05	14.90	11.87	8.84	53.79
总计	频数	92	55	96	80	73	396
	总计的%	23.23	13.89	24.24	20.20	18.43	100.0

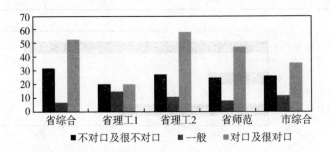

图5-29 毕业生的专业与工作岗位对口程度 * 院校交叉图

经卡方检验，X^2值为 20.656**，Sig < 0.01，表明不同院校毕业生在选择专业与工作岗位对口程度的 3 个选项上，至少有一个选项的频数百分比间有显著差异。

（三）不同专业毕业生的专业与工作岗位对口程度状况

从毕业生的专业与工作岗位对口程度与专业交叉表中可以看出，在选择"对口及很对口"的选项上，英语专业选择的百分比 13.64%，显著高于国际经济与贸易专业和信息与计算科学专业选择的百分比 1.77%。在选择"不对口及很不对口"的选项上，英语专业选择的百分比 8.33%，显著高于国际经济与贸易专业选择的百分比 1.77%（见表5-30、图5-30）。可见，在 8 个专业中，英语和国际经济与贸易专业的毕业生专业与工作岗位对口程度呈现出两个极端现象，即英语专业的毕业生与工作岗位对口程度对口和不对口的比例均最高，国际经济与贸易专业的毕业生与工作岗位对口程度中对口和不对口的比例均最低。

表 5-30　　　　毕业生的专业与工作岗位对口程度 * 专业交叉表

对口程度		专业								合计
		国际经济与贸易	法学	英语	艺术设计	信息与计算科学	计算机科学与技术	信息管理与信息系统	市场营销	
不对口及很不对口	频数	7	11	33	11	12	24	18	14	130
	总和的%	1.77	2.78	8.33	2.78	3.03	6.06	4.55	3.54	32.83
一般	频数	3	9	8	6	4	7	11	5	53
	总和的%	0.76	2.27	2.02	1.52	1.01	1.77	2.78	1.26	13.38
对口及很对口	频数	7	17	54	32	7	46	23	27	213
	总和的%	1.77	4.29	13.64	8.08	1.77	11.62	5.81	6.82	53.79
总计	频数	17	37	95	49	23	77	52	46	396
	总和的%	4.29	9.34	23.99	12.37	5.81	19.44	13.13	11.62	100.0

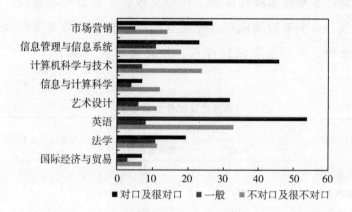

图 5-30　毕业生的专业与工作岗位对口程度 * 专业交叉图

经卡方检验，X^2值为 27.230*，Sig < 0.05，表明不同专业毕业生在选择专业与工作岗位对口程度的 3 个选项上，至少有一个选项的频数百分比间有显著差异。

第三节　课程的认知状况

课程认知状况的调查主要是调查对工作而言应该增加的课程类别

的状况。

一 在校生对课程的认知

对在校生进行的对未来工作而言应该再增加的课程调查中，获取
有效样本963，并采用多响应变量分析的方法进行分析（见表5-31）。

表5-31　　　　在校生多响应变量课程选择的统计概要

	有效数		缺失值		总计	
	频数	百分比	频数	百分比	频数	百分比
课程选择	963	95.5	45	4.5	1008	100.0

在校生选择就未来工作而言应该增加的课程，按照从高到低的顺
序依次是：本专业实践性课程、社会实践、专业方向类课程、职业指
导类课程、人文素质类课程、专业基础类课程、跨专业类课程、科学
技术类课程、本专业理论性课程、公共类课程（见表5-32、图5-
31）。

表5-32　　　　　　课程选择的频数分布表

应增加的课程	响应		占有效样本数的百分比
	频数	占总频数的百分比	
公共类课程	98	3.5	10.2
专业基础类课程	251	9.1	26.1
专业方向类课程	407	14.7	42.3
跨专业类课程	213	7.7	22.1
社会实践	445	16.1	46.2
本专业理论性课程	116	4.2	12.0
本专业实践性课程	460	16.7	47.8
人文素质类课程	298	10.8	30.9
科学技术类课程	147	5.3	15.3
职业指导类课程	327	11.8	34.0
总计	2762	100.0	286.8

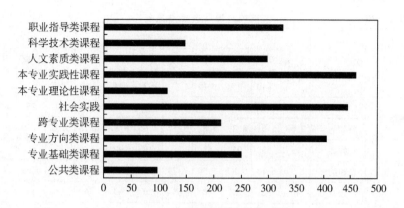

图 5-31　课程选择的频数分布图

其中，不同院校在校生选择对未来工作而言应该增加的课程的交叉表见表 5-33、图 5-32。

从该表中可以看出，省综合院校学生选择应增加的课程排序是：专业实践课程、专业方向课程、社会实践、职业指导课程、人文素质课程、跨专业课程、专业基础课程、科学技术课程、专业理论课程和公共课程相同。

省工 1 院校学生选择应增加的课程排序是：专业实践课程、专业方向课程、人文素质课程、社会实践、职业指导课程、专业基础课程、跨专业课程、科学技术课程、专业理论课程和公共课程相同。

省理工 2 院校学生选择应增加的课程排序是：专业实践课程、社会实践、专业方向课程、专业基础课程、人文素质课程、职业指导课程、跨专业课程、专业理论课程、科学技术课程、公共课程。

省师范院校学生选择应增加的课程排序是：社会实践、专业实践课程、专业方向课程、职业指导课程、人文素质课程、专业基础课程、跨专业课程和专业理论课程相同、公共课程、科学技术课程。

表 5-33　　　　　　　　　　　　　院校 * 课程选择交叉表

专业		公共课程	专业基础课程	专业方向课程	跨专业课程	社会实践	专业理论课程	专业实践课程	人文素质课程	科学技术课程	职业指导课程	有效样本
		应增加的课程 *										
省综合	频数	25	54	85	56	82	25	96	59	29	75	193
	总和的%	2.60	5.61	8.83	5.82	8.52	2.60	9.97	6.13	3.01	7.79	20.04
省理工1	频数	19	59	95	53	75	19	99	88	47	64	234
	总和的%	1.97	6.13	9.87	5.50	7.79	1.97	10.28	9.14	4.88	6.65	24.30
省理工2	频数	16	52	61	30	65	29	69	36	18	33	131
	总和的%	1.66	5.40	6.33	3.12	6.75	3.01	7.17	3.74	1.87	3.43	13.60
省师范	频数	27	51	86	34	96	34	94	59	24	70	214
	总和的%	2.80	5.30	8.93	3.53	9.97	3.53	9.76	6.13	2.49	7.27	22.22
市综合	频数	11	35	80	40	127	9	102	56	29	85	191
	总和的%	1.14	3.63	8.31	4.15	13.19	0.93	10.59	5.82	3.01	8.83	19.83
总计	频数	98	251	407	213	445	116	460	298	147	327	963
	总和的%	10.18	26.06	42.26	22.12	46.21	12.05	47.77	30.94	15.26	33.96	100.00

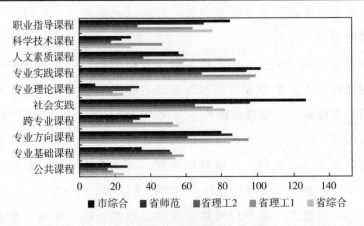

图 5-32　院校 * 课程选择交叉图

市综合院校学生选择应增加的课程排序是：社会实践、专业实践课程、职业指导课程、专业方向课程、人文素质课程、跨专业课程、专业基础课程、科学技术课程、公共课程、专业理论课程。

可见，上述 5 所学校除市综合院校以外的其他 4 所学校的在校生均认为对未来工作而言应增加的课程的前 6 位均包含：社会实践、专业实践课程、专业方向课程、职业指导课程、人文素质课程和专业基础课程，只是在上述排序上有些不同而已。市综合院校把跨专业课程排在了第 6 位，而专业基础课程排在了第 7 位。

不同专业在校生选择对未来工作而言应该增加的课程的交叉列联表见表 5－34。

表 5－34　　　　　　　　　　　　　专业 * 课程选择交叉表

专业		应增加的课程 *										有效样本
		公共课程	专业基础课程	专业方向课程	跨专业课程	社会实践	专业理论课程	专业实践课程	人文素质课程	科学技术课程	职业指导课程	
a	频数	10	22	33	21	59	14	50	32	18	36	116
	总和的%	1.04	2.28	3.43	2.18	6.13	1.45	5.19	3.32	1.87	3.74	12.05
b	频数	8	25	39	40	61	11	66	53	16	33	138
	总和的%	0.83	2.60	4.05	4.15	6.33	1.14	6.85	5.50	1.66	3.43	14.33
c	频数	8	28	64	37	53	13	65	37	17	31	131
	总和的%	0.83	2.91	6.65	3.84	5.50	1.35	6.75	3.84	1.77	3.22	13.60
d	频数	20	42	69	25	51	18	48	23	14	32	118
	总和的%	2.08	4.36	7.17	2.60	5.30	1.87	4.98	2.39	1.45	3.32	12.25
e	频数	9	36	61	23	56	15	65	49	23	67	137
	总和的%	0.93	3.74	6.33	2.39	5.82	1.56	6.75	5.09	2.39	6.96	14.23
f	频数	20	47	56	20	49	24	57	27	15	41	126
	总和的%	2.08	4.88	5.82	2.08	5.09	2.49	5.92	2.80	1.56	4.26	13.08
g	频数	8	24	44	22	39	12	37	36	23	31	87
	总和的%	0.83	2.49	4.57	2.28	4.05	1.25	3.84	3.74	2.39	3.22	9.03
h	频数	15	27	41	25	77	9	72	41	21	56	110
	总和的%	1.56	2.80	4.26	2.60	8.00	0.93	7.48	4.26	2.18	5.82	11.42
总计	频数	98	251	407	213	445	116	460	298	147	327	963
	总和的%	10.18	26.06	42.26	22.12	46.21	12.05	47.77	30.94	15.26	33.96	100.00

注：表中第二列中的 a—h 分别代表国际经济与贸易、法学、英语、艺术设计、信息与计算科学、计算机科学与技术、信息管理与信息系统、市场营销专业。

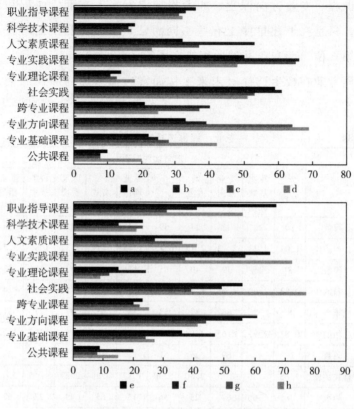

图 5－33　专业＊课程选择交叉图

从该表可以看出，国际经济与贸易专业学生选择应增加的课程排序是：社会实践、专业实践课程、职业指导课程、专业方向课程、人文素质课程、专业基础课程、跨专业课程、科学技术课程、专业理论课程、公共课程。

　　法学专业学生选择应增加的课程排序是：专业实践课程、社会实践、人文素质课程、跨专业课程、专业方向课程、职业指导课程、专业基础课程、科学技术课程、专业理论课程、公共课程。

　　英语专业学生选择应增加的课程排序是：专业实践课程、专业方向课程、社会实践、人文素质课程和跨专业课程相同、职业指导课程、专业基础课程、科学技术课程、专业理论课程、公共课程。

　　艺术设计专业学生选择应增加的课程排序是：专业方向课程、社会实践、专业实践课程、专业基础课程、职业指导课程、跨专业课程、人文素质课程、公共课程、专业理论课程、科学技术课程。

信息与计算科学专业学生选择应增加的课程排序是：职业指导课程、专业实践课程、专业方向课程、社会实践、人文素质课程、专业基础课程、跨专业课程和科学技术课程相同、专业理论课程、公共课程。

计算机科学与技术专业学生选择应增加的课程排序是：专业实践课程、专业方向课程、社会实践、专业基础课程、职业指导课程、人文素质课程、专业理论课程、跨专业课程和公共课程相同、科学技术课程。

信息管理与信息系统专业学生选择应增加的课程排序是：专业方向课程、社会实践、专业实践课程、人文素质课程、职业指导课程、专业基础课程、科学技术课程、跨专业课程、专业理论课程、公共课程。

市场营销专业学生选择应增加的课程排序是：社会实践、专业实践课程、职业指导课程、专业方向课程和人文素质课程相同、专业基础课程、跨专业课程、科学技术课程、公共课程、专业理论课程。

可见，在上述8个专业中，除了艺术设计、英语和法学专业以外的其他5个专业均认为对未来工作而言应增加的课程的前6位是：社会实践、专业实践课程、职业指导课程、专业方向课程、人文素质课程、专业基础课程。艺术设计、英语和法学专业的学生均把跨专业课程排进了前6位，而分别把人文素质课程和专业基础课程排在了第7位。

二　毕业生对课程的认知

对毕业生进行的对现在工作而言应该再增加的课程调查，获取有效样本532，并采用多响应变量分析的方法进行分析（见表5-35）。

表5-35　　毕业生多响应变量课程选择的统计概要

	有效数		缺失值		总计	
	频数	百分比	频数	百分比	频数	百分比
课程选择	532	99.81	1	0.19	533	100.0

从表5-36中可以看出，毕业生选择就现在工作而言应该增加的课

程，按照从高到低的顺序依次是：专业实践课程、社会实践、职业指导课程、专业方向课程、人文素质课程、专业基础课程、跨专业课程、专业理论课程、公共课程、科学技术课程。

表 5－36　　　　　　　　　课程选择的频数分布表

应增加的课程 a	响应		占有效样本数的百分比
	频数	占总频数的百分比	
公共课程	55	3.4	10.3
专业基础课程	130	8.0	24.4
专业方向课程	205	12.6	38.5
跨专业课程	90	5.5	16.9
社会实践	318	19.6	59.8
专业理论课程	62	3.8	11.7
专业实践课程	331	20.4	62.2
人文素质课程	149	9.2	28.0
科学技术课程	53	3.3	10.0
职业指导课程	231	14.2	43.4
总计	1624	100.0	305.3

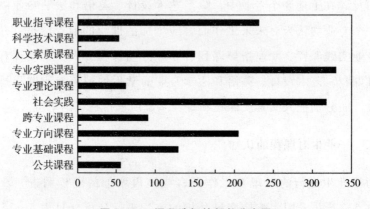

图 5－34　课程选择的频数分布图

其中，不同院校毕业生选择对现在工作而言应该增加的课程的交叉列联表见表 5－37。

表 5 - 37　　　　　　　　　　　　院校 * 课程选择交叉表

院校		应增加的课程 *										有效样本
		公共课程	专业基础课程	专业方向课程	跨专业课程	社会实践	专业理论课程	专业实践课程	人文素质课程	科学技术课程	职业指导课程	
省综合	频数	17	30	40	13	91	10	93	32	9	56	138
	总和的%	3.20	5.64	7.52	2.44	17.11	1.88	17.48	6.02	1.69	10.53	25.94
省理工 1	频数	5	16	47	10	58	9	42	13	1	21	85
	总和的%	0.94	3.01	8.83	1.88	10.90	1.69	7.89	2.44	0.19	3.95	15.98
省理工 2	频数	11	29	26	12	31	11	67	12	2	44	90
	总和的%	2.07	5.45	4.89	2.26	5.83	2.07	12.59	2.26	0.38	8.27	16.9
省师范	频数	7	30	56	19	78	22	73	36	14	68	115
	总和的%	1.32	5.64	10.53	3.57	14.66	4.14	13.72	6.77	2.63	12.78	21.62
市综合	频数	15	25	36	36	60	10	56	56	27	42	104
	总和的%	2.82	4.70	6.77	6.77	11.28	1.88	10.53	10.53	5.08	7.89	19.55
总计	频数	55	130	205	90	318	62	331	149	53	231	532
	总和的%	10.34	24.44	38.53	16.92	59.77	11.65	62.22	28.01	9.96	43.42	100.00

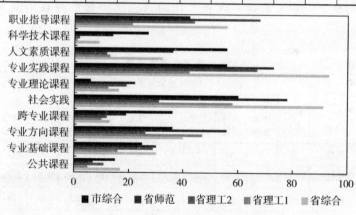

图 5 - 35　院校 * 课程选择交叉图

从该表中可以看出，省综合院校学生选择应增加的课程排序依次是：专业实践课程、社会实践、职业指导课程、专业方向课程、人文素质课程、专业基础课程、公共课程、跨专业课程、专业理论课程、科学技术课程。

省理工 1 院校学生选择应增加的课程排序依次是：社会实践、专业方向课程、专业实践课程、职业指导课程、专业基础课程、人文素质课程、跨专业课程、专业理论课程、公共课程、科学技术课程。

省理工 2 院校学生选择应增加的课程排序依次是：专业实践课程、职业指导课程、社会实践、专业基础课程、专业方向课程、人文素质课程和跨专业课程相同、专业理论课程和公共课程相同、科学技术课程。

省师范院校学生选择应增加的课程排序依次是：社会实践、专业实践课程、职业指导课程、专业方向课程、人文素质课程、专业基础课程、专业理论课程、跨专业课程、科学技术课程、公共课程。

市综合院校学生选择应增加的课程排序依次是：社会实践、专业实践课程和人文素质课程相同、职业指导课程、专业方向课程和跨专业课程相同、科学技术课程、专业基础课程、公共课程、专业理论课程。

可见，上述 5 所学校的毕业生选择对现有工作而言应增加的课程的前 6 名均包含：社会实践、专业实践课程、专业方向课程、职业指导课程、人文素质课程和专业基础课程。

不同专业毕业生选择对现在工作而言应该增加的课程的交叉表见表 5 - 38。

表 5 - 38　　　　　　　　　　　**专业 * 课程选择交叉表**

院校		应增加的课程 *										有效样本
		公共课程	专业基础课程	专业方向课程	跨专业课程	社会实践	专业理论课程	专业实践课程	人文素质课程	科学技术课程	职业指导课程	
a	频数	2	5	8	2	23	2	22	5	3	15	33
	总和的%	0.38	0.94	1.50	0.38	4.32	0.38	4.14	0.94	0.56	2.82	6.20
b	频数	10	22	22	16	49	8	46	23	8	29	70
	总和的%	1.88	4.14	4.14	3.01	9.21	1.50	8.65	4.32	1.50	5.45	13.16
c	频数	12	20	47	28	60	9	68	35	2	36	100
	总和的%	2.26	3.76	8.83	5.26	11.28	1.69	12.78	6.58	0.38	6.77	18.80
d	频数	5	17	34	10	19	11	20	17	8	15	61
	总和的%	0.94	3.20	6.39	1.88	3.57	2.07	3.76	3.20	1.50	2.82	11.47
e	频数	9	12	19	4	41	5	37	16	6	19	53
	总和的%	1.69	2.26	3.57	0.75	7.71	0.94	6.95	3.01	1.13	3.57	9.96

续表

院校		公共课程	专业基础课程	专业方向课程	跨专业课程	社会实践	专业理论课程	专业实践课程	人文素质课程	科学技术课程	职业指导课程	有效样本
						应增加的课程*						
f	频数	12	29	37	13	47	18	67	24	4	45	93
	总和的%	2.26	5.45	6.95	2.44	8.83	3.38	12.59	4.51	0.75	8.46	17.48
g	频数	3	8	12	4	36	2	41	9	6	42	66
	总和的%	0.56	1.50	2.26	0.75	6.77	0.38	7.71	1.69	1.13	7.89	12.41
h	频数	2	17	26	13	43	7	30	20	16	30	56
	总和的%	0.38	3.20	4.89	2.44	8.08	1.32	5.64	3.76	3.01	5.64	10.53
总计	频数	55	130	205	90	318	62	331	149	53	231	532
	总和的%	10.34	24.44	38.53	16.92	59.77	11.65	62.22	28.01	9.96	43.42	100.00

注：表中第二列中的a—h分别代表国际经济与贸易、法学、英语、艺术设计、信息与计算科学、计算机科学与技术、信息管理与信息系统、市场营销专业。

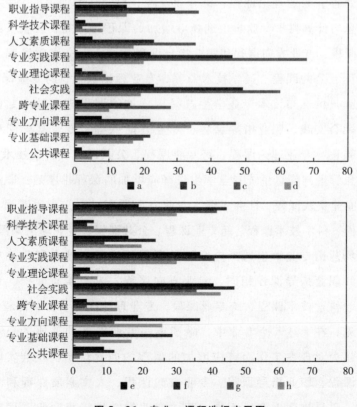

图5-36　专业*课程选择交叉图

从该表可以看出，国际经济与贸易专业学生选择应增加的课程排序是：社会实践、专业实践课程、职业指导课程、专业方向课程、人文素质课程和专业基础课程相同、科学技术课程、跨专业课程同专业理论课程及公共课程相同。

法学专业学生选择应增加的课程排序是：社会实践、专业实践课程、职业指导课程、人文素质课程、专业方向课程和专业基础课程相同、跨专业课程、公共课程、科学技术课程和专业理论课程相同。

英语专业学生选择应增加的课程排序是：专业实践课程、社会实践、专业方向课程、职业指导课程、人文素质课程、跨专业课程、专业基础课程、公共课程、专业理论课程、科学技术课程。

艺术设计专业学生选择应增加的课程排序是：专业方向课程、专业实践课程、社会实践、专业基础课程和人文素质课程课程相同、职业指导课程、专业理论课程、跨专业课程、科学技术课程、公共课程。

信息与计算科学专业学生选择应增加的课程排序是：社会实践、专业实践课程、专业方向课程和职业指导课程相同、人文素质课程、专业基础课程、公共课程、科学技术课程、专业理论课程、跨专业课程。

计算机科学与技术专业学生选择应增加的课程排序是：专业实践课程、社会实践、职业指导课程、专业方向课程、专业基础课程、人文素质课程、专业理论课程、跨专业课程、公共课程、科学技术课程。

信息管理与信息系统专业学生选择应增加的课程排序是：职业指导课程、专业实践课程、社会实践、专业方向课程、人文素质课程、专业基础课程、科学技术课程、跨专业课程、公共课程、专业理论课程。

市场营销专业学生选择应增加的课程排序是：社会实践、专业实践课程和职业指导课程相同、专业方向课程、人文素质课程、专业基础课程、科学技术课程、跨专业课程、专业理论课程、公共课程。

可见，在上述8个专业中，除了英语专业以外的其他7个专业的学生均认为对现在工作而言应增加的课程的前6位是：社会实践、专业实践课程、职业指导课程、专业方向课程、人文素质课程和专业基础课程，只是排序上有所不同。英语专业的学生将跨专业课程排在了第 6 位，而把专业基础课程排在了第 7 位。

三　小结

综上所述，对课程状况的调查中，在校生和毕业生均认为对工作而言应增加的课程排序在前 6 位的是：社会实践、专业实践课程、职业指导课程、专业方向课程、人文素质课程和专业基础课程。其中，不同院校、不同专业的在校生和毕业生选择对工作而言应增加的课程的前 6 位绝大多数均包含了上述 6 类课程，表现出院校和专业之间较高的一致性。

第六章

地方普通本科高校学生专业满意度分析

第一节　公立普通本科高校学生专业满意度分析

一　学生特征与专业满意度

（一）性别与满意度

公立普通本科高校学生专业满意度调查共收到有效问卷 1042 份。其中，男生 435 人，占 41.75%；女生 607 人，占 58.25%。涉及 4 所院校、8 个专业。4 所院校分别是：部属大学、省属重点 211 大学、省属一般大学、市属大学。8 个专业分别是国际经济与贸易、法学、英语、艺术设计、信息与计算科学、计算机科学与技术、信息管理与信息系统、市场营销。

调查显示，在院校层面，省属一般大学和市属大学女生比例高于男生，而部属大学和省属 211 大学男生人数略高于女生（见表 6-1、图 6-1）；在专业层面，除了信息与计算科学、计算机科学与技术外，其他专业的女生人数都要高于男生（见表 6-2、图 6-2）。

表 6 - 1　　　　　　　　各院校性别分布一览表　　　　（单位：人，%）

项目		性别		合计
		男	女	
部属大学	频数	137	129	266
	总和的%	13.15	12.38	25.53
省属211大学	频数	132	125	257
	总和的%	12.66	12.00	24.66
省属一般大学	频数	95	178	273
	总和的%	9.12	17.08	26.20
市属大学	频数	71	175	246
	总和的%	6.81	16.80	23.61
总计	频数	435	607	1042
	总和的%	41.75	58.25	100.00

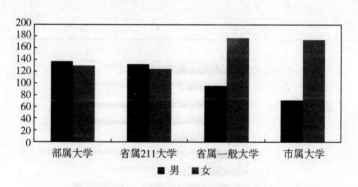

图 6 - 1　各专业性别分布图

表 6 - 2　　　　　　　　各专业性别分布一览表　　　　（单位：人，%）

项目		性别		合计
		男	女	
国际经济与贸易	频数	43	93	136
	总和的%	4.12	8.93	13.05
法学	频数	42	79	121
	总和的%	4.03	7.58	11.61
英语	频数	23	111	134
	总和的%	2.21	10.65	12.86

续表

项目		性别		合计
		男	女	
艺术设计	频数	43	61	104
	总和的%	4.13	5.85	9.98
信息与计算科学	频数	91	38	129
	总和的%	8.73	3.65	2.78
计算机科学与技术	频数	87	55	142
	总和的%	8.35	5.28	13.63
信息管理与信息系统	频数	37	94	131
	总和的%	3.55	9.02	12.57
市场营销	频数	69	76	145
	总和的%	6.62	7.29	13.91
总计	频数	435	607	1042
	总和的%	41.75	58.25	100.00

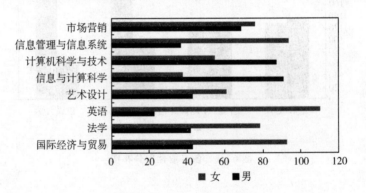

图6-2 各院校性别分布图

在院校满意度调查中，由于男女的性别差异，导致其院校总体满意度也不同。女生的院校满意度在"很满意及满意"程度上占总人数的比例为 26.49%，比男生 16.51% 高 9.98 个百分点；女生认为专业满意度一般的比例为 19.48%，与男生 19.96% 基本持平；女生对院校满意度在"不满意及很不满意"程度上的比例为 12.28%，比男生 5.28% 高出 7 个百分点（见表6-3、图6-3），说明女生对院校的整体满意度呈现两极分化现象，即满意和不满意的比例均比男生高。

表6-3　　　　　　　　按性别分布的院校满意度一览表　　　（单位：人，%）

项目		院校满意度			合计
		很满意及满意	一般	不满意及很不满意	
男	频数	172	208	55	435
	总和的%	16.51	19.96	5.28	41.75
女	频数	276	203	128	607
	总和的%	26.49	19.48	12.28	58.25
频数		448	411	183	1042
总和的%		42.99	39.45	17.56	100.00

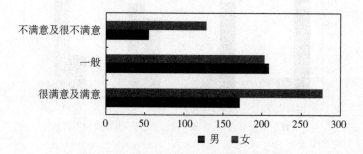

图6-3　按性别分布的院校满意度图

从调查的4个院校来看，男女生的满意度也表现出不同。在"很满意及满意"程度上，女生认为满意程度最高的院校是部属大学，满意程度最低的院校是市属大学；男生认为满意程度最高的院校是部属大学，满意程度最低的院校是省属一般大学。在"不满意及很不满意"程度上，男女生认为不满意程度最高的院校均是市属大学，不满意程度最低的院校均是部属大学（见表6-4、图6-4、表6-5、图6-5）。

表6-4　　　　　　　　各院校女生满意度分布一览表　　　（单位：人，%）

院校满意度		院校				合计
		部属大学	省属211大学	省属一般大学	市属大学	
很满意及满意	频数	95	80	66	35	276
	总和的%	15.65	13.18	10.87	5.77	45.47
一般	频数	17	22	79	85	203
	总和的%	2.80	3.62	13.01	14.01	33.44

续表

院校满意度		院校				合计
		部属大学	省属211大学	省属一般大学	市属大学	
不满意 及很不满意	频数	17	23	33	55	128
	总和的%	2.80	3.79	5.44	9.06	21.09
总计	频数	129	125	178	175	607
	总和的%	21.25	20.59	29.32	28.83	100

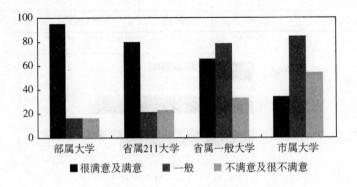

图 6-4 各院校女生满意度分布一览图

表 6-5　　　　　　　各院校男生满意度分布一览表　　　　（单位：人，%）

院校满意度		院校				合计
		部属大学	省属211大学	省属一般大学	市属大学	
很满意及满意	频数	63	45	29	35	172
	总和的%	14.48	10.34	6.67	8.05	39.54
一般	频数	64	76	52	16	208
	总和的%	14.71	17.47	11.95	3.68	47.82
不满意 及很不满意	频数	10	11	14	20	55
	总和的%	2.30	2.53	3.22	4.60	12.64
总计	频数	137	132	95	71	435
	总和的%	31.49	30.34	21.84	16.32	100

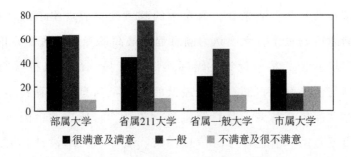

图 6-5 各院校男生满意度分布一览图

在专业满意度调查中，由于男女的性别差异，导致其专业总体满意度也不同。女生的专业满意度在"很满意及满意"程度上占总人数的比例为 29.46%，比男生 18.81% 高 10.65 个百分点；女生认为专业满意度一般的比例为 23.22%，比男生 17.37% 高 5.85 个百分点；而男生对专业满意度在"不满意及很不满意"程度上的比例与女生相同，均为 5.57%（见表 6-6、图 6-6）。

表 6-6　　　　按性别分布的专业满意度一览表　　　　（单位：人，%）

项目		专业满意度			合计
		很满意及满意	一般	不满意及很不满意	
男	频数	196	181	58	435
	总和的%	18.81	17.37	5.57	41.75
女	频数	307	242	58	607
	总和的%	29.46	23.22	5.57	58.25
总计	频数	503	423	116	1042
	总和的%	48.27	40.60	11.13	100.00

图 6-6 按性别分布的专业满意度一览图

从调查的8个专业来看，男女生的满意度也表现出不同。在"很满意及满意"程度上，女生认为满意程度最高的专业是法学，依次是：英语、市场营销、艺术设计、国际经济与贸易、计算机科学与技术、信息管理与信息系统，满意程度最低的专业是信息与计算科学；男生认为满意程度最高的专业是计算机科学与技术，依次是：国际经济与贸易、市场营销、信息管理与信息系统、法学、艺术设计、信息与计算科学，满意程度最低的专业是英语。在"不满意及很不满意"程度上，女生认为不满意程度最高的专业是信息与计算科学，依次是：信息管理与信息系统、计算机科学与技术、国际经济与贸易、市场营销和艺术设计相同，不满意程度最低的专业是法学和英语相同；男生认为不满意程度最高的专业是信息与计算科学，依次是法学、国际经济与贸易、市场营销、信息管理与信息系统、英语，不满意程度最低的专业是艺术设计和计算机科学与技术（见表6-7、图6-7、表6-8、图6-8）。

表6-7 　　　　　　　各专业女生满意度分布一览表　　　　（单位：人，%）

专业满意度		专业								合计
		国际经济与贸易	法学	英语	艺术设计	信息与计算科学	计算机科学与技术	信息管理与信息系统	市场营销	
很满意及满意	频数	34	64	59	36	5	33	31	45	307
	总和的%	5.60	10.54	9.72	5.93	0.82	5.44	5.11	7.41	50.58
一般	频数	53	12	49	21	14	14	52	27	242
	总和的%	8.73	1.98	8.07	3.46	2.31	2.31	8.57	4.45	39.87
不满意及很不满意	频数	6	3	3	4	19	8	11	4	58
	总和的%	0.99	0.49	0.49	0.66	3.13	1.32	1.81	0.66	9.56
总计	频数	93	79	111	61	38	55	94	76	607
	总和的%	15.32	13.01	18.29	10.05	6.26	9.06	15.49	12.52	100.00

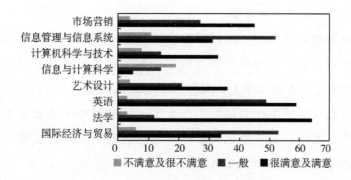

图6-7　各专业女生满意度分布图

表6-8　　　　　　　　各专业男生满意度分布一览表　　　　（单位：人，%）

专业满意度		专业								合计
		国际经济与贸易	法学	英语	艺术设计	信息与计算科学	计算机科学与技术	信息管理与信息系统	市场营销	
很满意及满意	频数	32	20	12	20	20	45	21	26	196
	总和的%	7.36	4.60	2.76	4.60	4.60	10.34	4.83	5.98	45.06
一般	频数	5	16	7	20	45	39	11	38	181
	总和的%	1.15	3.68	1.61	4.60	10.34	8.97	2.53	8.74	41.61
不满意及很不满意	频数	6	6	4	3	26	3	5	5	58
	总和的%	1.38	1.38	0.92	0.67	5.98	0.67	1.15	1.15	13.33
总计	频数	43	42	23	43	91	87	37	69	435
	总和的%	9.89	9.66	5.29	9.89	20.92	20.00	8.51	15.86	100.00

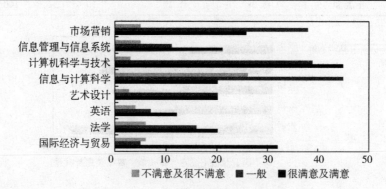

图6-8　各专业男生满意度分布图

（二）生源地与满意度

在被调查的学生中，农村学生数量最多，其次是地级市的学生数量，最少是省会学生的数量。比较生源地的学生专业满意度，在选择很满意及满意程度的选项上，农村的学生比例最高，占总数的13.15%，省会或直辖市的学生比例最低，占5.37%；在选择不满意及很不满意的选项中，地级市的学生比例最高，占总数的3.55%，县城的学生比例最低占总数0.86%（见表6-9、图6-9）。

表6-9　　　　　不同生源地的学生专业满意度分布一览表　　　（单位：人，%）

项目		专业满意度			合计
		很满意及满意	一般	不满意及很不满意	
生源地	农村 频数	137	142	27	306
	农村 总和的%	13.15	13.63	2.59	29.37
	乡镇 频数	81	66	14	161
	乡镇 总和的%	7.77	6.33	1.34	15.45
	县城 频数	109	61	9	179
	县城 总和的%	10.46	5.85	0.86	17.18
	地级市 频数	118	116	37	271
	地级市 总和的%	11.32	11.13	3.55	26.01
	省会或者直辖市 频数	56	45	24	125
	省会或者直辖市 总和的%	5.37	4.32	2.30	11.99
总计	频数	501	430	111	1042
	总和的%	48.08	41.27	10.65	100.00

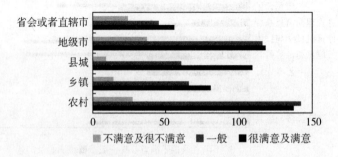

图6-9　不同生源地的学生专业满意度分布图

（三）父母亲受教育程度与满意度

在被调查的学生中，父母亲持较高学历（高中以上）的学生人数要明显高于持较低学历（初中、小学及以下）的学生人数。其中父母亲受教育程度在初中水平的学生人数最多，受过研究生及以上教育的父母亲人数最少（见表6-10、图6-10）。

表6-10　　　　　　　　　父母亲受教育程度分布一览表

项目			父亲	母亲
父母亲受教育程度	小学及以下	频数	121	210
		总和的%	11.66	20.21
	初中	频数	275	285
		总和的%	26.49	27.43
	高中或中职中专	频数	189	262
		总和的%	18.21	25.22
	高职高专	频数	227	165
		总和的%	21.87	15.88
	大学本科	频数	201	107
		总和的%	19.36	10.30
	研究生及以上	频数	25	10
		总和的%	2.41	0.96
总计		频数	1038	1039
		总和的%	100.00	100.00

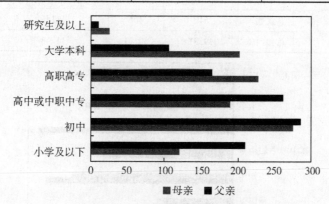

图6-10　父母亲受教育程度分布图

在调查学生对专业选择"很满意及满意"程度的选项上，父亲的受教育程度为高职高专的学生的人数所占比例最大，为12.81%，母亲的受教育程度为高中或中职中专的学生的人数所占比例最大，为13.28%；在调查学生对专业选择"不满意及很不满意"程度的选项上，父亲的受教育程度为初中的学生对专业"不满意及很不满意"的人数所占比例最大，为3.56%，而母亲受教育程度为初中的学生人数所占比例最大，为2.89%（见表6-11、图6-11、表6-12、图6-12）。

表6-11　　　　　　　父亲受教育程度＊专业满意度交叉表

项目			专业满意度			合计
			很满意及满意	一般	不满意及很不满意	
父亲受教育程度	小学及以下	频数	54	52	15	121
		总和的%	5.20	5.01	1.45	11.66
	初中	频数	128	110	37	275
		总和的%	12.33	10.60	3.56	26.49
	高中或中职中专	频数	89	76	24	189
		总和的%	8.57	7.32	2.32	18.21
	高职高专	频数	133	82	12	227
		总和的%	12.81	7.90	1.16	21.87
	大学本科	频数	101	79	21	201
		总和的%	10.02	7.61	2.02	19.36
	研究生及以上	频数	12	7	6	25
		总和的%	1.16	0.67	0.58	2.41
总计		频数	517	406	115	1038
		总和的%	49.81	39.11	11.08	100.00

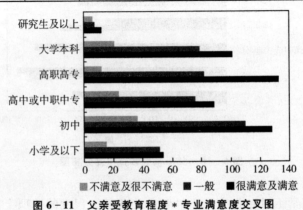

图6-11　父亲受教育程度＊专业满意度交叉图

表6-12 母亲受教育程度 * 专业满意度交叉表

项目			专业满意度			合计
			很满意及满意	一般	不满意及很不满意	
母亲受教育程度	小学及以下	频数	100	83	27	210
		总和的%	9.62	7.99	2.60	20.21
	初中	频数	130	125	30	285
		总和的%	12.51	12.03	2.89	27.43
	高中或中职中专	频数	138	105	19	262
		总和的%	13.28	10.11	1.83	25.22
	高职高专	频数	83	69	13	165
		总和的%	7.99	6.64	1.25	15.88
	大学本科	频数	55	43	9	107
		总和的%	5.29	4.14	0.87	10.30
	研究生及以上	频数	3	4	3	10
		总和的%	0.29	0.38	0.29	0.96
总计		频数	509	429	101	1039]
		总和的%	48.99	10.62	9.72	100.00

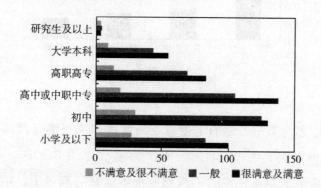

图6-12 母亲受教育程度 * 专业满意度交叉图

（四）高考志愿与满意度

所调查的学生中，按照高考的录取规律，第一志愿录取的人数最多，占54.89%，第二志愿、服从志愿及其他方式录取的学生依次减少（见表6-13、图6-13）。

表6-13　　　　　　　　　　　报考志愿一览表

项目		合计
第一志愿	频数	572
	总和的%	54.89
第二志愿	频数	191
	总和的%	18.33
服从志愿	频数	156
	总和的%	14.97
其他	频数	123
	总和的%	11.80
总计	频数	1042
	总和的%	100.00

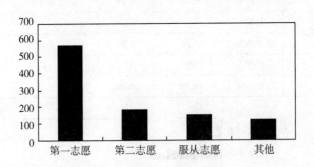

图6-13　报考志愿图

　　报考志愿为第一志愿的学生专业满意度在"很满意及满意"程度上所占比例最高，为30.04%，依次为第二志愿7.97%、服从志愿5.85%、其他3.74%；在"不满意及很不满意"程度上，第一志愿学生总体不满意程度的百分比为3.65%，依次为其他1.73%、服从志愿1.44%、第二志愿1.34%（见表6-14、图6-14）。

表6-14　　　　　　　　报考志愿＊专业满意度交叉表

项目		专业满意度			合计
		很满意及满意	一般	不满意及很不满意	
第一志愿	频数	313	221	38	572
	总和的%	30.04	21.21	3.65	54.89

续表

项目		专业满意度			合计
		很满意及满意	一般	不满意及很不满意	
第二志愿	频数	83	94	14	191
	总和的%	7.97	9.02	1.34	18.33
服从志愿	频数	61	80	15	156
	总和的%	5.85	7.68	1.44	14.97
其他	频数	39	66	18	123
	总和的%	3.74	6.33	1.73	11.80
总计	频数	496	461	85	1042
	总和的%	47.60	44.24	8.16	100.00

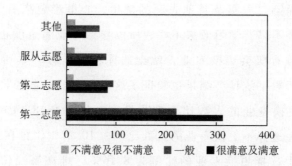

图6-14　报考志愿*专业满意度交叉图

通过均值比较发现，学生报考志愿不同满意度也有显著差异，第一志愿学生的对本专业的整体满意度最高，而第二志愿、服从志愿和其他方式的学生对专业满意度逐渐降低（见表6-15、图6-15）。

表6-15　　　　　　　　报考志愿*专业满意度均值

报考志愿	均值	人数
第一志愿	3.66	572
第二志愿	3.44	191
服从志愿	3.37	156
其他	3.17	123
总计	3.52	1042

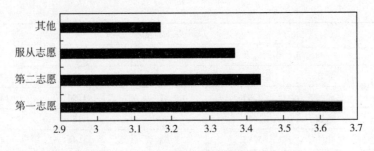

图6-15　报考志愿*专业满意度均值图

　　第一志愿大都是学生们自身喜爱或是较为了解的专业，他们在进入专业学习之前，就已经对这个专业有了较好的心理感觉。所以满意度也较高，而第二志愿及其他志愿的学生，心里难免抱有一些不满情绪，学习兴趣不高，学习效果不好，所以导致专业满意度也随之降低。这些学生一旦有机会更换专业，就会选择转换。对"是否更换专业"这个问题进行数据统计，结果也验证了这一点。第一志愿学生更换专业的人数和不更换专业的人数比例都是最高，分别占18.14%、36.76%，第二志愿学生选择不更换专业的人数比例占10.27%，排在第二位；服从志愿的学生选择更换专业的比例为8.16%，排在第二位（见表6-16、图6-16）。

表6-16　　　　　　　　　　　　报考志愿*转换专业交叉表

项目			是否更换专业		合计
			是	否	
报考志愿	第一志愿	频数	189	383	572
		总和的%	18.14	36.76	54.89
	第二志愿	频数	84	107	191
		总和的%	8.06	10.27	18.33
	服从志愿	频数	85	71	156
		总和的%	8.16	6.81	14.97
	其他	频数	64	59	123
		总和的%	6.14	5.66	11.80
总计		频数	422	620	1042
		总和的%	40.50	59.50	100.00

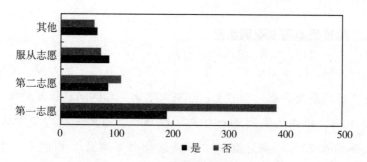

图 6 - 16　报考志愿 * 转换专业交叉图

在对更换专业中选择"是"的学生进行更换专业的原因调查中，发现更换专业的原因排在第一位的是就业前景不好，比例占到了 38.86%，其次是不感兴趣，比例占 34.83%，第三位是课程设置不合理，比例占 13.74%；而前两者原因合计达 73.69%（见表 6 - 17、图 6 - 17），可见，学生在选择专业时更看重就业前景好坏和是否满足个人兴趣，若就业前景好，专业能满足学生兴趣，则该专业的学生满意度就高。

表 6 - 17　　　　　　　　　　　更换专业原因一览表

更换专业原因	人数（人）	百分比（%）
就业前景不好	164	38.86
不感兴趣	147	34.83
学费高	20	4.74
课程设置不合理	58	13.74
师资力量不强	15	3.55
硬件设施配套不好	5	1.18
其他	13	3.08
总计	422	100.00

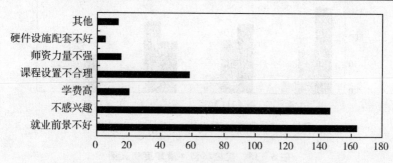

图 6 - 17　更换专业原因图

二　院校类型与专业满意度

调查表明，院校类型不同，学生专业满意度有一定的差异。其中，满意度在"很满意及满意"程度上，部属大学学生总体满意程度最高，占总数的 15.16%，依次为省属 211 大学为 12.00%，省属一般大学为 9.12%，市属大学为 6.72%；满意度在"不满意及很不满意"程度上，市属大学学生总体不满意程度最高，占 7.20%，依次为属一般大学 4.51%，省属一般大学 4.51%，省属 211 大学为 3.26%，部属大学为 2.60%（见表 6-18、图 6-18）。

表 6-18　　　　　　　　　院校类型 * 满意度交叉表

院校类型		专业满意度			合计
		很满意及满意	一般	不满意及很不满意	
部属大学	频数	158	81	27	266
	总和的%	15.16	7.77	2.60	25.53
省属 211 大学	频数	125	98	34	257
	总和的%	12.00	9.40	3.26	24.66
省属一般大学	频数	95	131	47	273
	总和的%	9.12	12.57	4.51	26.20
市属大学	频数	70	101	75	246
	总和的%	6.72	9.69	7.20	23.61
总计	频数	448	411	183	1042
	总和的%	42.99	39.44	17.56	100.00

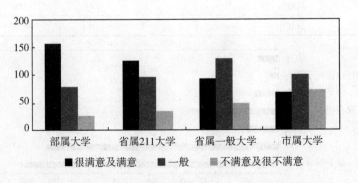

图 6-18　院校类型 * 满意度交叉图

三　专业类别与专业满意度

通过调查对比 8 个专业的学生专业满意度，在"很满意及满意"程度上，满意程度从高至低的专业依次是国际经济与贸易专业为 7.97%、市场营销 7.20%、法学 7.10%、信息管理与信息系统 6.53%、英语和计算机科学与技术同为 6.05%、艺术设计 5.09%，满意程度最低的专业是信息与计算科学为 2.30%；在"不满意及很不满意"程度上，不满意程度从高至低的专业依次是信息与计算科学 4.32%、计算机科学与技术 1.54%、英语和国际经济与贸易同为 1.06%、信息管理与信息系统和市场营销同为 0.86%、法学 0.77%、艺术设计 0.58%（见表6-19、图6-19）。

表 6-19　　　　　　　　　**专业类别 * 专业满意度交叉表**

专业类别		很满意及满意	一般	不满意及很不满意	合计
国际经济与贸易	频数	83	42	11	136
	总和的%	7.97	4.03	1.06	13.05
法学	频数	74	39	8	121
	总和的%	7.10	3.74	0.77	11.61
英语	频数	63	60	11	134
	总和的%	6.05	5.76	1.06	12.86
艺术设计	频数	53	45	6	104
	总和的%	5.09	4.32	0.58	9.98
信息与计算科学	频数	24	60	45	129
	总和的%	2.30	5.76	4.32	12.38
计算机科学与技术	频数	63	63	16	142
	总和的%	6.05	6.05	1.54	13.63
信息管理与信息系统	频数	68	54	9	131
	总和的%	6.53	5.18	0.86	12.57
市场营销	频数	75	61	9	145
	总和的%	7.20	5.85	0.86	13.92
总计	频数	503	424	115	1042
	总和的%	48.27	40.69	11.04	100.00

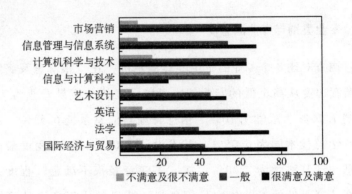

图 6-19 专业类别 * 专业满意度交叉图

四 专业构成要素与专业满意度

为了更加细致地研究专业满意度，本研究从专业培养目标、专业的课程设置、任课教师状况、教学设施与设备、图书资料、实习、见习总体状况和本专业的就业前景等七个要素所构成的二级指标进行了问卷调查，共涉及 20 个问题（见表 6-20）。

表 6-20　　　　　学生专业满意度指标体系一览表

一级指标	二级指标	三级指标
学生专业满意度	专业的培养目标	
	专业的课程设置	开课门类、开课顺序、课程内容、教材选用、课程考核方式、实践课程比例
	任课教师状况	教师专业知识、教师的教学技能、教师的教学方法手段、课堂的教学氛围、教师的职业道德
	教学设施与设备	
	图书资料	
	实习、见习总体状况	实习、见习基地、实习、见习机会
	专业就业前景	

通过研究发现专业满意度与这些要素间均呈正相关关系，并且影响显著（见表 6-21）。

表 6－21　　　　　　　　　专业要素间满意度相关性一览表

		本专业的总体满意度	专业的培养目标满意度	专业的课程设置满意度	任课教师状况满意度	教学设施与设备的满意度	图书资料的满意度	实习、见习总体状况的满意度	本专业就业前景的满意度
本专业的总体满意度	Pearson Correlation	1	0.569**	0.530**	0.332**	0.379**	0.357**	0.418**	0.524**
	Sig. (2－tailed)		0	0	0	0	0	0	0
	N	1042	1042	1042	1042	1042	1042	1042	1042
专业的培养目标满意度	Pearson Correlation	0.569**	1	0.687**	0.392**	0.476**	0.444**	0.554**	0.524**
	Sig. (2－tailed)	0		0	0	0	0	0	0
	N	1042	1042	1042	1042	1042	1042	1042	1042
专业的课程设置满意度	Pearson Correlation	0.530**	0.687**	1	0.384**	0.479**	0.447**	0.528**	0.495**
	Sig. (2－tailed)	0	0		0	0	0	0	0
	N	1042	1042	1042	1042	1042	1042	1042	1042
任课教师状况满意度	Pearson Correlation	0.332**	0.392**	0.384**	1	0.329**	0.288**	0.373**	0.334**
	Sig. (2－tailed)	0	0	0		0	0	0	0
	N	1042	1042	1042	1042	1042	1042	1042	1042
教学设施与设备的满意度	Pearson Correlation	0.379**	0.476**	0.479**	0.329**	1	0.661**	0.621**	0.500**
	Sig. (2－tailed)	0	0	0	0		0	0	0
	N	1042	1042	1042	1042	1042	1042	1042	1042
图书资料的满意度	Pearson Correlation	0.357**	0.444**	0.447**	0.288**	0.661**	1	0.609**	0.462**
	Sig. (2－tailed)	0	0	0	0	0		0	0
	N	1042	1042	1042	1042	1042	1042	1042	1042

续表

		本专业的总体满意度	专业的培养目标满意度	专业的课程设置满意度	任课教师状况满意度	教学设施与设备的满意度	图书资料的满意度	实习、见习总体状况的满意度	本专业就业前景的满意度
实习、见习总体状况的满意度	Pearson Correlation	0.418**	0.554**	0.528**	0.373**	0.621**	0.609**	1	0.602**
	Sig. (2 – tailed)	0	0	0	0	0	0		0
	N	1042	1042	1042	1042	1042	1042	1042	1042
本专业就业前景的满意度	Pearson Correlation	0.524**	0.524**	0.495**	0.334**	0.500**	0.462**	0.602**	1
	Sig. (2 – tailed)	0	0	0	0	0	0	0	
	N	1042	1042	1042	1042	1042	1042	1042	1042

第二节　民办普通本科高校学生专业满意度分析

一　人口学统计

（一）学生特征

1. 性别分布

本次调查涉及的男学生人数为 231 人，占学生总数的 32.35%；女学生人数为 483 人，占学生总数的 67.65%，女生人数约为男生人数的两倍（见表 6 - 22、图 6 - 20）。

表 6 - 22　　　　　　　　学生性别分布情况表

学校	男		女		合计	
	频数	%	频数	%	频数	%
A	70	9.80	161	22.55	231	32.35
B	141	19.75	342	47.90	483	67.65
总计	211	29.55	503	70.45	714	100

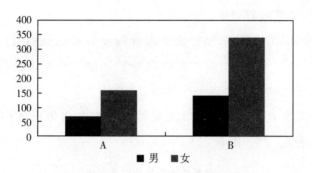

图 6 - 20　学生性别分布情况图

2. 生源地

本次调查的学生，生源地来自农村、乡镇、县城、地级市、省会或者直辖市的学生比例依次为：16.39%、9.66%、19.05%、37.25%、17.65%。可见，大部分生源来自地级市，其次为县城、省会或者直辖市、农村，来自乡镇所占比例最低（见表 6 - 23、图 6 - 21）。

表 6 - 23　　　　　　　生源地分布情况

学校	农村		乡镇		县城		地级市		省会或者直辖市		合计	
	频数	%	频数	%	频数	%	频数	%	频数	%	频数	%
A	33	4.62	27	3.78	51	7.14	71	9.94	49	6.86	231	32.35
B	84	11.76	42	5.88	85	11.90	195	27.31	77	10.78	483	67.65
总计	117	16.39	69	9.66	136	19.05	266	37.25	126	17.65	714	100

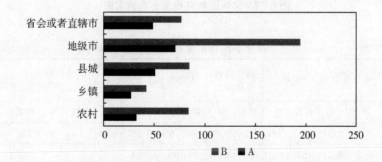

图 6 - 21　生源地分布情况

3. 父母亲受教育程度

调查的学生中，父亲和母亲受教育程度分布比较相似，以"高中或者中职中专"、"初中"、"高职高专"居多，父母亲受教育程度为"小学及以下"、"研究生以上"的少。

A、B 两校学生的父亲、母亲受教育程度分布情况详见表 6 - 24、图 6 - 22、表 6 - 25、图 6 - 23。

表 6 - 24　　　　　父亲受教育程度分布情况表

学校		小学及以下		初中		高中或者中职中专		高职高专		大学本科		研究生及以上		合计	
		频数	%	频数	%	频数	%	频数	%	频数	%	频数	%	频数	%
父亲	A	19	2.66	50	7.00	74	10.36	45	6.30	42	5.88	1	0.14	231	32.35
	B	22	3.08	126	17.65	159	22.27	102	14.29	72	10.08	2	0.28	483	67.65
	总计	41	5.74	176	24.65	233	32.63	147	20.59	114	15.97	3	0.42	714	100

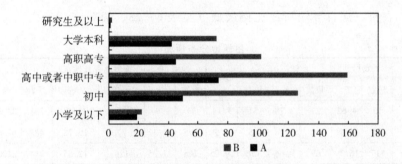

图 6 - 22 父亲受教育程度分布情况图

表 6 - 25　　　　　母亲受教育程度分布情况表

学校		小学及以下		初中		高中或者中职中专		高职高专		大学本科		研究生及以上		合计	
		频数	%	频数	%	频数	%	频数	%	频数	%	频数	%	频数	%
母亲	A	23	3.22	57	7.98	75	10.50	46	6.44	29	4.06	1	0.14	231	32.35
	B	23	3.22	152	21.29	149	20.87	91	12.75	63	8.82	5	0.70	483	67.65
	总计	46	6.44	209	29.27	224	31.37	137	19.19	92	12.89	6	0.84	714	100

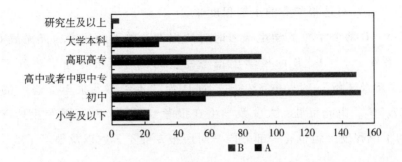

图6-23 母亲受教育程度分布情况

4. 高考志愿

本次调查中，就读专业为第一志愿的学生人数最多，所占比例为46.4%，第二志愿、服从志愿、其他志愿所占比例总和为53.6%。

A、B两校的学生就读专业为第几志愿的分布情况详见下表6-26、图6-24。A、B两校均是以就读专业为第一志愿专业的学生居多。

表6-26　　　　　各学校学生就读专业为第几志愿的分布情况

学校	第一志愿		第二志愿		服从志愿		其他		合计	
	频数	%	频数	%	频数	%	频数	%	频数	%
A	133	18.63	43	6.02	29	4.06	26	3.64	231	32.35
B	198	27.73	63	8.82	119	16.67	103	14.43	483	67.65
总计	331	46.36	106	14.85	148	20.73	129	18.07	714	100

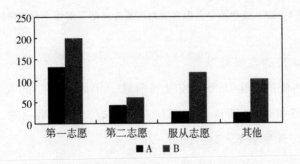

图6-24　各学校学生就读专业为第几志愿的分布情况

（二）对选报专业的了解程度

A、B 两个学校的学生报考时对所报专业的了解程度，详见表 6 -
27、图 6 - 25。A、B 两校学生报考专业时，对所报专业了解程度为
"很了解及了解"的人占 32.5%；而认为"不了解及很不了解"的人
占 27.3%。由此可见，大多数学生在报考专业时，对所报专业具有一
定的了解程度，但也有一部分同学对所报专业不了解以及很不了解。

表 6 - 27　　　　各学校学生报考时对所报专业的了解程度分布情况

学校	很了解及了解		一般		不了解及很不了解		合计	
	频数	%	频数	%	频数	%	频数	%
A	109	15.27	78	10.92	44	6.16	231	32.35
B	123	17.23	209	29.27	151	21.15	483	67.65
总计	232	32.49	287	40.19	195	27.31	714	100

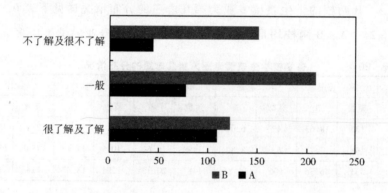

图 6 - 25　各学校学生报考时对所报专业的了解程度分布情况

（三）学校的发展前景

A、B 两校的学生认为学校发展前景"很好及好"的人数占总人数
的比例仅为 7.98%；而认为"不好及很不好"的人数占总人数的比例
为 56.72%（详见表 6 - 28、图 6 - 26）。

表 6 - 28　　　　学生认为学校的发展前景分布情况表

学校	很好及好		一般		不好及很不好		合计	
	频数	%	频数	%	频数	%	频数	%
A	29	4.06	88	12.34	114	15.97	231	32.35

续表

学校	很好及好		一般		不好及很不好		合计	
	频数	%	频数	%	频数	%	频数	%
B	28	3.92	164	22.97	291	40.76	483	67.65
总计	57	7.98	252	35.29	405	56.72	714	100

图 6-26 学生认为学校的发展前景分布情况图

（四）总体满意度

A、B 两所学校认为"很满意及满意"的比例为 38.24%；认为"不满意及很不满意"的比例为 5.88%（见表 6-29、图 6-27）。

表 6-29 学生总体满意度分布情况

学校	很满意及满意		一般		不满意及很不满意		合计	
	频数	%	频数	%	频数	%	频数	%
A	119	16.67	106	14.85	6	0.84	231	32.35
B	154	21.57	293	41.04	36	5.04	483	67.65
总计	273	38.24	399	55.88	42	5.88	714	100

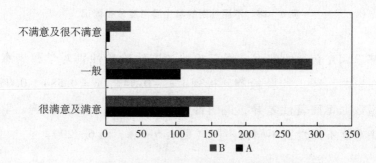

图 6-27 学生总体满意度分布情况

二 学生特征与满意度

(一) 性别与满意度

从男女学生的满意度分布情况来看，被调查的所有学生中，男生认为"满意及很满意"的比例是 3.92%，而女生为 4.06%，明显高于男生；男生认为"很不满意及不满意"的比例为 3.92%，而女生为 4.06%，明显高于男生（见表 6-30、图 6-28）。

表 6-30   不同性别的学生满意度分布情况

项目			总体满意度			合计
			很不满意及不满意	一般	满意及很满意	
性别	男	频数	28	71	112	211
		%	3.92	9.94	15.69	29.55
	女	频数	29	232	242	503
		%	4.06	32.49	33.89	70.45
总计		频数	57	303	354	714
		%	7.98	42.44	49.58	100.00

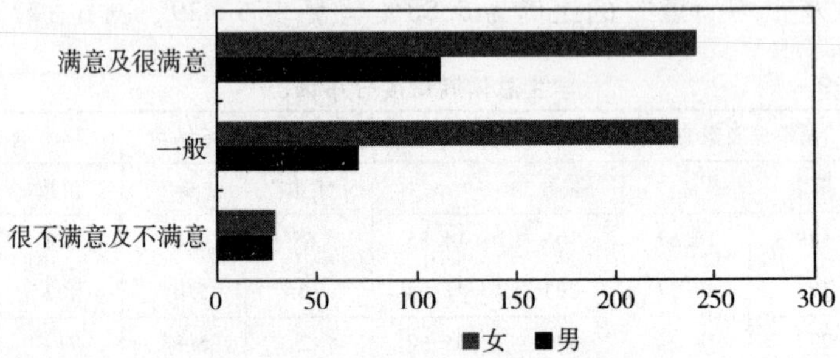

图 6-28 不同性别的学生满意度分布情况

基于调查获得的数据，用 T 检验的方法检验性别对学校满意度是否存在影响。经 T 检验检测，得到 $t = -0.547$，$p = 0.584 > 0.05$，表明两组数据无显著性差异，说明性别对满意度无显著性影响，学生的总体满意度不因性别不同而不同（见表 6-31、图 6-29）。

表 6-31 不同性别的学生满意度差异检验

	性别	N	Mean	Std. Deviation	T	P
总体满意度	男	211	3.33	0.748	-0.547	0.584
	女	503	3.36	0.647		

■男 ■女

图 6-29 不同性别的学生满意度差异检验

（二）生源地与满意度

从不同生源地的学生满意度分布情况来看，来自地级市的学生认为"很满意及满意"的比例最高，为 17.65%，来自地级市的学生认为"不满意及很不满意"的比例最高，为 2.52%，其他几个满意程度各有不同（见表 6-32、图 6-30）。

表 6-32 不同生源地的学生总体满意度分布情况一览表

项目			总体满意度			合计
			很不满意及不满意	一般	满意及很满意	
生源地	农村	频数	15	54	48	117
		%	2.10	7.56	6.72	16.39
	乡镇	频数	2	26	41	69
		%	0.28	3.64	5.74	9.66
	县城	频数	7	53	76	136
		%	0.98	7.42	10.64	19.05
	地级市	频数	18	122	126	266
		%	2.52	17.09	17.65	37.25
	省会或者直辖市	频数	15	48	63	126
		%	2.10	6.72	8.82	17.65
总计		频数	57	303	354	714
		%	7.98	42.44	49.58	100.00

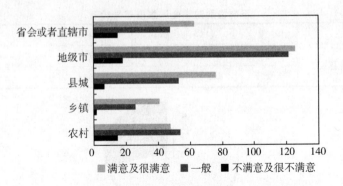

图 6 - 30 不同生源地的学生总体满意度分布情况

用单因素方差分析法检测生源地对学生的学校满意度是否存在影响。经检验得到数据 F 值为 3.829，p = 0.004 < 0.05（见表 6 - 33），说明不同生源地的学生满意度存在显著性差异，即学生的满意度因家庭所在地的不同而不同。

表 6 - 33 不同生源地的学生满意度差异检验

	df	F	Sig.
生源地	4	3.829	0.004

进一步计算不同家庭所在地的学生的平均满意度，如表 6 - 34、图 6 - 31 所示。

表 6 - 34 不同生源地的学生的平均满意度

生源地	Mean	N
农村	3.30	117
乡镇	3.21	69
县城	3.42	136
地级市	3.51	266
省会或者直辖市	3.36	126
总计	3.35	714

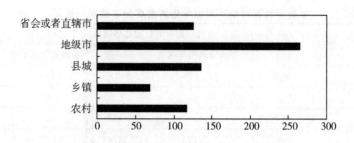

图 6 - 31 不同生源地的学生的平均满意度

通过上图比较不同家庭所在地的学生满意度均值，来自地级市的学生满意度最高，而来自乡镇的学生满意度最低。

（三）父母亲受教育程度与满意度

在"很满意及满意"程度上，父亲受教育程度在"高中或中职中专及以上"水平上所占比例最大，为 15.41%，第二位是在"初中"水平上，所占比例为 11.76%，第三位是在"高职高专"水平上，所占比例为 11.20%；母亲受教育程度在"高中或中职中专"水平上，所占比例最大为 16.25%，第二位是在"初中"水平上，所占比例为 13.17%，第三位是在"高职高专"水平上，所占比例为 10.64%。在"不满意及很不满意"程度上，父亲受教育程度在"高中或职中专"水平上所占比例最大，为 2.52%，第二位是在"初中"水平上，所占比例为 2.10%，第三位是在"高职高专"水平上，所占比例为 1.82%；母亲受教育程度在"初中"水平上所占比例最大，为 2.66%，第二位是在"高中或中职中专"水平上，所占比例为 2.38%，第三位是在"高职高专"水平上，所占比例为 1.12%（见表 6 - 35、图 6 - 32、表 36、图 6 - 33）。

表 6-35　　　　父亲受教育程度不同的学生满意度分布情况一览表

项目			您对学校的总体满意度			合计
			不满意及很不满意	一般	很满意及满意	
父亲受教育程度	小学及以下	频数	3	25	13	41
		%	0.42	3.50	1.82	5.74
	初中	频数	15	153	84	176
		%	2.10	21.43	11.76	24.65
	高中或中职中专	频数	18	105	110	233
		%	2.52	14.71	15.41	32.63
	高职高专	频数	13	54	80	147
		%	1.82	7.56	11.20	20.59
	大学本科	频数	7	46	61	114
		%	0.98	6.44	8.54	15.97
	研究生及以上	频数	1	0	2	3
		%	0.14	0.00	0.28	0.42
总计		频数	57	307	350	714
		%	7.98	43.00	49.02	100.00

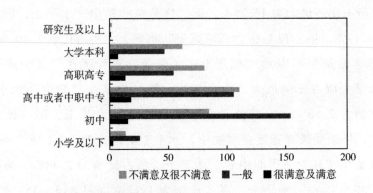

图 6-32　父亲受教育程度不同的学生满意度分布情况

表6-36　　　　　母亲受教育程度不同的学生满意度分布情况

项目		总体满意度			合计
		不满意及很不满意	一般	很满意及满意	
母亲受教育程度	小学及以下 频数	5	26	15	46
	小学及以下 %	0.70	3.64	2.10	6.44
	初中 频数	19	96	94	209
	初中 %	2.66	13.45	13.17	29.27
	高中或中职中专 频数	17	91	116	224
	高中或中职中专 %	2.38	12.75	16.25	31.37
	高职高专 频数	8	53	76	137
	高职高专 %	1.12	7.42	10.64	19.19
	大学本科 频数	6	39	47	92
	大学本科 %	0.84	5.46	6.58	12.89
	研究生及以上 频数	2	1	3	6
	研究生及以上 %	0.28	0.14	0.42	0.84
总计	频数	57	306	351	714
	%	7.98	42.86	49.16	100.00

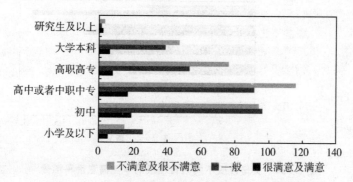

图6-33　母亲受教育程度不同的学生满意度分布情况

　　用单因素方差分析法检验父亲受教育程度对学生的学校满意度是否存在影响。经方差分析法检验，得到 F = 1.217，p = 0.299 > 0.05（见表6-37），不存在显著性差异；母亲受教育程度对学生的学校整体满意度影响的 p 值为 0.223 > 0.05，也不存在显著性差异。说明父母的受教育程度对学生的学校整体满意度没有影响，学生对学校的整体满意度不因父母的受教育程度不同而不同。

表 6-37　　　　　　　父母受教育程度不同的学生满意度差异检验

	df	F	Sig.
父亲受教育程度	5	1.217	0.299
母亲受教育程度	5	1.396	0.223

另外，父亲受教育程度与母亲受教育程度的均值差异不大（见表 6-38），说明父亲受教育程度对学生满意度的影响与母亲受教育程度对学生满意度的影响没有差异（见图 6-34）。

表 6-38　　　　　　　父母受不同教育程度的学生满意度平均分

父亲受教育程度	Mean	母亲受教育程度	Mean
小学及以下	3.24	小学及以下	3.24
初中	3.32	初中	3.28
高中或中职中专	3.32	高中或中职中专	3.36
高职高专	3.38	高职高专	3.42
大学本科	3.44	大学本科	3.41
研究生及以上	3.57	研究生及以上	3.30

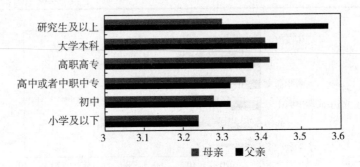

图 6-34　父母亲受不同教育程度的学生满意度平均分

（四）高考志愿分布与满意度

从不同志愿的学生满意度分布情况来看，"第一志愿"的学生认为"满意及很满意"的比例明显高于其他几类志愿，占 28.71%，"第一志愿"和"其他"志愿的学生认为"不满意及很不满意"的比例最高，占 2.66%（见表 6-39、图 6-35）。

表 6 - 39　　　　　　　　　　不同志愿的学生总体满意度分布情况

			总体满意度			合计
			满意及很满意	一般	很不满意及不满意	
志愿	第一志愿	频数	205	107	19	331
		%	28.71	14.99	2.66	46.36
	第二志愿	频数	45	50	11	106
		%	6.30	7.00	1.54	14.85
	服从志愿	频数	59	81	8	148
		%	8.26	11.34	1.12	20.73
	其他	频数	45	65	19	129
		%	6.30	9.10	2.66	18.07
总计		频数	354	303	57	714
		%	49.58	42.44	7.98	100.00

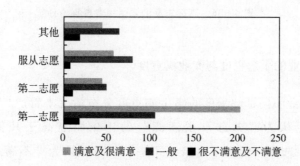

图 6 - 35　不同志愿的学生总体满意度分布情况

用单因素方差分析法检测志愿对学生的学校整体满意度是否存在影响。经检验得到数据 F 值为 12.667，p = 0.000 < 0.05（见表 6 - 40），说明不同志愿的学生满意度之间存在显著性差异，即不同志愿的学生，其对学校的整体满意度也不同。

表 6 - 40　　　　　　　　不同志愿的学生满意度差异检验

	Df	F	Sig.
志愿	3	12.667	0.000

再计算不同志愿的学生满意度平均值。比较不同志愿的学生满意度平均分，发现"第一志愿"最高，然后"服从志愿"、"第二志愿"、"其他"（一般是调剂）依次递减（见表 6 - 41、图 6 - 36）。

表 6 - 41　　　　　　　　　不同志愿的学生满意度平均分

志愿	Mean	Std. Deviation
第一志愿	3.49	0.683
第二志愿	3.27	0.686
服从志愿	3.28	0.571
其他	3.16	0.705

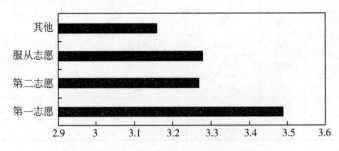

图 6 - 36　不同志愿的学生满意度平均分

三　专业的了解程度与专业满意度

从对专业不同了解程度的学生满意度分布情况来看，"很了解及了解"的学生认为"满意及很满意"的比例明显高于其他学生，占23.67%；在选择"很不了解及不了解"的学生认为"不满意及很不满意"的比例也高于其他两项学生，占3.64%（见表6-42、图6-37）。

表 6 - 42　　　　　　对专业不同了解程度的学生满意度分布情况

			总体满意度			合计
			满意及很满意	一般	很不满意及不满意	
专业了解程度	很不了解及不了解	频数	63	106	26	195
		%	8.82	14.85	3.64	27.31
	一般	频数	122	144	21	287
		%	17.09	20.17	2.94	40.20
	了解及很了解	频数	169	53	10	232
		%	23.67	7.42	1.40	32.49
总计		频数	354	303	57	714
		%	49.58	42.44	7.98	100.00

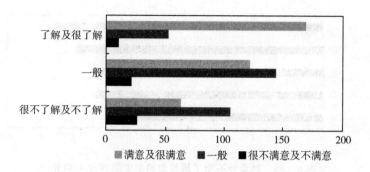

图 6 - 37　对专业不同了解程度的学生满意度分布情况

　　用单因素方差分析法检测专业不同了解程度对学生的学校整体满意度是否存在影响。经检验得到数据 F 值为 26.947，$p = 0.000 < 0.05$（见表 6 - 43），说明对专业不同了解程度的学生满意度之间存在显著性差异，即报名时对专业了解程度不同的学生，其对学校的整体满意度也不同。

表 6 - 43　　　　　　　对专业不同了解程度的学生满意度差异检验

	df	F	Sig.
对专业的了解程度	4	26.947	0.000

　　再计算对专业不同了解程度的学生满意度平均分，结果如表 6 - 44 所示。

表 6 - 44　　　　　　　对专业不同了解程度的学生满意度平均分

对填报专业的了解程度	Mean
很不了解	2.99
不了解	3.23
一般	3.29
了解	3.49
很了解	3.82

　　比较不同了解程度的学生满意度平均分，发现"很了解"的最高，然后"了解"、"一般"、"不了解"、"很不了解"依次递减（见图 6 - 38）。

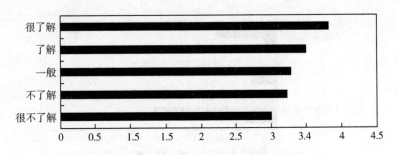

图 6 - 38   对专业不同了解程度的学生满意度平均分

学生对学校的整体满意度受学生对所学专业的接受程度的影响。在选报专业的时候，对所报专业越了解的学生，越能够明确所报专业是不是符合自身的需要、爱好，从而在学习过程中保持较高的兴趣和学习动力，学习效果较好，所以满意度较高；而选报专业时对所报专业很不了解的学生，在入学后，发现所学专业并不符合自身爱好和需要的时候，缺乏兴趣和学习动力，民办高校的学生学习能力稍显逊色，因此容易造成学习效果不好，相应对学校的满意度较低。

四   结论

从以上调查数据的分析中可以得到以下结论①：

（一）性别对学生的满意度无显著影响。

（二）家庭所在地对学生的满意度存在显著影响，来自"地级市"、"县城"、"省会或者直辖市"、"农村"、"乡镇"的学生的满意度依次递减。

（三）父母受教育程度对学生的满意度无显著影响。

（四）志愿对学生的满意度存在显著影响，"第一志愿"的学生对学校的整体满意度最高，"其他"（一般是调剂）的学生最低，"第一志愿"、"服从志愿"、"第二志愿"、"其他"学生对学校整体满意度逐

① 华娜：《我国民办高校可持续发展研究——以辽宁省为例》，沈阳师范大学硕士学位论文，2011 年。

渐降低。

（五）填报志愿时对专业的了解程度对学生的满意度存在显著影响。"很了解及了解"、"一般"、"不了解及很不了解"的学生对学校的整体满意度逐渐降低。

以上分析的因素包括人口特征和其他一些基本特征因素，这些因素对学生满意度产生了不同影响。对于民办高校来说，这些因素不是学校能够把握的因素，不具有可操作性。民办高校必须基于自身特定发展状况，从内部可以操作的因素入手，改进学校内部发展存在问题的各项指标，有针对性地提高学生满意度，从而保证学校的可持续发展。

第三节　教育学专业学生满意度个案分析

一　人口学统计

（一）学生年级的分布情况[①]

本次调查中，大一、大二、大三年级学生的人数分别为 35、34 和 37，占总人数的百分比分别是 33.02%、32.08%，34.91%。

（二）性别分布[②]

本次调查共获得有效问卷 106 份，男生共 12 人，占 11.32%；女生共 94 人，占 88.68%。

其中大一年级男生 5 人，占 14.29%；女生 30 人，占 85.71%；大二年级男生 2 人，占 5.88%；女生 32 人，占 94.12%；大三年级男生 5 人，占 13.51%；女生 32 人，占 86.49%（见表 6-45、图 6-39）。

---

① 韩冬梅、唐卫民：《教育学本科专业学生课堂教学满意度调查——以沈阳师范大学为例》，《大学》（研究版）2014 年第 6 期。

② 同上。

表6-45　　　　　　　　　学生性别分布情况直观表

年级	男		女		合计	
	人数	%	人数	%	人数	%
大一	5	14.29	30	85.71	35	100
大二	2	5.88	32	94.12	34	100
大三	5	13.51	32	86.49	37	100
总计	12	11.32	94	88.68	106	100

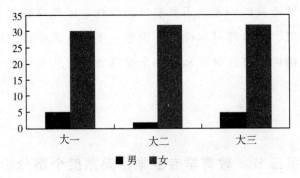

图6-39　学生性别分布情况直观图

（三）家庭所在地分布①

被调查学生中，来自地级市和农村的学生数量最多，占总人数的66.98%；其次是来自县城、省会或直辖市的学生，占总人数的30.18%；来自乡镇的学生人数最少，仅占总人数的3.77%（见表6-46、图6-40）。

表6-46　　　　　　　　　学生家庭所在地分布情况直观表

年级	农村		乡镇		县城		地级市		省会或者直辖市		合计	
	人数	%	人数	%	人数	%	人数	%	人数	%	人数	%
大一	5	14.29	2	5.71	3	8.57	20	57.14	5	14.29	35	100
大二	12	35.29	1	2.94	9	26.47	7	20.59	5	14.71	34	100
大三	18	48.65	1	2.70	4	10.81	9	24.32	5	13.51	37	100
总计	35	33.02	4	3.77	16	15.09	36	33.96	16	15.09	106	100

---

① 韩冬梅、唐卫民：《教育学本科专业学生课堂教学满意度调查——以沈阳师范大学为例》，《大学》（研究版）2014年第6期。

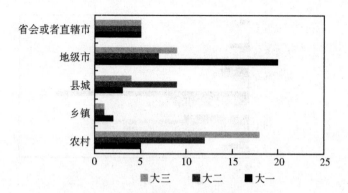

图 6-40　学生家庭所在地分布情况直观图

（四）父母受教育程度分布①

在被调查的对象中，父母双方的教育程度以"初中"、"高中或中职中专"的水平的人数较多，其中，父亲的受教育水平为"初中"的比例为 41.51%，"高中或中职中专"的比例为 39.62%；母亲的受教育水平为"高中或中职中专"的比例为 36.79%，"初中"的比例为 31.33%。父母双方的受教育程度所占比例最小的是"研究生及以上"（见表 6-47、图 6-41、图 6-42）。

表 6-47　　　　　　　　　学生父母受教育程度直观表

	年级	小学及以下		初中		高中或者中职中专		高职高专		大学本科		研究生及以上		合计	
		人数	%	人数	%	人数	%	人数	%	人数	%	人数	%	人数	%
父亲	一	1	2.86	7	20.00	21	60.00	3	8.57	2	5.71	1	2.86	35	100
	二	3	8.82	17	50.00	9	26.47	4	11.76	1	2.94	0	0	34	100
	三	4	10.81	20	50.04	11	29.73	2	5.41	0	0	0	0	37	100
	总计	8	7.55	44	41.51	42	39.62	9	8.49	2	8.23	1	0.94	106	100
母亲	一	1	2.86	7	20.00	18	51.43	4	11.43	5	14.29	0	0	35	100
	二	7	20.59	11	32.35	12	33.59	2	5.89	2	5.89	0	0	34	100
	三	7	18.92	15	40.54	9	24.32	4	10.81	1	2.70	0	0	37	100
	总计	15	14.15	33	31.33	39	36.79	11	10.38	8	7.55	0	0	106	100

---

① 韩冬梅、唐卫民：《教育学本科专业学生课堂教学满意度调查——以沈阳师范大学为例》，《大学》（研究版）2014 年第 6 期。

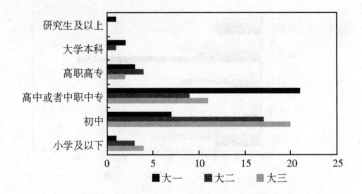

图 6－41　学生父亲受教育程度直观图

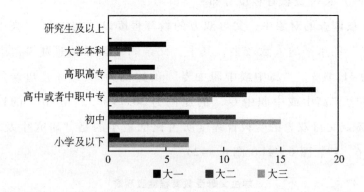

图 6－42　学生母亲受教育程度直观图

（五）学生高考志愿的分布情况①

据统计，学生高考志愿的分布比例由高到低依次为："第一志愿"、"第二志愿"、"第三志愿"、"服从志愿"、"其他"。按照此顺序，大一年级学生所读专业为不同志愿的具体人数和比例依次为：9（25.71%）、17（48.57%）、8（22.86%）、1（2.86%）、0；大二年级学生所读专业为不同志愿的具体人数和比例依次为：33（97.06%）、1（2.94%）、0、0、0；大三年级学生所读专业为不同志愿的具体人数和比例依次为：32（86.49%）、3（8.11%）、0、2（5.40%）、0（见表 6－48）。

---

① 韩冬梅、唐卫民：《教育学本科专业学生课堂教学满意度调查——以沈阳师范大学为例》，《大学》（研究版）2014 年第 6 期。

表6-48 各年级学生就读专业为第几志愿分布直观表

年级	第一志愿		第二志愿		第三志愿		服从志愿		其他		合计	
	人数	%	人数	%	人数	%	人数	%	人数	%	人数	%
大一	9	25.71	17	48.57	8	22.86	1	2.86	0	0	35	100
大二	33	97.06	1	2.94	0	0	0	0	0	0	34	100
大三	32	86.49	3	8.11	0	0	2	5.40	0	0	37	100
总计	74	69.81	21	19.81	8	7.55	4	3.77	0	0	106	100

（六）学生报考时对所报专业的了解程度分布情况[1]

在接受调查的学生中，在报考时，学生对所报专业的了解程度按比例的高低依次为："不了解"、"一般"、"很不了解"、"了解"、"很了解"，具体见表6-49。

表6-49 学生报考时对所报专业的了解程度分布直观表

年级	很了解		了解		一般		不了解		很不了解		合计	
	人数	%	人数	%	人数	%	人数	%	人数	%	人数	%
一	0	0	4	11.43	11	31.43	18	51.43	2	5.71	35	100
二	0	0	2	5.88	12	35.29	13	38.24	7	20.59	34	100
三	0	0	0	0	15	40.54	16	43.24	6	16.21	37	100
总计	0	0	6	5.60	38	35.85	47	44.34	15	14.15	106	100

其中，按照"很了解"到"很不了解"的程度顺序，大一年级学生的具体人数和比例依次为：0、4（11.43%）、11（31.43%）、18（51.43%）、2（5.71%）；大二年级学生的具体人数和比例依次为：0、2（5.88%）、12（35.29%）、13（38.24%）、7（20.59%）；大三年级学生的具体人数和比例依次为：0、0、15（40.54%）、16（43.24%）、6（16.21%）。

（七）学生是否更换专业的分布情况[2]

在所调查的学生中，无论他们就读的专业为在报考时的第几志愿，想要换专业的学生的人数均多于不想更换专业的学生的人数（见表6-

---

[1] 韩冬梅、唐卫民：《教育学本科专业学生课堂教学满意度调查——以沈阳师范大学为例》，《大学》（研究版）2014年第6期。

[2] 同上。

50)，具体人数和比例如图6-43所示。

表6-50   学生是否更换专业分布直观表

项目			是否更换专业		合计
			是	否	
报考志愿	第一志愿	人数	45	28	73
		%	61.64	38.36	100
	第二志愿	人数	12	10	22
		%	54.55	45.45%	100
	服从志愿	人数	6	1	7
		%	85.71	14.28	100
	其他	人数	3	1	4
		%	75.00	25.00	100
总计		人数	66	40	106
		%	62.26	37.74	100

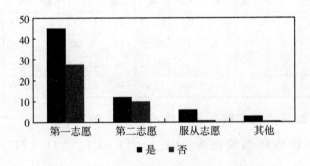

图6-43 学生是否更换专业比例分布统计图

与此同时，对学生想要更换专业的原因也做了了解（见表6-51），具体原因如图6-44所示。

表6-51   学生更换专业的原因分布直观表

更换专业原因	人数（人）	百分比（%）
就业前景不好	58	85.29
课程设置不好	4	5.88
专业的师资力量不强	1	1.47
硬件设施配套不好	2	2.94

续表

更换专业原因	人数（人）	百分比（%）
其他	3	4.41
总体	68	100.00

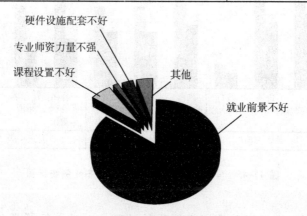

图 6 - 44　学生更换专业原因统计图

（八）学生最喜爱的三门课程分布情况①

在本次调查中，通过开放题，对三个年级的学生最喜爱的三门课程进行了专项调查（见表6－52），具体情况如图6－45所示。

表 6 - 52　　　　　　　学生最喜爱的三门课程分布直观表

年级	课程	人数（人）	百分比（%）
大一	中国教育史	30	48.39
	普通教育学	26	41.94
	教育学导论	6	9.68
大二	教育政策学	25	36.23
	教学论	22	31.88
	教育科研与写作	22	31.88
大三	教育名著阅读与赏析	19	44.19
	教育学原理	14	32.56
	国别教育比较	10	23.26

---

① 韩冬梅、唐卫民：《教育学本科专业学生课堂教学满意度调查——以沈阳师范大学为例》，《大学》（研究版）2014年第6期。

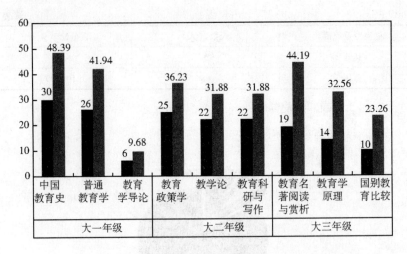

图 6 – 45　学生最喜爱的三门课程分布比例统计图

在了解学生最喜爱的三门课程的基础上，又了解了学生对教师的课堂表现还有哪些希望、为了提高教育学本科专业的课堂教学质量，学生有哪些意见或建议这两方面的问题。如在教师层面提出：

1. 教师的自身素质方面：表情活泼，增强课堂的亲和力；使用普通话及通俗易懂的授课语言；讲课时的语速要适中。

2. 教学内容方面：既不要照本宣科，没有重点，使课堂枯燥乏味；也不要不看教材，天南海北，使学生摸不着头脑。

3. 教学方法方面：增加师生互动环节；多媒体课件应做的质量精且数量少，多写板书。

4. 评价方式方面：尽量实现多元化，不要只注重单一的考试成绩。

二　学生满意度的总体情况①

从对学生卷的重要性程度和满意程度总体结果的描述可见，涉及到教师层面的六个维度的各自的平均值均在"3"以上，说明学生对教师在课堂上各个方面的表现基本满意。但是通过进一步的对比分析可

---

① 韩冬梅、唐卫民：《教育学本科专业学生课堂教学满意度调查——以沈阳师范大学为例》，《大学》（研究版）2014 年第 6 期。

以发现，各个维度的重要性程度的得分均高于满意程度的得分，说明教师在这六个维度的表现还没有完全达到学生心目中所期望的水平（见表6－53）。对学生课堂教学满意度总体情况进行描述的具体信息如图6－46所示。

表6－53　　　　　　　学生卷重要度和满意度的总体情况

	N	重要度均值	重要度标准差	满意度均值	满意度标准差
教师素质	106	4.33	0.63	4.03	0.68
教学目标	106	4.46	0.52	3.97	0.68
教学设计	106	4.43	0.61	3.84	0.71
教学过程	106	4.41	0.52	3.87	0.69
教学效果	106	4.35	0.58	4.01	0.70
教学特色	106	4.60	0.48	3.77	0.85

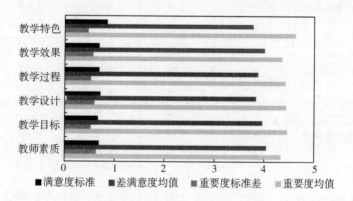

图6－46　学生卷重要性程度和满意程度总体描述统计图

三　学生满意度的差异状况[①]

（一）学生课堂教学满意度在年级方面的差异

针对学生的年级差异，对教师在课堂教学中所表现的六个维度的差异分布进行描述性统计，具体数据见表6－54。与此同时，提出了两

① 韩冬梅、唐卫民：《教育学本科专业学生课堂教学满意度调查——以沈阳师范大学为例》，《大学》（研究版）2014年第6期。

种不同的假设检验，即

　　H_0：学生对课堂教学满意度与年级无关；

　　H_1：学生对课堂教学满意度与年级有关。

表 6 - 54　　学生课堂教学满意度在年级方面的差异分布统计表

	年级	平均数	标准差	F 值	Sig
教师素质	大一	4.20	0.62	4.234	0.016
	大二	3.64	0.70		
	大三	4.15	0.59		
教学目标	大一	4.01	0.61	2.013	0.130
	大二	3.97	0.69		
	大三	3.90	0.59		
教学内容	大一	4.11	0.61	3.478	0.029
	大二	3.48	0.70		
	大三	3.89	0.62		
教学方法和手段	大一	3.88	0.70	1.050	0.349
	大二	3.56	0.69		
	大三	3.78	0.59		
关注学生需求	大一	4.14	0.71	0.101	0.903
	大二	3.89	0.75		
	大三	4.12	0.60		
评价学生的方式	大一	3.67	0.90	5.204	0.008
	大二	3.78	0.90		
	大三	3.79	0.70		

　　由上表可以看出，sig 值（显著值）小于 0.05 水平的维度有"教师素质"、"教学内容"、"评价学生的方式"，因此拒绝假设 H_0，接受假设 H_1，即学生在这三维度的满意度与自身所在的年级有关。sig 值大于 0.05 水平的维度有"教学目标"、"教学方法和手段"、"关注学生需求"，因此接受假设 H_0，拒绝假设 H_1，即学生在这三个维度的满意度与自身所在的年级无关。

　　（二）学生课堂教学满意度在高考志愿方面的差异

　　针对学生的高考志愿上的差异，对教师在课堂教学中所表现的六个维度分别进行描述性统计，具体数据见表6－55。与此同时，提出了两种不同的假设检验，即：

H_0：学生对课堂教学的满意度与就读专业为第几志愿无关；

H_1：学生对课堂教学的满意度与就读专业为第几志愿有关。

表6－55　学生课堂教学满意度在高考志愿上的差异分布统计表

	升学志愿	人数	平均数	标准差	F值	Sig
教师素质	第一志愿	74	3.96	0.71	1.464	0.029
	第二志愿	21	4.17	0.55		
	服从志愿	7	3.95	0.83		
	其他	4	4.58	0.42		
教学目标	第一志愿	74	3.91	0.71	1.109	0.037
	第二志愿	21	4.14	0.53		
	服从志愿	7	3.86	0.81		
	其他	4	4.33	0.47		
教学内容	第一志愿	74	3.75	0.71	1.745	0.016
	第二志愿	21	4.00	0.70		
	服从志愿	7	3.95	0.56		
	其他	4	4.42	0.69		
教学方法和手段	第一志愿	74	3.80	0.70	1.224	0.032
	第二志愿	21	4.06	0.62		
	服从志愿	7	3.91	0.74		
	其他	4	4.25	0.66		
关注学生需求	第一志愿	74	3.97	0.73	1.284	0.030
	第二志愿	21	4.13	0.67		
	服从志愿	7	4.05	0.49		
	其他	4	4.00	0.72		
评价学生方式	第一志愿	74	3.67	0.85	1.126	0.035
	第二志愿	21	3.97	0.86		
	服从志愿	7	3.95	0.59		
	其他	4	4.17	0.96		

由上表可知，对方差进行齐性检验，F统计量的值伴随着的概率P值均大于0.05，因此，可以认为各志愿之间的方差是相等的。所以采

用等方差的 T 检验数据, T 统计量的值的相伴概率均小于 0.05, 因此可以拒绝 H_0 假设, 接受 H_1 假设, 即学生课堂教学满意度在这六个维度方面均因就读专业为第几专业的不同而不同。

（三）学生课堂教学满意度在对本专业的了解程度方面的差异

学生对课堂教学各方面的满意度在专业了解程度上的具体差异如表 6-56 所示, 同时提出两种假设检验, 即:

H_0: 学生对课堂教学满意度与对本专业的了解程度无关;

H_1: 学生对课堂教学满意度与对本专业的了解程度有关。

表 6-56　　学生满意程度在专业了解程度上的差异分布统计表

	升学志愿	人数	平均数	标准差	F 值	Sig
教师素质	很了解	0	—	—	0.768	0.015
	了解	6	3.72	0.61		
	一般	37	4.01	0.60		
	不了解	49	4.05	0.75		
	很不了解	14	3.88	0.69		
教学目标	很了解	0	—	—	0.482	0.026
	了解	6	4.11	0.54		
	一般	37	4.05	0.69		
	不了解	49	3.93	0.69		
	很不了解	14	3.83	0.73		
教学内容	很了解	0	—	—	0.140	0.043
	了解	6	3.67	0.52		
	一般	37	3.86	0.75		
	不了解	49	3.83	0.74		
	很不了解	14	3.88	0.62		
教学方法和手段	很了解	0	—	—	0.384	0.033
	了解	6	3.73	0.90		
	一般	37	3.95	0.59		
	不了解	49	3.87	0.74		
	很不了解	14	3.74	0.66		

续表

	升学志愿	人数	平均数	标准差	F 值	Sig
关注学生需求	很了解	0	—	—	0.129	0.045
	了解	6	3.94	0.57		
	一般	37	4.02	0.63		
	不了解	49	4.01	0.78		
	很不了解	14	3.98	0.65		
评价学生的方式	很了解	0	—	—	0.140	0.043
	了解	6	3.67	0.99		
	一般	37	3.84	0.82		
	不了解	49	3.73	0.91		
	很不了解	14	3.74	0.85		

由上表可知，通过方差齐性检验，F 统计量所伴随的概率 P 值均大于 0.05，可以认为方差是齐性的。所以根据方差相等的情况下，进行 T 检验的数据可以看出，这六个维度的 T 检验所伴随的概率的值均小于 0.05，因此可以拒绝 H_0 假设，接受 H_1 假设，即学生课堂教学满意度在这六个维度方面均因学生对本专业的了解程度的不同而不同。

第七章

地方普通本科高校学生专业满意度
构成要素分析

第一节　公立普通本科高校学生专业满意度构成要素分析

一　专业总体满意度与专业二级指标的相关性分析

在本项调查中，专业满意度构成要素分为二级指标和三级指标（见表 7-1）。

表 7-1　　　　　　　　　　专业满意度构成指标体系一览表

一级指标	二级指标	三级指标
专业满意度	专业培养目标	专业培养目标
	课程设置	开课门类、开课顺序、课程内容、教材选用、课程考核方式、实践课程比例
	师资	教师的专业知识、教师的教学技能、教师的教学方法手段、课堂的教学氛围、教师的职业道德
	硬件设施	教学设施与设备、图书资料
	实习、见习状况	实习、见习基地；实习、见习机会
	本专业的就业前景	本专业的就业前景

计算专业二级指标的重要性、满意度和绩差的得分，结果如表 7-2 所示。从表中可见，学生对专业二级指标的满意度比较高，由高到低排序依次是：师资、硬件设施、培养目标、课程设置、实习、见习状况和本专业的就业前景。其中，"实习、见习状况"和"本专业的就业

前景"这两方面的满意度得分明显低于其他四个方面，且"实习、见习状况"和"本专业的就业前景"的绩差得分也最低。可见，学生在这两方面的期望值和感知值存在较大差距。通过图 7 - 1 可以更加直观地反映专业二级指标的重要性和满意度之间的情况。

表 7 - 2　　　　专业二级指标的重要性、满意度、绩差得分情况

专业的二级指标	重要性得分	满意度得分	绩差得分
培养目标	4.28	3.57	-0.71
课程设置	4.22	3.45	-0.77
师资	4.27	3.71	-0.56
硬件设施	4.08	3.58	-0.5
实习、见习状况	4.19	3.27	-0.92
本专业的就业前景	4.31	3.27	-1.04

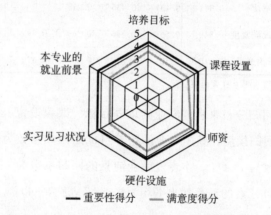

图 7 - 1　专业二级指标的重要性、满意度得分情况

图 7 - 1 中，黑色六边形的六个顶点代表专业二级指标的重要性得分，灰色六边形的六个顶点代表专业二级指标的满意度得分。黑色六边形与灰色六边形顶点间的差距就代表专业二级指标的绩差得分。很容易看出，实习、见习状况和本专业的就业前景这两项的绩差分值最低，表明学生对这两项的期望与感知得分差距最大。

通过 Pearson 相关性分析，也可以清晰地看出学生对专业的总体满意度与对专业二级指标的满意度之间均存在显著正相关关系（见表 7 -

3）。其中，专业的培养目标、课程设置、专业的就业前景对专业的总体满意度的影响尤为显著。表明若要提高学生的专业满意度，学校可以从这几方面着手改善。

表7-3　　　　专业总体满意度与专业二级指标之间的相关关系

项目	本专业总体满意度	专业的培养目标的满意度	专业的课程设置的满意度	任课教师状况的满意度	硬件设施的满意度	实习、见习总体状况满意度	本专业的就业前景满意度
本专业总体满意度	1						
专业的培养目标的满意度	0.448＊＊	1					
专业的课程设置的满意度	0.401＊＊	0.654＊＊	1				
任课教师状况的满意度	0.205＊＊	0.308＊＊	0.269＊＊	1			
硬件设施的满意度	0.301＊＊	0.457＊＊	0.435＊＊	0.217＊＊	1		
实习、见习总体状况满意度	0.348＊＊	0.567＊＊	0.486＊＊	0.269＊＊	0.598＊＊	1	
本专业的就业前景满意度	0.410＊＊	0.520＊＊	0.474＊＊	0.235＊＊	0.479＊＊	0.619＊＊	1

＊＊. 在0.01置信水平上显著相关。

通过线性回归分析来看，专业的培养目标、课程设置、本专业的就业前景进入到了回归模型，其中专业的培养目标的回归系数为24.2%，课程设置的回归系数为13.6%，本专业就业前景的回归系数为17.6%，三者合计为55.4%，且三者的显著性水平均为显著（见表7-4）。

表7-4　　　　专业总体满意度与专业二级指标满意度的回归分析

模型	非标准化系数		t值	显著性
	回归系数	标准误		
常数项	1.331	0.152	8.770	0.000
专业的培养目标	0.242	0.051	4.703	0.000
课程设置	0.136	0.049	2.800	0.005
任课教师状况	0.022	0.017	1.271	0.204
硬件设施	0.034	0.042	0.825	0.410
实习、见习总体状况	-0.005	0.042	-0.115	0.908
本专业就业前景	0.176	00.039	4.570	0.000

二　专业构成要素分析

对专业构成要素的分析，主要从四个层面展开，即：专业构成要素的重要性分析、专业构成要素的满意度分析、专业构成要素的绩差分析、专业构成要素的优先行动矩阵分析。

（一）专业构成要素的重要性分析

专业各构成要素的期望水平即重要性平均分和标准差（见表7-5）。通过对表中每个要素的重要性平均分进行降序排序，结果显示学生认为专业构成要素的"重要性"，排在最前面的是本专业的就业前景，反映出当前大学生普通关心的问题是就业问题，这对每所学校来说，也是至关重要的头等大事。其次排在前列的分别为教师的专业知识水平、专业的培养目标、教师的教学技能、实习、见习机会、本专业的课程内容、教师的教学方法手段、实习、见习基地等。可见，专业的培养目标、课程内容、教师素质、实习、见习机会和基地等均是提高专业满意度的重要因素。

表7-5　　　　专业各构成要素的重要性平均分与标准差

平均分排序	专业构成要素	平均分	标准差
1	本专业的就业前景	4.31	1.443
2	教师专业知识水平	4.28	0.833
3	专业的培养目标	4.28	0.861
4	教师的教学技能	4.26	0.820
5	实习、见习机会	4.23	0.844
6	本专业课程内容	4.22	0.817
7	教师的教学方法手段	4.20	0.836
8	实习、见习基地	4.19	0.831
9	教师职业道德	4.14	0.857
10	图书资料	4.14	0.835
11	本专业开课门类	4.10	0.825
12	实践课程比例	4.08	0.876
13	教材选用	4.04	0.823
14	课堂教学氛围	4.04	0.892
15	教学设施与设备	4.03	0.869

续表

平均分排序	专业构成要素	平均分	标准差
16	本专业开课顺序	3.93	0.896
17	课程考核方式	3.82	0.915

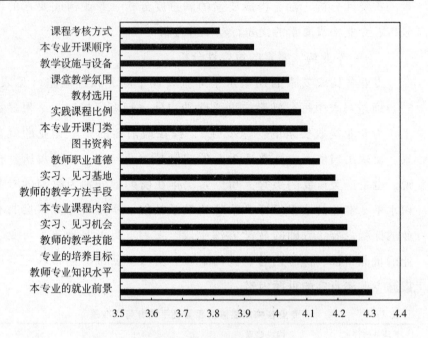

图 7-2 专业各构成要素的重要性平均分

从图 7-2 可以清楚地看出学生认为专业构成要素的"重要性"得分从最高的"本专业就业前景"至最低的"课程考核方式"的排序状况。

（二）专业构成要素的满意度分析

专业构成要素的满意度平均分和标准差见表 7-6。通过对表中每个要素的满意度平均分进行降序排序，结果显示学生对专业构成要素的"满意度"，排在前五位的是教师的职业道德、教师的专业知识水平、教师的教学技能、图书资料、专业的培养目标。而满意度排在后五位的是实习、见习基地、实习、见习机会、本专业的就业前景、实践课程比例、课程考核方式。可见，如果要想提高学生的专业满意度，必须对满意度低的这些因素进行改善，尤其是要增加实习、见习的基地和机会、实践课程的比例及改善本专业的就业前景等。

表7-6 专业构成要素的满意度平均分与标准差

平均分排序	专业构成要素	平均分	标准差
1	教师职业道德	3.81	0.865
2	教师专业知识水平	3.72	0.849
3	教师的教学技能	3.61	0.870
4	图书资料	3.59	0.999
5	专业的培养目标	3.57	0.839
6	教学设施与设备	3.57	0.971
7	教师的教学方法手段	3.56	0.874
8	本专业课程内容	3.53	0.881
9	教材选用	3.52	0.875
10	本专业开课门类	3.52	0.859
11	课堂教学氛围	3.51	0.897
12	本专业开课顺序	3.51	0.834
13	课程考核方式	3.45	0.907
14	实践课程比例	3.32	0.997
15	本专业的就业前景	3.27	1.030
16	实习、见习机会	3.24	1.032
17	实习、见习基地	3.23	1.037

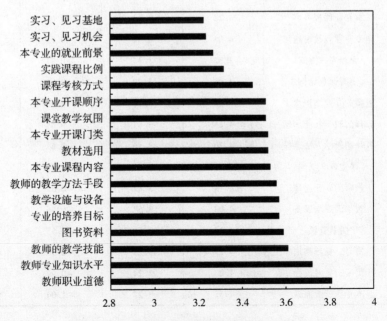

图7-3 专业构成要素的满意度平均分

从图7-3可以清楚地看出学生对专业构成要素的"满意度"平均得分从最高的"教师职业道德"至最低的"实习、见习基地"的排序状况。

（三）专业构成要素的绩差分析

专业构成要素的绩差是专业构成要素的满意度得分与重要性得分之间的差，反映出学生的期望值和感受值之间的差异程度，如果绩差越大，表明二者的差距越大，反映出的问题也就越大。专业构成要素的绩差见表7-7，从表中可以看出，专业构成要素的绩差得分均为负值，表明学生对专业构成要素的满意度与期望值之间均存在差距。且各构成要素的重要性和满意度得分之间均存在显著性差异，表明专业构成要素的重要性与满意度之间存在显著相关关系。

表7-7　　　　　　　　专业构成要素绩差平均分

专业构成要素	重要性平均分	满意度平均分	绩差	显著性
本专业的培养目标	4.28	3.57	-0.71	0.000
本专业开课门类	4.10	3.52	-0.58	0.000
本专业开课顺序	3.93	3.51	-0.42	0.000
本专业课程内容	4.22	3.53	-0.69	0.000
本专业课程教材选用	4.04	3.52	-0.52	0.000
课程考核方式	3.82	3.45	-0.37	0.000
实践课程比例	4.08	3.32	-0.76	0.000
教师的专业知识水平	4.28	3.72	-0.56	0.000
教师的教学技能水平	4.26	3.61	-0.65	0.000
教师的教学方法手段	4.20	3.56	-0.64	0.000
课堂教学氛围	4.04	3.51	-0.53	0.000
教师的职业道德	4.14	3.81	-0.33	0.000
教学设施与设备	4.03	3.57	-0.46	0.000
图书资料	4.14	3.59	-0.55	0.000
实习、见习基地	4.19	3.23	-0.96	0.000
实习、见习机会	4.23	3.24	-0.99	0.000
本专业就业前景	4.31	3.27	-1.04	0.000

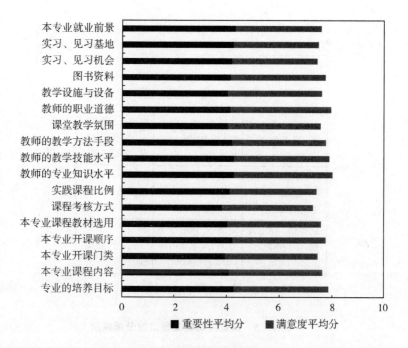

图7-4　专业构成要素绩差平均分

从图7-4可以看出，专业构成要素的重要性得分均高于满意度得分，且基本没有很大波动，只在个别点上两条曲线的分数值相差较大，如"本专业的就业前景"、"实习、见习机会及基地"、"专业培养目标"、"实践课比例"、"课程内容"等差距较大。可见应该在提升学生对这些因素的满意度上下功夫。

（四）专业构成要素的优先行动矩阵分析

由于每个调查项目都有满意度和期望值得分，可以建立满意度和期望值二维分析模型。

以学生对专业构成要素期望值的满意度评分作为横轴，以学生对各专业构成要素的期望评分（即重要性得分）为纵轴，形成了一个优先行动矩阵。学校能够通过重要性和满意度这个二维分析模型分析寻找优先改进方向和目标，并根据不同项目的优先程度采取不同的对策，着重解决专业建设中主要的问题，进而提高学生的专业满意度

（如图 7 - 5）。

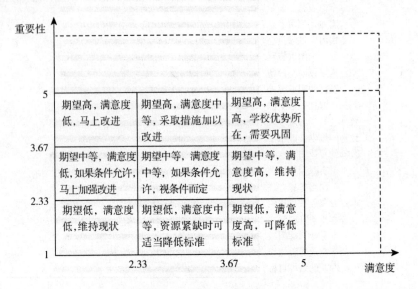

图 7 - 5　满意度与期望值二维分析模型[①]

　　根据统计学生对各专业构成要素的满意度和期望值评分，分析数据结果，并确定临界值。临界值是指用于判断指标在顾客接受产品或服务的过程中满意度和期望值为低、中、高的阈值[②]。

　　通过计算，S 低 = V 低 = 2.33，S 高 = V 高 = 3.67 即：$1 \leqslant S_i \leqslant 2.33$ 为低满意度；$2.33 < S_i < 3.67$ 为一般满意度；$3.67 \leqslant S_i \leqslant 5$ 为高满意度。$1 \leqslant V_i \leqslant 2.33$ 为低期望值；$2.33 < V_i < 3.67$ 为一般期望值；$3.67 \leqslant V_i \leqslant 5$ 为高期望值[③]。

　　确定临界值后，根据统计数据把各项指标的满意度和期望值按图 7 - 5 分类，就可以得到如图 7 - 6 的结果。

①　蔚海燕：《图书馆用户满意度指数的构建与应用》，《图书情报工作》2004 年第 1 期。
②　同上。
③　同上。

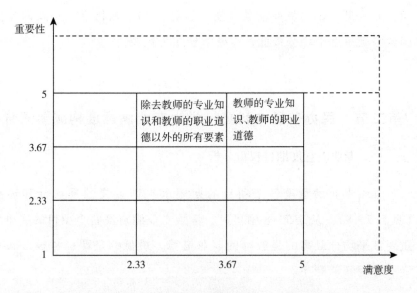

图7-6　专业构成要素满意度与期望值二维分类直观图

从图7-6可以看出，在专业构成要素中，除了"教师的专业知识"和"教师的职业道德"两个因素在"高重要性—高满意度"区域外，其他因素均在"高重要性—中等满意度"区域内（见散点图7-7）。

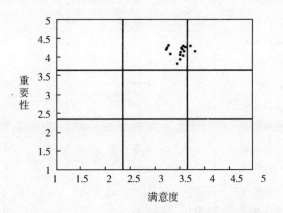

图7-7　专业构成要素的满意度与重要性散点图

从图7-6、7-7中可见，除了"教师的专业知识"和"教师的职业道德"两个因素以外，其他因素均是学校应采取措施加以改进的方

面，尤其是专业的就业前景、实习、见习基地和机会、实践课比例等
因素的满意度平均分最低，需要学校尤为重视。

第二节　民办普通本科高校学生专业满意度构成要素分析

一　专业满意度细目权重分析

学生专业满意度各个项目的期望水平即重要性平均分和标准差
（见表7-8）。从表7-8中可见，学生专业满意度各个项目的期望水平
重要性平均分最高的是教师的职业道德，最低的是课程考核方式和本
专业课程开课顺序。

表7-8　　　　　　　各题项重要性平均分、方差表

题项	合计	
	平均分	标准差
本专业的培养目标	4.30	0.820
本专业开课门类	4.27	0.830
本专业开课顺序	4.11	0.898
本专业课程内容	4.35	0.769
本专业课程教材选用	4.21	0.887
课程考核方式	4.11	0.903
实践课程比例	4.19	0.900
教师的专业知识水平	4.39	0.816
教师的教学技能水平	4.40	0.780
教师的教学方法手段	4.36	0.814
课堂教学氛围	4.25	0.835
教师的职业道德	4.45	0.756
教学设施与设备	4.32	0.789
图书资料	4.31	0.792
实习、见习基地	4.29	0.853
实习、见习机会	4.32	0.843
本专业就业前景	4.35	0.813

　　通过对表中每个题项的重要性平均分进行排序，取前三名和后三名结果如表7-9所示。由表7-9得知，对于学生专业满意度各项内容的"重要性"而言，前3名分别为"教师的职业道德"、"教师的教学技能水平"、"教师的专业知识水平"，这是民办高校的学生认为权重较高的项目，而实践课程比例、课程考核方式和本专业开课顺序是学生认为权重较低的项目，民办高校应该对上述要素依据不同的权重予以加强和改进。

表7-9　　　　　　　　　　各题项的重要性排序表

排序	题项	平均分
1	教师的职业道德	4.45
2	教师的教学技能水平	4.40
3	教师的专业知识水平	4.39
15	实践课程比例	4.19
16	课程考核方式	4.11
17	本专业开课顺序	4.11

二　专业满意度要素分析

　　各题项的学生专业满意度平均分和标准差（见表7-10）。从表中可以看出，学生对教师的职业道德满意度平均分最高，实习、见习机会满意度平均分最低。

表7-10　　　　　　　　　　各题项满意度平均分、方差表

题项	合计	
	平均分	标准差
本专业的培养目标	3.61	0.960
本专业开课门类	3.67	0.964
本专业开课顺序	3.63	01.007
本专业课程内容	3.71	0.930
本专业课程教材选用	3.62	1.040
课程考核方式	3.64	1.005
实践课程比例	3.52	1.095
教师的专业知识水平	3.85	0.967

续表

题项	合计	
	平均分	标准差
教师的教学技能水平	3.77	0.979
教师的教学方法手段	3.73	1.004
课堂教学氛围	3.67	1.023
教师的职业道德	3.94	0.947
教学设施与设备	3.58	1.034
图书资料	3.65	1.043
实习、见习基地	3.38	1.141
实习、见习机会	3.36	1.162
本专业就业前景	3.63	1.016

通过对上表中每个题项的总体满意度平均分进行排序，取前三名和后三名。（见表7－11、图7－8）。从表7－11中可以看出，前3名分别为"教师的职业道德"、"教师的专业知识水平"、"教师的教学技能水平"。后3名分别为"实践课程比例"、"实习、见习基地"、"实习、见习机会"，这三项是学生认为不满意的项目，学校应该在这些方面尽量满足学生的需求，提高学生满意度。

表7－11　　　　　　各题项的满意度排序表

排序	题项	平均分
1	教师的职业道德	3.94
2	教师的专业知识水平	3.85
3	教师的教学技能水平	3.77
15	实践课程比例	3.52
16	实习、见习基地	3.38
17	实习、见习机会	3.36

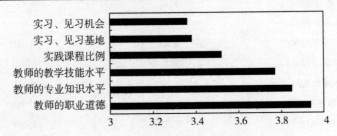

图7－8　各题项的满意度排序图

从图 7-8 中可以清楚地看出，学生对前三名和后三名的满意度平均分相差是较为明显的。

三 服务品质分析

服务品质分析是衡量民办高校服务质量的一种手段。各题项的服务品质平均分如表 7-12、图 7-9 所示。由表中可知，各题项的服务品质得分均为负值，各题项的重要性和满意度得分之间均存在显著性差异。

表 7-12 各题项服务品质平均分表

项目	重要性平均分	满意度平均分	服务品质平均分	标准差	t 值	显著性
本专业的培养目标	4.30	3.61	-0.683	1.092	19.113	0.000
本专业开课门类	4.27	3.67	-0.591	1.072	16.841	0.000
本专业开课顺序	4.11	3.63	-0.481	1.195	12.284	0.000
本专业课程内容	4.35	3.71	-0.643	1.050	18.690	0.000
本专业课程教材选用	4.21	3.62	-0.594	1.180	15.377	0.000
课程考核方式	4.11	3.64	-0.479	1.134	12.886	0.000
实践课程比例	4.19	3.52	-0.676	1.273	16.214	0.000
教师的专业知识水平	4.39	3.85	-0.536	1.081	15.152	0.000
教师的教学技能水平	4.40	3.77	-0.631	1.079	17.858	0.000
教师的教学方法手段	4.36	3.73	-0.627	1.109	17.257	0.000
课堂教学氛围	4.25	3.67	-0.574	1.167	15.017	0.000
教师的职业道德	4.45	3.94	-0.503	1.062	14.459	0.000
教学设施与设备	4.32	3.58	-0.736	1.194	18.821	0.000
图书资料	4.31	3.65	-0.660	1.206	16.710	0.000
实习、见习基地	4.29	3.38	-0.905	1.334	20.701	0.000
实习、见习机会	4.32	3.36	-0.967	1.348	21.893	0.000
本专业就业前景	4.35	3.63	-0.720	1.161	18.924	0.000

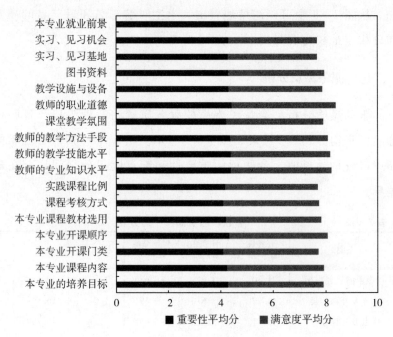

图 7-9　各题项服务品质平均分图

根据服务品质排序，得到服务品质最高的 4 个题项和最低的 4 个题项（见表 7-13）。由于各题项的重要性得分和满意度得分之间均存在显著性差异，所以所有题项都参与排序。由表中得知，所调查的民办高校，在"本专业教育前景"、"教学设施与设备"、"实习、见习机会"、"实习、见习基地"这四个因素上，使学生感到满意程度距离学生的期望最大，需提升这些项目的服务品质。

表 7-13　　　　　　　　学生卷各题项服务品质排序表

排序	题项	服务品质平均分
1	课程考核方式	-0.479
2	本专业开课顺序	-0.481
3	教师的职业道德	-0.503
4	教师的专业知识水平	-0.536
14	本专业就业前景	-0.72
15	教学设施与设备	-0.736
16	实习、见习基地	-0.905
17	实习、见习机会	-0.967

四 优先行动矩阵分析

在实际调查中，要发挥学生卷二维调查量表的最大价值，这里将各个题项的重要性和满意度平均分放到优先行动矩阵坐标系中，得到如图 7－10 所示的基于学生角度的民办高校优先行动矩阵。

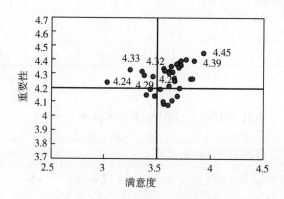

图 7－10 优先行动矩阵各题项分布

（注：图中第一象限为"高重要性—高满意度"区域；第二象限为"高重要性—低满意度"区域；第三象限为"低重要性—低满意度"区域；第四象限为"低重要性—高满意度"区域。）

从上图可以看出，"实习、见习机会"（重要性为 4.32 分、满意度为 3.36 分）、"实习、见习基地"（重要性为 4.29 分、满意度为 3.38 分）2 个因素落入到"高重要性—低满意度"区域，需要优先解决。

第三节 教育学本科专业学生满意度构成要素分析

一 满意度总平均分与各分量表满意度得分之间的相性分析

在本次实证调查中，采取 pearson 相关系数的方法，对问卷的各个变量进行了相关性检验，发现学生对课堂教学满意度与教师在课堂教学中所表现出的六个维度均呈正相关关系（见表 7－14）。

表 7 - 14　满意度总平均分与各分量表满意度得分之间的相关系数矩阵

	教师素质	教学目标	教学内容	教学方法和手段	关注学生需求	评价学生的方式	满意度总平均分
教师素质	1						
教学目标	0.601**						
教学内容	0.561**	0.629**					
教学方法和手段	0.557**	0.748**	0.762**				
关注学生需求	0.552**	0.673**	0.640**	0.788**			
评价学生的方式	0.524**	0.641**	0.736**	0.717**	0.722**		
满意度总平均分	0.750**	0.842**	0.857**	0.906**	0.856**	0.870**	1

**. 在 0.01 水平（双侧）上显著相关。

二　教育学本科专业满意度的构成要素分析

（一）各二级指标的得分情况

学生满意度的各二级指标的得分情况见表 7 - 15。从表中可以看出，重要性得分最高的是：评价学生的方式，得分最低的是教师素质；满意度得分最高的是教师素质，得分最低的是评价学生的方式。

表 7 - 15　　　　　　　学生卷二级指标得分情况直观表

二级指标	重要性得分	满意度得分
教师素质	4.33	4.03
教学目标	4.46	3.97
教学内容	4.43	3.84
教学方法和手段	4.41	3.87
关注学生需求	4.35	4.01
评价学生的方式	4.60	3.77

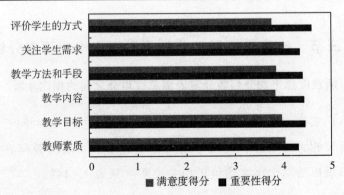

图 7 - 11　学生卷各二级指标得分情况统计图

由图 7 - 11 所示，学生卷各二级指标的重要性得分由高到低依次为："评价学生的方式"、"教学目标"、"教学内容"、"教学方法和手段"、"关注学生需求"、"教师素质"；满意度得分由低到高依次为："评价学生的方式"、"教学内容"、"教学方法和手段"、"教学目标"、"关注学生需求"、"教师素质"。对本图进行分析可知，教师在课堂教学中所表现的六个维度的重要性得分均在 4.30 分以上，而满意度的得分大部分都小于 4 分，只有"教师素质"和"关注学生需求"这两个维度的得分刚刚大于 4 分，分别为 4.03 分、4.01 分。由此可见，学生心目中某些认为重要性程度很高的维度，则恰恰是学生满意度较低的维度。

为了更加直观的展现二者之间的差异，做出了重要性程度和满意程度得分直观分布图（见图 7 - 12）。

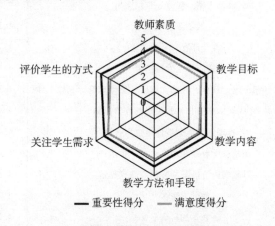

图 7 - 12　各二级指标满意度及重要性得分情况统计图

由图 7 - 12 可知，外侧的黑色曲线代表学生心目中对教师在课堂上所表现的六个维度的重要性程度得分的分布情况，内侧灰色的曲线代表学生的满意程度得分的分布情况，各个顶点则表示这六个维度的具体得分。外侧和内侧曲线各有六个顶点，这两条曲线上每组相对应的两个顶点之间的差距，就表示学生心目中对教师在课堂教学中所表现的六个方面的差距。通过分析图 7 - 12 可知，关于这六个维度，学生心目中认为的重要性程度与满意程度之间的差距由小到大依次为：

"教师素质"、"关注学生需求"、"教学方法和手段"、"教学目标"、"教学内容"、"评价学生的方式"。其中"评价学生的方式"是学生心目中认为重要性程度最高，但满意程度最低的维度，这就提醒教师在日后的教学中，在"评价学生的方式"这一维度需要做进一步的努力。

（二）教育学本科专业课重要性的细目权重分析

从学生角度来分析本问卷重要性项目的权重，即为各个项目的重要性分析。在之前的描述性统计的基础上，求出学生卷各题项的期望水平即重要性平均分和标准差，具体数据见表 7 - 16。

表 7 - 16　　　　　各题项重要性程度的细目、权重统计表

序号	项目	平均数	标准差
1	教态大方自然，有感染力	4.566	0.731
2	语言标准、流利、简洁、明晰	4.387	0.751
3	板书工整、规范、重点突出	4.047	0.919
4	教学态度端正	4.255	0.781
5	符合课程目标的要求	4.708	0.585
6	适应学生发展需要	4.415	0.754
7	体现知识目标，能力目标，情感、态度、价值观目标三位一体	4.377	0.786
8	完成教学任务，达到预定的教学目标	4.434	0.805
9	正确理解并能创造性地使用教材	4.481	0.759
10	课堂教学容量和难度适合学生水平	4.603	0.672
11	对教学内容的某一方面有独到见解	4.538	0.706
12	教学方法多样化	4.255	0.851
13	融教学和科研于课堂	4.255	0.851
14	教与学比例合理	4.415	0.754
15	关注学生的兴趣和经验	4.274	0.851
16	师生关系融洽	4.368	0.747
17	按学生需求选择和调整教学目标	4.415	0.729
18	按学生需求选择和优化教学方法	4.623	0.609
19	关注学生的个体差异	4.623	0.624
20	学习、评价方式多元化	4.566	0.633

为了可以清晰的看出学生对教师在课堂教学中所表现出的六个维度中，重要性程度较高和较低的项目，因此对表 7 - 16 按照重要性程

度从高到低的顺序进行排序，排序的结果如表 7 - 17 所示。

表 7 - 17　　　　　　　各题项重要性程度排序统计表

序号	项目	平均数	标准差
1	符合课程目标的要求	4.708	0.585
2	关注学生的个体差异	4.623	0.609
3	按学生的需求选择和优化教学方法	4.623	0.624
4	课堂教学容量和难度适合学生水平	4.603	0.672
5	教态大方自然，有感染力	4.566	0.731
6	学习、评价方式多元化	4.566	0.633
7	对教学内容的某一方面有独到见解	4.538	0.706
8	正确理解并能创造性地使用教材	4.481	0.759
9	完成教学任务，达到预定教学目标	4.434	0.805
10	按学生的需求选择和调整教学目标	4.415	0.754
11	教与学的比例合理	4.415	0.754
12	适应学生发展需要	4.415	0.729
13	语言标准、流利、简洁、明晰	4.387	0.751
14	体现知识目标，能力目标，情感、态度和价值观目标三位一体	4.377	0.786
15	师生关系融洽	4.368	0.747
16	关注学生的学习兴趣和经验	4.274	0.851
17	教学态度端正	4.255	0.781
18	教学方法多样化	4.255	0.851
19	融教学和科研于课堂	4.255	0.851
20	板书工整、规范、重点突出	4.047	0.919

　　由上表可以清晰的看出，学生在没有体验教师的课堂教学服务之前，心目中认为的各题项所表达内容的重要程度。

（三）学生满意度的细目权重分析

　　首先对各个题项中表示满意程度的得分分别进行平均数和标准差的统计，具体统计结果如表 7 - 18 所示。

表 7 - 18　　　　　　各题项满意程度的细目、权重统计表

序号	项目	平均数	标准差
1	教态大方自然，有感染力	4.11	0.854
2	语言标准、流利、简洁、明晰	4.25	0.715

续表

序号	项目	平均数	标准差
3	板书工整、规范、重点突出	3.73	0.911
4	教学态度端正	4.21	0.740
5	符合课程目标的要求	3.89	0.876
6	适应学生发展需要	3.80	0.980
7	体现知识目标，能力目标，情感、态度、价值观目标三位一体	3.83	0.961
8	完成教学任务，达到预定的教学目标	3.96	0.894
9	正确理解并能创造性地使用教材	3.72	0.892
10	课堂教学容量和难度适合学生水平	4.05	0.909
11	对教学内容的某一方面有独到见解	3.98	0.780
12	教学方法多样化	3.92	0.870
13	融教学和科研于课堂	3.58	0.965
14	教与学比例合理	3.83	0.920
15	关注学生的兴趣和经验	4.30	3.991
16	师生关系融洽	4.13	0.806
17	按学生需求选择和调整教学目标	3.96	0.904
18	按学生需求选择和优化教学方法	3.85	0.964
19	关注学生的个体差异	3.78	0.946
20	学习、评价方式多元化	3.67	1.049

为了能更进一步清晰的了解学生心目中认为各题项内容的满意程度，对各题项的满意度按照由高到低的顺序进行排序，具体排序结果如表 7-19 所示。通过表 7-19 可以清晰的看出，学生在体验教师所提供的课堂教学服务之后，心目中满意程度较高和较低的方面。

表 7-19　　　　　　　　　各题项满意度排序表

序号	项目	平均数	标准差
1	关注学生的兴趣和经验	4.30	3.991
2	语言标准、流利、简洁、明晰	4.25	0.715
3	教学态度端正	4.21	0.740
4	师生关系融洽	4.13	0.806
5	教态大方自然，有感染力	4.11	0.854

续表

序号	项目	平均数	标准差
6	课堂教学容量和难度适合学生水平	4.05	0.909
7	对教学内容的某一方面有独到见解	3.98	0.780
8	完成教学任务，达到预定的教学目标	3.96	0.894
9	按学生需求选择和调整教学方法	3.96	0.904
10	教学方法多样化	3.92	0.870
11	符合课程目标的要求	3.89	0.876
12	按学生的需求选择和优化教学方法	3.85	0.964
13	体现知识目标，能力目标，情感、态度和价值观目标三位一体	3.83	0.961
14	教与学的比例合理	3.83	0.920
15	适应学生发展需要	3.80	0.980
16	关注学生的个体差异	3.78	0.946
17	板书工整、规范、重点突出	3.73	0.911
18	正确理解并能创造性地使用教材	3.72	0.892
19	学习、评价方式多元化	3.67	1.049
20	融教学和科研于课堂	3.58	0.965

（四）学生课堂教学满意度的优先行动矩阵分析

针对教师在课堂教学中所表现出来的六个层面，了解学生心目中对每一个题项所表达内容的重要性程度和满意程度的情况，借助于"优先行动矩阵"这一统计方法，将重要性程度和满意性程度的平均得分进行统计，主要确定出"高重要性—低满意度、高重要性—高满意度、低重要性—低满意度、低重要性—高满意度"[1] 这四个区域，具体信息如图 7-13[2] 所示。

---

① 韩冬梅、唐卫民：《教育学本科专业学生课堂教学满意度调查——以沈阳师范大学为例》，《大学》（研究版）2014 年第 6 期。

② 同上。

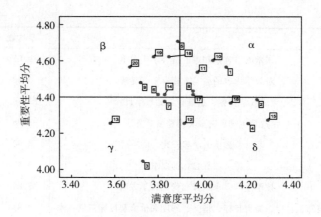

图 7-13　各题项优先矩阵分布图

（注：图中 α 代表"高重要性—高满意度"区域；β 代表"高重要性—低满意
度"区域；γ 代表"低重要性—低满意度"区域；δ 代表"低重要性—高满意度"区
域。序号"1，2，3，4……"代表学生卷 20 个题项的编号）

图 7-13 可知，"教态大方自然，有感染力"、"课堂教学容量和难
度适合学生水平"、"师生关系融洽"等 5 个题项属于 α 区域，即学生
认为此题项所表达的内容重要程度和满意程度都很高；而"体现知识
目标，能力目标，情感、态度和价值观目标三位一体"、"关注学生的
学习兴趣和经验"[1] 等 7 个题项属于 β 区域，即学生认为此题项所表达
的内容重要性很高，但是实际体验后满意程度却较低。

三　结论

（一）学生特征对课堂教学满意度有影响

1. 学生对课堂教学的满意度与所在年级有关

与学生所在的年级有关的维度是"教师素质"、"教学内容"、"评
价学生的方式"；与学生所在的年级无关的维度是"教学目标"、"教
学方法和手段"、"关注学生需求"。这说明，教师在课堂教学中制定科

---

[1]　韩冬梅、唐卫民：《教育学本科专业学生课堂教学满意度调查——以沈阳师范大学为例》，《大
学》（研究版）2014 年第 6 期。

学合理的教学目标，使用适宜教学情境的教学方法和手段，时刻以学生的需求为中心，是各个年级学生评价课堂质量好坏的不变标准；而随着学生年级的增长，学生对教师在课堂教学中所体现的个人的基本素质，讲授内容的饱满程度以及采取哪种评价方式等内容的期望程度也逐渐增高。

2. 学生对课堂教学的满意度与就读专业为第几志愿有关

学生对课堂教学的满意度因就读专业为第几志愿的不同而不同。对于"教师素质"、"教学目标"、"教学内容"、"教学方法与手段"、"关注学生需求"、"评价学生的方式"这六个维度，就读专业为不同志愿的学生对它们的满意度均处于中等以上水平，

3. 学生对课堂教学的满意度与对专业的了解程度有关

学生对课堂教学的满意度因自身对专业的了解程度的不同而不同。通过分析每个维度中不同的专业了解程度的平均数，发现得分均在3.67—4.11分之间，可见无论是对专业的了解程度如何，学生对课堂教学的满意度均处于中等偏上水平。

（二）教师特征对学生课堂教学满意度的影响

1. 教师的课堂表现对学生课堂教学满意度有影响

教师在课堂教学中所体现的"教师素质"、"教学目标"、"教学内容"、"教学方法与手段"、"关注学生需求"、"评价学生的方式"这六个维度对学生的课堂教学满意度有显著影响，呈现正相关关系[1]。

2. 学生对教师的课堂表现处于"基本满意"水平

基本满意，是通过调查得到的学生对教师在课堂教学中各个方面表现的真实写照。通过分析可知，学生心目中满意度较高的维度是"教师素质"、"关注学生需求"；满意度较低的维度是"教学内容"、"评价学生的方式"。这要求教师在课堂教学中要充实、丰富教学内容，采用多元化的评价学生的方式。

---

① 韩冬梅、唐卫民：《教育学本科专业学生课堂教学满意度调查——以沈阳师范大学为例》，《大学》（研究版）2014年第6期。

3. 教师应该继续保持和完善"高重要性—高满意度"区域

"教态大方自然，有感染力"、"课堂教学容量和难度适合学生的水平"、"师生关系融洽"、"教学方法多样化"、"教学内容的某一方面有独到见解"等五个题项属于"高重要性—高满意度"区域，说明学生心目中对这 5 个题项所表达内容的满意值接近或等于他们的期望值，基本处于满意水平。教师在这些方面应该继续发挥优势，继续保持和完善"高重要性—高满意度"区域所包含的教师素质和相关的教学技能。

4. 教师应该加强和改善"高重要性—低满意度"区域

"体现知识目标，能力目标，情感、态度和价值观目标三位一体"、"关注学生的学习兴趣和经验"、"教与学的比例平衡"、"关注学生的个体差异"、"按照学生的需求选择和优化教学方法"、"按照学生需求选择和调整教学目标"、"教学符合学生发展"① 等 7 个题项属于"高重要性—低满意度"区域，这说明这 7 个题项所传达的内容，学生对其的满意值小于期望值，基本处于不满意的水平。针对学生满意程度较低、而重要性程度较高的区域，教师要主动找到产生问题的原因并积极改进。

---

① 韩冬梅、唐卫民：《教育学本科专业学生课堂教学满意度调查——以沈阳师范大学为例》，《大学》（研究版）2014 年第 6 期。

第八章

影响地方普通本科高校学生专业
满意度的因素

本章包括三方面内容，一是影响学生是否更换专业和专业满意度的相关因素分析，二是影响学生更换专业的原因分析，三是影响学生选择就读专业可能因素的重要程度分析。

第一节　相关因素分析

对影响学生专业满意度的相关因素分析，主要从两个维度进行，即影响学生是否更换专业的相关因素分析和影响学生专业满意度的相关因素分析。

一　影响学生是否更换专业的相关因素

对影响学生是否更换专业的相关因素分析，主要从四个层面展开，即对专业的了解程度与是否更换专业的相关分析、在校生对专业社会需求程度的认知与是否更换专业的相关分析、毕业生是否工作与是否更换专业的相关分析和毕业生的专业与工作岗位对口程度与是否更换专业的相关分析。

（一）对专业的了解程度与是否更换专业的相关分析

在校生对专业了解程度与是否更换专业的交叉表见表 8－1。从该表中可以看出，对专业的了解程度在"了解及很了解"选项上，选择不更换专业的百分比高于更换专业的百分比。

表 8－1　　　　　在校生是否更换专业 ＊ 对专业的了解程度交叉表

是否更换专业		对专业的了解程度			合计
		不了解及很不了解	一般	了解及很了解	
是	频数	165	151	220	536
	总和的%	15.87	14.52	21.15	51.6
否	频数	98	149	257	48.46
	总和的%	9.42	14.33	24.71	48.4
总计	频数	263	300	477	1040
	总和的%	25.29	28.85	45.87	100.0

经卡方检验，X^2值为 20.819＊＊，Sig＜0.01，表明在校生是否更换专业与对专业的了解程度之间具有极其显著的相关关系。具体分布情况见图 8－1。

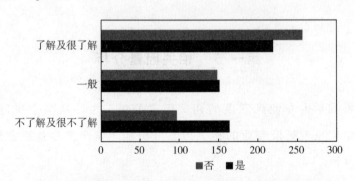

图 8－1　在校生是否更换专业 ＊ 对专业的了解程度分布图

从图中可以看出，对专业的了解程度在"了解及很了解"选项上，选择更换专业和不更换专业的比例都明显高于其他两个选项。进一步说明了对专业的了解程度与是否更换专业有显著相关关系。

毕业生对专业了解程度与是否更换专业的交叉表见表 8－2。从该表中可以看出，毕业生对专业的了解程度在"了解及很了解"选项上，选择不更换专业的百分比远高于更换专业的百分比。

表 8 - 2　　　　毕业生是否更换专业 ＊ 对专业的了解程度交叉表

是否更换专业		对专业的了解程度			合计
		不了解及很不了解	一般	了解及很了解	
是	频数	129	104	101	334
	总和的%	20.87	16.83	16.34	54.05
否	频数	57	76	151	284
	总和的%	9.22	12.30	24.43	45.95
总计	频数	186	180	252	618
	总和的%	30.10	29.13	40.78	100.0

经卡方检验，X^2 值为 40.705**，Sig < 0.01，表明毕业生是否更换专业与对专业的了解程度之间具有极其显著的相关关系。具体分布情况见图 8 - 2。

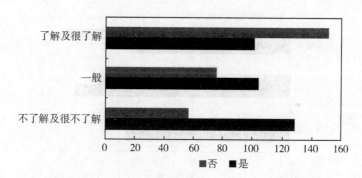

图 8 - 2　毕业生是否更换专业 ＊ 对专业的了解程度分布图

从图中可以看出，对专业了解程度在"了解及很了解"选项上，选择不更换专业的比例明显高于其他两个选项，说明了对专业了解程度与是否更换专业有显著相关关系。

（二）在校生对专业社会需求程度的认知与是否更换专业的相关分析

在校生对专业社会需求程度的认知与是否更换专业的交叉表见表 8 - 3。从该表中可以看出，在校生对专业社会需求程度的认知在"大及很大"选项上，选择不更换专业的百分比高于更换专业的百分比。

表8-3 在校生是否更换专业 * 专业的社会需求程度交叉表

是否更换专业		专业的社会需求程度			合计
		小及很小	一般	大及很大	
是	频数	165	217	154	536
	总和的%	15.87	20.87	14.81	51.54
否	频数	81	194	229	504
	总和的%	7.79	18.65	22.02	48.46
总计	频数	246	411	383	1040
	总和的%	23.65	39.52	36.83	100.0

经卡方检验，X^2 值为 51.368[**]，Sig < 0.01，表明在校生是否更换专业与对专业的社会需求程度认知之间具有极其显著的相关关系。具体分布情况见图8-3。

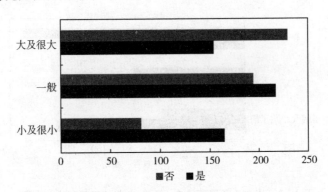

图8-3 在校生是否更换专业 * 专业的社会需求程度分布图

从图中可以看出，专业的社会需求程度在"大及很大"选项上，选择不更换专业的比例明显高于其他两个选项。进一步说明了专业社会需求程度与是否更换专业有显著相关关系。

（三）毕业生是否工作与是否更换专业的相关分析

毕业生是否工作与是否更换专业的交叉表见表8-4。从该表中可以看出，毕业生在选择是否工作的选项上选择"是"的，选择更换专业的百分比高于不更换专业的百分比。

表 8 - 4　　　　　　毕业生是否更换专业 ＊ 是否工作交叉表

是否更换专业		是否工作		合计
		是	否	
是	频数	229	105	334
	总和的%	37.06	16.99	54.05
否	频数	202	82	284
	总和的%	32.69	13.27	45.95
总计	频数	431	187	618
	总和的%	69.74	30.26	100.0

　　经卡方检验，X^2值为 5.902*，Sig < 0.05，表明毕业生是否更换专业与是否工作之间具有相关关系。具体分布情况见图 8 - 4。

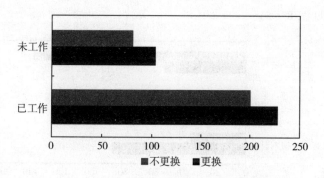

图 8 - 4　毕业生是否更换专业＊是否工作分布图

　　从图中可以看出，毕业生在是否工作的 "是" 的选项上，选择更换专业的比例明显高于没有工作的比例。进一步说明了毕业生是否工作与是否更换专业有显著相关关系。

　　（四）毕业生的专业与工作岗位对口程度与是否更换专业的相关分析

　　毕业生的专业与工作岗位对口程度与是否更换专业的交叉表见表 8 - 5。从该表中可以看出，毕业生在选择专业与工作岗位对口程度的 "对口及很对口" 选项上，选择不更换专业的百分比远远高于更换专业的百分比。

表8-5　　毕业生是否更换专业 ＊ 专业与工作岗位对口程度交叉表

是否更换专业		专业与工作岗位对口程度			合计
		不对口及很不对口	一般	对口及很对口	
是	频数	87	20	54	161
	总和的%	24.44	5.62	15.17	45.22
否	频数	36	21	138	195
	总和的%	10.11	5.60	38.76	54.78
总计	频数	123	41	192	356
	总和的%	34.55	11.52	53.93	100.0

经卡方检验，X^2值为45.728**，Sig < 0.01，表明毕业生是否更换专业与专业与工作岗位对口程度之间具有极其显著的相关关系。具体分布情况见图8-5。

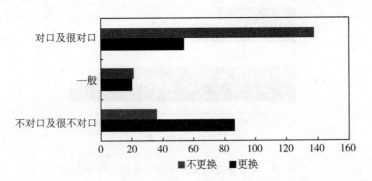

图8-5　毕业生是否更换专业＊专业与工作岗位对口程度分布图

从图中可以看出，毕业生在专业与工作岗位对口程度的"对口及很对口"的选项上，选择不更换专业的比例明显高于其他两项的比例。进一步说明了毕业生的专业与工作岗位对口程度与是否更换专业有显著相关关系。

二　影响学生专业满意度的相关因素

对影响学生专业满意度的相关因素分析，主要从四个层面展开，即对专业的了解程度与专业满意度的相关分析、在校生对专业社会需求程度的认知与专业满意度的相关分析、毕业生是否工作与专业满意度的相关分析和毕业生的专业与工作岗位对口程度与专业满意度的相关分析。

（一）对专业的了解程度与专业满意度的相关分析

在校生对专业的了解程度与专业满意度的交叉表见表8-6。从该表中可以看出，在校生在选择对专业的了解程度在"了解及很了解"选项上，专业的满意度为"满意及很满意"的百分比远远高于其他两项的百分比。

表8-6　　　在校生专业满意度 ＊ 对专业的了解程度交叉表

专业满意度		对专业的了解程度			合计
		很不了解及不了解	一般	了解及很了解	
不满意及很不满意	频数	74	57	79	210
	总和的%	7.72	5.94	8.24	21.90
一般	频数	78	99	129	306
	总和的%	8.13	10.32	13.89	31.91
满意及很满意	频数	88	126	229	443
	总和的%	9.18	13.14	23.88	46.19
总计	频数	240	282	437	959
	总和的%	25.03	29.41	45.57	100.0

经卡方检验，X^2值为21.908**，Sig < 0.01，表明在校生对专业的了解程度与专业满意度之间具有极其显著的相关关系。具体分布情况见图8-6。

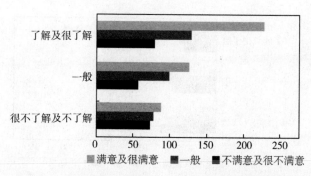

图8-6　在校生专业满意度＊对专业的了解程度分布图

从图中可以看出，在校生对专业了解程度在"了解及很了解"的选项上，其专业满意度为"满意及很满意"的比例明显高于其他两项的比例。进一步说明了在校生对专业的了解程度与专业满意度之间有显著相关关系。

毕业生对专业了解程度与专业满意度的交叉表见表 8-7。从该表中可以看出,毕业生在选择对专业的了解程度在"了解及很了解"选项上,专业的满意度为"满意及很满意"的百分比远远高于其他两项的百分比。

表 8-7　　　　毕业生专业满意度 ＊ 对专业的了解程度交叉表

专业满意度		对专业的了解程度			合计
		很不了解及不了解	一般	了解及很了解	
不满意及很不满意	频数	69	51	40	160
	总和的%	9.89	7.31	5.73	22.92
一般	频数	63	68	46	177
	总和的%	9.03	9.74	6.59	25.36
满意及很满意	频数	80	90	191	361
	总和的%	11.46	12.89	27.36	51.72
总计	频数	212	209	277	698
	总和的%	30.37	29.94	39.68	100.0

经卡方检验,X^2 值为 79.633＊＊,Sig < 0.01,表明毕业生对专业的了解程度与专业满意度之间具有极其显著的相关关系。具体分布情况见图 8-7。

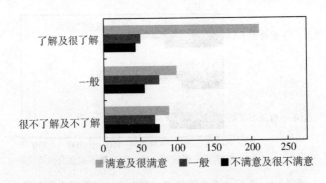

图 8-7　毕业生专业满意度＊对专业的了解程度分布图

从图中可以看出,毕业生对专业了解程度在"了解及很了解"的选项上，其专业满意度为"满意及很满意"的比例明显高于其他两项的比例。进一步说明了毕业生对专业的了解程度与专业满意度之间有显著相关关系。

（二）在校生对专业社会需求程度的认知与专业满意度的相关分析

在校生对专业社会需求程度的认知与专业满意度的交叉表见表 8-8。从该表中可以看出，在校生在选择对专业的社会需求程度在"大及很大"选项上，专业的满意度为"满意及很满意"的百分比远远高于其他两项的百分比。

表 8-8　　　　在校生专业满意度 * 专业的社会需求程度交叉表

专业满意度		专业的社会需求程度			合计
		小及很小	一般	大及很大	
不满意及很不满意	频数	101	80	33	214
	总和的%	10.49	8.31	3.43	22.22
一般	频数	63	159	86	308
	总和的%	6.54	16.51	8.93	31.98
满意及很满意	频数	46	151	244	441
	总和的%	4.78	15.68	25.34	45.79
总计	频数	210	390	363	963
	总和的%	21.81	40.50	37.69	100.0

经卡方检验，X^2 值为 189.464**，Sig < 0.01，表明在校生对专业社会需求程度认知与专业满意度之间具有极其显著的相关关系。具体分布情况见图 8-8。

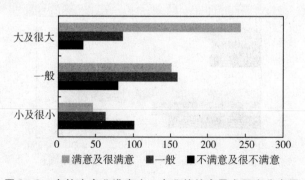

图 8-8　在校生专业满意度 * 专业的社会需求程度分布图

从图中可以看出，在校生对专业的社会需求程度认知在"大及很大"的选项上，其专业满意度为"满意及很满意"的比例明显高于其他两项的比例。进一步说明了在校生对专业社会需求程度的认知与专业满意度之间有显著相关关系。

（三）毕业生是否工作与专业满意度的相关分析

毕业生是否工作与专业满意度的交叉表见表8-9。从该表中可以看出，毕业生在选择是否工作的"是"的选项上，专业的满意度为"满意及很满意"的百分比远远高于其他两项的百分比。

表8-9　　　　　　毕业生专业满意度 * 是否工作交叉表

专业满意度		是否工作		合计
		是	否	
是	频数	103	57	160
	总和的%	16.30	9.02	25.32
一般	频数	122	55	177
	总和的%	19.30	8.70	28.01
满意及很满意	频数	220	75	295
	总和的%	34.81	11.87	46.68
总计	频数	445	187	632
	总和的%	70.41	29.59	100.0

经卡方检验，X^2值为 12.112**，Sig < 0.01，表明毕业生是否工作与专业满意度之间具有极其显著的相关关系。具体分布情况见图8-9。

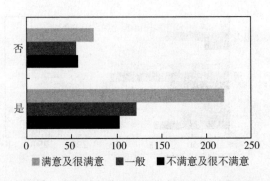

图8-9　毕业生专业满意度 * 是否工作分布图

从图中可以看出，毕业生在是否工作的"是"的选项上，其专业满意度为"满意及很满意"的比例明显高于其他两项的比例。进一步说明了毕业生是否工作与专业满意度之间有显著相关关系。

（四）毕业生的专业与工作岗位对口程度与专业满意度的相关分析

毕业生的专业与工作岗位对口程度与专业满意度的交叉表见表8-10。从该表中可以看出，毕业生在选择专业与工作岗位对口程度上的"对口及很对口"的选项上，专业的满意度为"满意及很满意"的百分比远远高于其他两项的百分比。

表8-10 毕业生专业满意度 ＊ 专业与工作岗位对口程度交叉表

专业满意度		专业与工作岗位对口程度			合计
		不对口及很不对口	一般	对口及很对口	
不满意及很不满意	频数	47	12	22	81
	总和的%	11.87	3.03	5.56	20.45
一般	频数	36	22	34	92
	总和的%	9.09	5.56	8.59	23.23
满意及很满意	频数	47	19	157	223
	总和的%	11.87	4.80	39.65	56.31
总计	频数	130	53	213	396
	总和的%	32.83	13.38	53.79	100.0

经卡方检验，X^2值为60.082**，Sig < 0.01，表明毕业生的专业与工作岗位对口程度与专业满意度之间具有极其显著的相关关系。具体分布情况见图8-10。

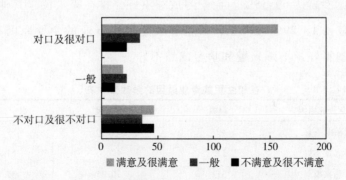

图8-10 毕业生专业满意度 ＊ 专业与工作岗位对口程度分布图

从图中可以看出，毕业生在选择专业与工作岗位对口程度的"对口及很对口"选项上，其专业满意度为"满意及很满意"的比例明显高于其他两项的比例。进一步说明了毕业生专业与工作岗位对口程度与专业满意度之间均有显著相关关系。

综上所述，影响学生是否更换专业和专业满意度的因素包括4个因素：对专业的了解程度、对专业社会需求程度的认知、是否工作、专业与工作岗位对口程度，并且这4个因素与学生是否更换专业和专业满意度之间呈显著相关关系。

第二节　更换专业的原因分析

对学生是否更换专业的原因分析，主要从三方面展开，即更换专业原因的总体状况、不同院校的学生更换专业原因的状况和不同专业的学生更换专业原因的状况。

一　更换专业原因的总体状况

在对在校生进行的更换专业的调查中，共获取有效数据1028人，其频数分布见表8－11、图8－11。从该表中可以看出，在校生更换专业的原因主要集中在前两位，分别是：就业前景不好和不感兴趣，二者所占比例高达69.55%，而学习成绩不好，排在第三位，其他几个原因之和仅占18.29%。可见，影响在校生更换专业的主要原因有三个：就业前景不好，不感兴趣和学习成绩不好。

表8－11　　　　　　在校生更换专业原因的频数分布表

更换专业的原因	频数	百分比	累积百分比
就业前景不好	404	39.30	39.30
学习成绩不好	125	12.16	51.46
不感兴趣	311	30.25	81.71
学费高	52	5.06	86.77

续表

更换专业的原因	频数	百分比	累积百分比
师生关系不好	39	3.79	90.56
父母亲友的影响	31	3.02	93.58
其他	66	6.42	100.0
总计	1028	100.0	

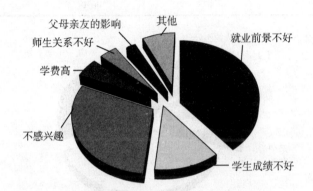

图 8-11　在校生更换专业原因的频数分布图

因此，在下面的分析中，也主要分析前三个主要原因的不同院校、不同专业的情况。

在对毕业生进行更换专业的原因调查中，共获取有效数据 677，其频数分布见表 8-12、图 8-12。从该表中可以看出，毕业生更换专业的原因主要集中在前两位，分别是：不感兴趣、就业前景不好，二者所占比例高达 69.12%，而其他几个原因之和仅占 30.88%。可见，影响毕业生更换专业的主要原因有两个：不感兴趣和就业前景不好。因此，在下面的分析中，主要分析这两个主要原因的不同院校、不同专业的情况。

表 8-12　　　　　毕业生更换专业原因的频数分布表

更换专业的原因	频数	百分比	累积百分比
就业前景不好	208	30.72	35.3
不感兴趣	260	38.40	80.5
亲朋等对该专业不认可	50	7.39	85.9

续表

更换专业的原因	频数	百分比	累积百分比
学费高	38	5.61	89.1
师生关系不好	31	4.58	91.0
学习成绩不好	42	6.20	94.9
其他	38	5.61	100.0
总计	677	100.0	

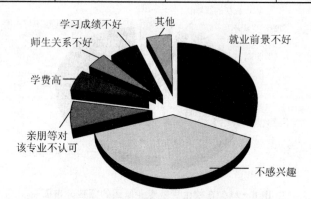

图 8-12 毕业生更换专业原因的频数分布图

二 不同院校学生更换专业的原因

不同院校在校生更换专业的原因频数分布见表 8-13、图 8-13。从该表可以看出，在影响更换专业的前三位原因中，按照从高到低的顺序排列依次分别是，"就业前景不好"为：省师范院校、省理工 1 院校、省综合院校、市综合院校、省理工 2 院校；"不感兴趣"为：市综合院校、省综合院校、省理工 1 院校、省理工 2 院校、省师范院校；"学习成绩不好"为：省理工 1 院校、省师范院校、省综合院校、市综合院校、省理工 2 院校。

表 8-13   在校生更换专业的原因 ＊ 院校交叉表

更换专业的原因		院校					合计
		省综合	省理工 1	省理工 2	省师范	市综合	
就业前景不好	频数	83	102	48	105	66	404
	总和的%	8.07	9.92	4.67	10.21	6.42	39.30

续表

更换专业的原因		院校					合计
		省综合	省理工1	省理工2	省师范	市综合	
学习成绩不好	频数	26	33	17	29	20	125
	总和的%	2.53	3.21	1.65	2.82	1.95	12.16
不感兴趣	频数	68	66	50	41	86	311
	总和的%	6.61	6.42	4.86	3.40	8.37	30.25
其他项的合并	频数	32	44	32	48	32	188
	总和的%	3.11	4.28	3.11	4.67	3.11	18.29
总计	频数	209	245	147	223	204	1028
	总和的%	20.33	23.83	14.30	21.69	19.84	100.0

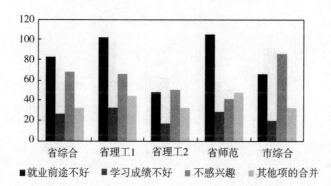

图 8-13　在校生更换专业的原因 * 院校交叉图

经卡方检验，X^2值为 37.731**，Sig < 0.01，表明不同院校在校生在选择更换专业的原因选项上，至少有一个选项的频数百分比间有显著差异。

不同院校毕业生更换专业的原因频数分布见表 8-14、图 8-14。从该表可以看出，在影响更换专业的两个主要原因中，按照从高到低的顺序排列依次是，"就业前景不好"为：省综合院校、省师范院校、市综合院校、省理工 1 院校、省理工 2 院校；"不感兴趣"为：省师范院校、省综合院校、市综合院校、省理工 2 院校、省理工 1 院校。

表 8 - 14 毕业生更换专业的原因 ＊ 院校交叉表

更换专业的原因		就读院校					合计
		省综合	省理工 1	省理工 2	省师范	市综合	
就业前景不好	频数	59	35	34	41	39	208
	总和的%	8.71	5.17	5.02	6.06	5.76	30.72
不感兴趣	频数	63	39	42	67	49	260
	总和的%	9.31	5.76	6.20	9.90	7.24	38.40
其他选项 的合并	频数	45	40	43	36	45	209
	总和的%	6.65	5.91	6.35	5.32	6.65	30.87
总计	频数	167	114	119	144	133	677
	总和的%	24.67	16.84	17.58	21.27	19.65	100.0

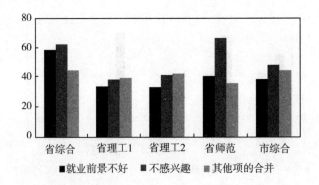

图 8 - 14 毕业生更换专业的原因 ＊ 院校交叉图

经卡方检验，X^2 值为 9.356＊，Sig > 0.05，表明不同院校的毕业生在选择更换专业的原因的选项上，选项的频数百分比间没有显著差异。

三 不同专业学生更换专业的原因

不同专业在校生更换专业的主要原因频数分布见表 8 - 15、图 8 - 15。从该表可以看出，在影响在校生更换专业的前三位原因中，按照从高到低的顺序排列是，"就业前景不好"的专业为：法学、信息与计算科学、信息管理与信息系统、计算机科学与技术、国际经济与贸易、英语、市场营销、艺术设计；"不感兴趣"的专业为：市场营销、英语、计算机科学与技术、艺术设计、国际经济与贸易和信息与计算科学相同、法学、信息管理与信息系统;"学习成绩不好"的专业为:英语、法学和计算机科学与技术相同、信息与计算科学、艺术设计、信息管理与信息系统、国际经济与贸易、市场营销。

表 8-15 在校生更换专业的原因 * 专业交叉表

更换专业的原因		专业								合计
		国际经济与贸易	法学	英语	艺术设计	信息与计算科学	计算机科学与技术	信息管理与信息系统	市场营销	
就业前途不好	频数	49	70	43	39	59	50	53	41	404
	总和的%	4.77	6.81	4.18	3.79	5.74	4.86	5.16	3.99	39.30
学习成绩不好	频数	9	20	26	15	18	20	10	7	125
	总和的%	0.88	1.95	2.53	1.46	1.75	1.95	0.97	0.68	12.16
不感兴趣	频数	39	35	48	40	39	44	16	50	311
	总和的%	3.79	3.40	4.67	3.89	3.79	4.28	1.56	4.86	30.25
其他项的合并	频数	27	16	19	28	23	16	33	26	188
	总和的%	2.63	1.56	1.85	2.72	2.24	1.56	3.21	2.53	18.29
总计	频数	124	141	136	122	139	130	112	124	1028
	总和的%	12.06	13.72	13.23	11.87	13.52	12.65	10.89	12.06	100.0

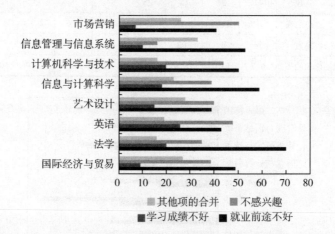

图 8-15 在校生更换专业的原因 * 专业交叉图

经卡方检验,X^2 值为 55.123**,Sig < 0.01,表明不同专业在校生

在选择更换专业的原因选项上，至少有一个选项的频数百分比间有显著差异。

不同专业毕业生更换专业的主要原因频数分布见表8-16、图8-16。从该表可以看出，在影响毕业生更换专业的两个主要原因中，按照从高到低的顺序排列是，"就业前景不好"的专业为：法学和计算机科学与技术相同、英语、信息与计算科学、信息管理与信息系统和市场营销相同、艺术设计、国际经济与贸易；"不感兴趣"的专业为：英语、计算机科学与技术、信息管理与信息系统、艺术设计、法学、信息与计算科学、国际经济与贸易和市场营销相同。

表8-16　　　　　毕业生更换专业的原因 ＊ 专业交叉表

更换专业的原因		就读专业								合计
		国际经济与贸易	法学	英语	艺术设计	信息与计算科学	计算机科学与技术	信息管理与信息系统	市场营销	
就业前景不好	频数	13	34	31	19	27	34	25	25	208
	总和的%	1.92	5.02	4.58	2.81	3.40	5.02	3.69	3.69	30.72
不感兴趣	频数	20	28	56	34	21	44	37	20	260
	总和的%	2.95	4.14	8.27	5.02	3.10	6.50	5.47	2.95	38.40
其他项的合并	频数	41	25	15	26	34	19	21	28	209
	总和的%	6.06	3.69	2.22	2.6	1.9	3.6	2.1	3.0	19.5
总计	频数	74	87	102	79	82	97	83	73	677
	总和的%	6.2	13.2	18.8	11.5	10.2	17.3	12.4	10.5	100.0

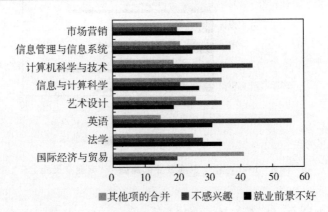

图8-16　毕业生更换专业的原因 ＊ 专业交叉图

经卡方检验，X^2 值为 19.415*，Sig > 0.05，表明不同专业的毕业生在选择更换专业的原因选项上，没有显著差异。

综上所述，在校生与毕业生均认为影响学生更换专业的主要原因排在前两位的是"就业前景不好"和对所学专业"不感兴趣"，且毕业生对这两个原因的选择上表现为院校和专业之间的一致性，而在校生在选择这两个原因上存在着院校和专业间的差异。

第三节　影响学生选择就读专业可能因素的重要程度分析

对影响学生选择就读专业可能因素的重要程度调查上，共涉及 6 项指标，分别是：社会职业需求、个人的兴趣特长、家庭的经济承受能力、老师亲朋的建议、保证能升学、就业前景。

一　选择就读专业可能因素的重要程度概况

对影响在校生选择就读专业可能因素重要程度的调查上，6 项指标的频数分布分别见表 8 - 17、表 8 - 18、表 8 - 19、表 8 - 20、表 8 - 21、表 8 - 22、图 8 - 17、图 8 - 18、图 8 - 19、图 8 - 20、图 8 - 21、图 8 - 22。从上述 6 个表中可以看出，在影响在校生选择就读专业可能因素的重要性中，选择"重要及很重要"的按照从高到低的排序是：社会职业需求、个人的兴趣和特长、就业前景、家庭的经济承受能力、保证能升学、老师亲朋的影响。可见，影响在校生选择就读专业的可能因素的重要性中，认为"重要及很重要"的排在前 3 位的是：社会职业需求、个人的兴趣和特长、就业前景，下文主要从这 3 个因素对不同院校和不同专业在校生在选择就读专业可能因素的重要程度上进行分析。

表8-17　　　　在校生对社会职业需求重要性认知的频数分布表

社会职业需求重要程度	频数	有效百分比	累积百分比
不重要及很不重要	21	2.10	2.10
一般	77	7.72	9.82
重要及很重要	900	90.18	100.0
总计	998	100.0	

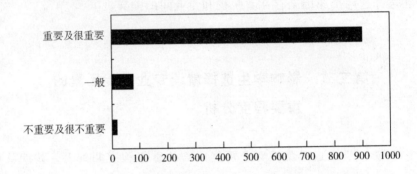

图8-17　　在校生对社会职业需求重要性认知的频数分布图

表8-18　　　　在校生对个人兴趣和特长重要性的认知频数分布表

个人兴趣和特长重要程度	频数	有效百分比	累积百分比
不重要及很不重要	21	2.10	2.10
一般	118	11.82	13.93
重要及很重要	859	86.07	100.0
总计	998	100.0	

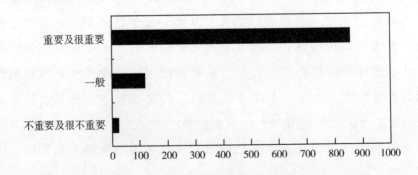

图8-18　　在校生对个人兴趣和特长重要性的认知频数分布图

表 8-19 在校生对家庭的经济承受能力重要性认知的频数分布表

家庭经济承受能力重要程度	频数	有效百分比	累积百分比
不重要及很不重要	52	5.21	5.21
一般	256	25.65	30.86
重要及很重要	690	69.14	100.0
总计	998	100.0	

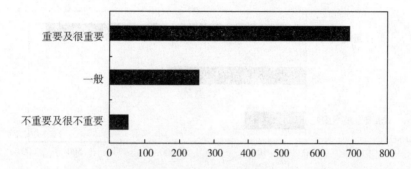

图 8-19 在校生对家庭的经济承受能力重要性认知的频数分布图

表 8-20 在校生对老师亲朋影响重要性认知的频数分布表

老师亲朋影响重要程度	频数	有效百分比	累积百分比
不重要及很不重要	112	11.22	11.22
一般	359	35.97	47.19
重要及很重要	527	52.81	100.0
总计	998	100.0	

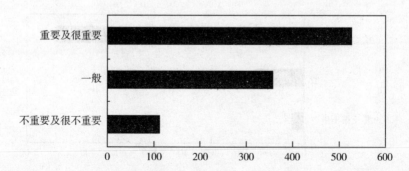

图 8-20 在校生对老师亲朋影响重要性认知的频数分布图

表 8 - 21　　　　　在校生对保证能升学重要性认知的频数分布表

保证能升学重要程度	频数	有效百分比	累积百分比
不重要及很不重要	133	13.33	13.33
一般	302	30.26	43.59
重要及很重要	563	56.41	100.0
总计	998	100.0	

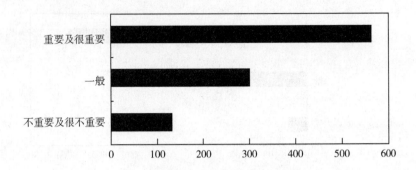

图 8 - 21　在校生对保证能升学重要性认知的频数分布图

表 8 - 22　　　　　在校生对就业前景重要性认知的频数分布表

就业前景重要程度	频数	有效百分比	累积百分比
不重要及很不重要	40	4.01	4.01
一般	154	15.43	19.44
重要及很重要	804	80.56	100.0
总计	998	100.0	

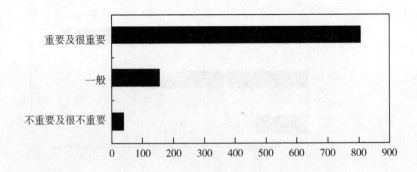

图 8 - 22　在校生对就业前景重要性认知的频数分布图

对影响毕业生选择就读专业可能因素的重要程度的调查，6 项指标的频数分布分别见表 8－23、表 8－24、表 8－25、表 8－26、表 8－27、表 8－28、图 8－23、图 8－24、图 8－25、图 8－26、图 8－27、图 8－28。从上述 6 个表中可以看出，在影响毕业生选择就读专业的可能因素的重要性中，选择"重要及很重要"的按照从高到低的排序是：社会职业需求、个人的兴趣和特长、就业前景、保证能升学、家庭的经济承受能力、老师亲朋的影响。可见，影响毕业生选择就读专业可能因素的重要性中，认为"重要及很重要"的排在前 3 位的依次是：社会职业需求、个人的兴趣和特长、就业前景，下文主要从这 3 个因素对不同院校和不同专业毕业生在选择就读专业可能因素的重要程度上进行分析。

表 8－23　　　　毕业生对社会职业需求重要性认知的频数分布表

社会职业需求重要程度	频数	有效百分比	累积百分比
一般及以下	64	9.65	9.65
重要及很重要	599	90.35	100.0
总计	663	100.0	

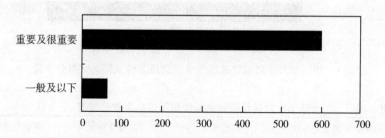

图 8－23　毕业生对社会职业需求重要性认知的频数分布图

表 8－24　　　　毕业生对个人兴趣和特长重要性认知的频数分布表

个人兴趣和特长重要程度	频数	有效百分比	累积百分比
一般及以下	71	10.71	10.71
重要及很重要	592	89.29	100.0
总计	663	100.0	

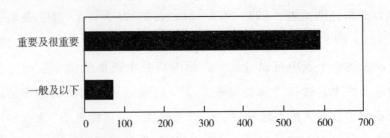

图 8 - 24　毕业生对个人兴趣和特长重要性认知的频数分布图

表 8 - 25　　毕业生对家庭经济承受能力重要性认知的频数分布表

家庭经济承受力重要程度	频数	有效百分比	累积百分比
一般及以下	367	55.35	55.35
重要及很重要	296	44.65	100.0
总计	663	100.0	

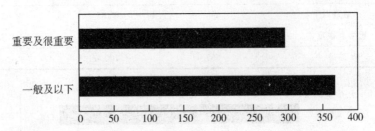

图 8 - 25　毕业生对家庭经济承受能力重要性认知的频数分布图

表 8 - 26　　　　毕业生对老师亲朋影响的重要性的频数分布表

老师亲朋影响重要程度	频数	有效百分比	累积百分比
一般及以下	375	56.56	56.6
重要及很重要	288	43.44	100.0
总计	663	100.0	

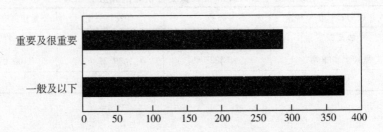

图 8 - 26　毕业生对老师亲朋影响的重要性的频数分布图

表 8-27　　　　　毕业生对保证能升学重要性认知的频数分布表

保证能升学重要程度	频数	有效百分比	累积百分比
一般及以下	275	41.48	41.48
重要及很重要	388	58.52	100.0
总计	663	100.0	

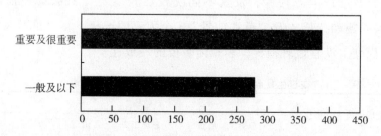

图 8-27　毕业生对保证能升学重要性认知的频数分布图

表 8-28　　　　　毕业生对就业前景重要性认知的频数分布表

就业前景重要程度	频数	有效百分比	累积百分比
一般及以下	86	12.97	12.97
重要及很重要	577	87.03	100.0
总计	663	100.0	

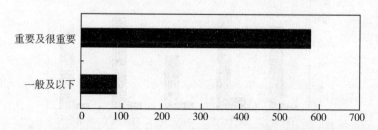

图 8-28　毕业生对就业前景重要性认知的频数分布图

二　不同院校学生选择就读专业可能因素的重要程度

不同院校在校生选择专业可能因素的重要程度的频数分布分别见表 8-29、表 8-30、表 8-31、图 8-29、图 8-30、图 8-31。从上述 3 个表中可以看出，不同院校在校生在选择该 3 个因素的重要程度上，选择"重要及很重要"的按照从高到低的院校排序分别是，"社会职业需求"为：省理工 1 院校、省师范院校、省综合院校、市综合院校、省理工 2 院校；"个人兴趣和特长"为：省理工 1 院校、省师范院校、省综合院校、市综合院校、省理工 2 院校；"就业前景"为：省师范院校、省理工 1 院校、市综合院校、省综合院校、省理工 2 院校。对上述 3 个表进行卡方检验，发现不同院校在校生对"社会职业需求"、"个人兴趣和特长"及"就业前景" 3 个因素的选择，在"重要及很重要"程度上没有显著差异，表现为院校的一致性。

表 8-29 　　　　在校生社会职业需求重要程度 ＊ 院校的交叉表

社会职业需求重要程度		院校					合计
		省综合	省理工 1	省理工 2	省师范	市综合	
一般及以下	频数	15	30	17	21	15	98
	总和的%	1.50	3.01	1.70	1.8	2.10	9.82
重要及很重要	频数	186	211	120	200	183	900
	总和的%	18.64	21.14	12.02	20.04	18.34	90.18
总计	频数	201	241	137	221	198	998
	总和的%	20.14	24.15	13.73	22.14	19.84	100.0

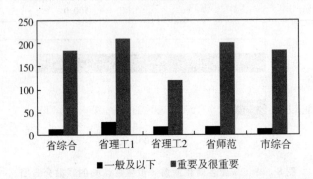

图 8-29 　在校生社会职业需求重要程度 ＊ 院校的交叉图

表 8-30 　　　　在校生个人兴趣和特长重要程度 ＊ 院校的交叉表

个人兴趣和特长重要程度		院校					合计
		省综合	省理工 1	省理工 2	省师范	市综合	
一般及以下	频数	21	35	29	31	23	139
	总和的%	2.10	3.51	2.91	3.11	2.30	13.93

续表

个人兴趣和特长重要程度		院校					合计
		省综合	省理工1	省理工2	省师范	市综合	
重要及很重要	频数	180	206	108	190	175	859
	总和的%	18.04	20.64	10.82	19.04	17.54	86.07
总计	频数	201	241	137	221	198	998
	总和的%	20.14	24.14	13.73	22.14	19.84	100.0

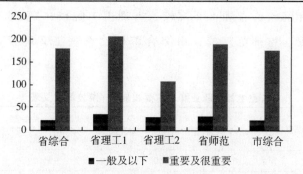

图 8-30 在校生个人兴趣和特长重要程度 ＊ 院校的交叉图

表 8-31		在校生就业前景重要程度 ＊ 院校的交叉表					
就业前景重要程度		院校					合计
		省综合	省理工1	省理工2	省师范	市综合	
一般及以下	频数	42	59	26	34	33	194
	总和的%	4.21	5.91	2.61	3.41	3.31	19.44
重要及很重要	频数	159	182	111	187	165	804
	总和的%	15.93	18.24	11.12	18.74	16.53	80.56
总计	频数	201	241	137	221	198	998
	总和的%	20.14	24.14	13.73	22.14	19.84	100.0

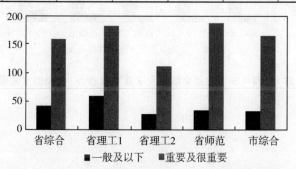

图 8-31 在校生就业前景重要程度 ＊ 院校的交叉图

不同院校毕业生选择专业可能因素的重要程度的频数分布分别见表 8-32、表 8-33、表 8-34、图 8-32、图 8-33、图 8-34。从上述 3 个表中可以看出，不同院校毕业生在选择该 3 个因素的重要程度上，选择"重要及很重要"的按照从高到低的院校排序分别是，"社会职业需求为：省综合院校、省师范院校、市综合院校、省理工 2 院校、省理工 1 院校；"个人兴趣和特长"为：省综合院校、省师范院校、市综合院校、省理工 2 院校、省理工 1 院校；"就业前景"为：省综合院校、省师范院校、市综合院校、省理工 2 院校、省理工 1 院校。

表 8-32　　　　毕业生社会职业需求重要程度 ＊ 院校的交叉表

社会职业需求重要程度		院校					合计
		省综合	省理工 1	省理工 2	省师范	市综合	
一般及以下	频数	9	10	9	15	21	64
	总和的%	1.36	1.67	1.36	2.26	3.17	9.65
重要及很重要	频数	155	101	107	126	110	599
	总和的%	23.38	15.23	16.14	19.00	16.59	90.35
总计	频数	164	111	116	141	131	663
	总和的%	24.74	16.74	17.50	21.27	19.76	100.0

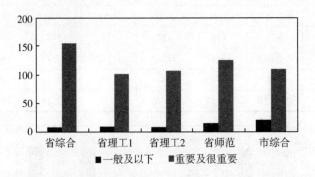

图 8-32　毕业生社会职业需求重要程度 ＊ 院校的交叉图

表8-33　　　　毕业生个人兴趣和特长重要程度 ＊ 院校的交叉表

个人兴趣和特长重要程度		院校					合计
		省综合	省理工 1	省理工 2	省师范	市综合	
一般及以下	频数	19	15	9	10	18	71
	总和的%	2.87	2.26	1.36	1.51	2.71	10.71
重要及很重要	频数	145	96	107	131	113	592
	总和的%	21.87	14.48	16.14	19.76	17.04	89.29
总计	频数	164	111	116	141	131	663
	总和的%	24.74	16.74	17.50	21.27	19.76	100.0

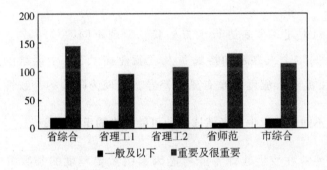

图8-33　毕业生个人兴趣和特长重要程度 ＊ 院校的交叉图

表8-34　　　　毕业生就业前景重要程度 ＊ 院校的交叉表

就业前景重要程度		院校					合计
		省综合	省理工 1	省理工 2	省师范	市综合	
一般及以下	频数	15	13	13	23	22	86
	总和的%	2.26	1.96	1.96	3.47	3.32	12.97
重要及很重要	频数	149	98	103	118	109	577
	总和的%	23.6	14.0	14.9	17.7	16.0	86.2
总计	频数	164	111	116	141	131	663
	总和的%	24.74	16.74	17.50	21.27	19.76	100.0

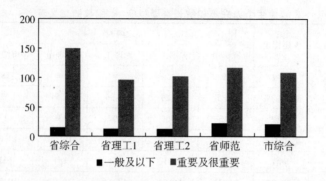

图 8-34　毕业生就业前景重要程度 ＊ 院校的交叉图

通过对上述 3 个表进行卡方检验，发现不同院校毕业生对"社会职业需求"、"个人兴趣和特长"及"就业前景" 3 个因素的选择，在"重要及很重要"程度上没有显著差异，表现为院校的一致性。

三　不同专业学生选择就读专业可能因素的重要程度

不同专业在校生选择专业可能因素的重要程度的频数分布分别见表 8-35、表 8-36、表 8-37、图 8-35、图 8-36、图 8-37。从上述 3 个表中可以看出，不同专业在校生在选择该 3 个因素的重要程度上，选择"重要及很重要"的按照从高到低的专业排序是，"社会职业需求"的专业为：法学、英语、信息与计算科学、计算机科学与技术、国际经济与贸易、艺术设计、市场营销、信息管理与信息系统；"个人兴趣和特长"的专业为：法学、英语、信息与计算科学、艺术设计、计算机科学与技术、市场营销、国际经济与贸易、信息管理与信息系统；"就业前景"的专业为：信息与计算科学、英语、法学、国际经济与贸易和计算机科学与技术相同、艺术设计、市场营销、信息管理与信息系统。

表 8-35　　　在校生社会职业需求重要程度 ＊ 专业的交叉表

社会职业需求重要程度		专业								合计
		国际经济与贸易	法学	英语	艺术设计	信息与计算科学	计算机科学与技术	信息管理与信息系统	市场营销	
一般及以下	频数	11	8	7	19	21	15	6	11	98
	总和的%	1.10	0.80	0.70	1.90	2.10	1.50	0.60	1.10	9.82
重要及很重要	频数	109	133	126	105	121	119	85	102	900
	总和的%	10.92	13.33	12.63	10.52	12.12	11.92	8.52	10.22	90.18
总计	频数	120	141	133	124	142	134	91	113	998
	总和的%	12.02	14.13	13.33	12.42	14.23	13.43	9.12	11.32	100.0

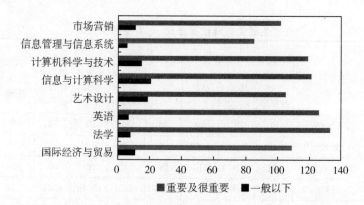

图 8-35　在校生社会职业需求重要程度 ＊ 专业的交叉图

表 8-36　　　在校生个人兴趣和特长重要程度 ＊ 专业的交叉表

个人兴趣和特长重要程度		专业								合计
		国际经济与贸易	法学	英语	艺术设计	信息与计算科学	计算机科学与技术	信息管理与信息系统	市场营销	
一般及以下	频数	20	20	13	17	23	28	7	11	139
	总和的%	2.00	2.00	1.30	1.70	2.30	2.81	0.70	1.10	13.93
重要及很重要	频数	100	121	120	107	119	106	84	102	859
	总和的%	10.02	12.12	12.02	10.72	11.92	10.62	8.42	10.22	86.07
总计	频数	120	141	133	124	142	134	91	113	998
	总和的%	12.02	14.13	13.33	12.42	14.23	13.43	9.12	11.32	100.0

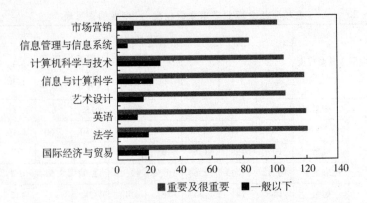

图 8-36 在校生个人兴趣和特长重要程度 ＊ 专业的交叉图

表 8-37　　　　　在校生就业前景重要程度 ＊ 专业的交叉表

就业前景重要程度		专业								合计
		国际经济与贸易	法学	英语	艺术设计	信息与计算科学	计算机科学与技术	信息管理与信息系统	市场营销	
一般及以下	频数	19	31	19	25	20	33	27	20	194
	总和的%	1.90	3.10	1.90	2.51	2.00	3.31	2.71	2.00	19.43
重要及很重要	频数	101	110	114	99	122	101	64	93	804
	总和的%	10.12	11.02	11.42	9.92	12.22	10.12	6.41	9.32	80.56
总计	频数	120	141	133	124	142	134	91	113	998
	总和的%	12.02	14.13	13.33	12.42	14.23	13.43	9.12	11.32	100.0

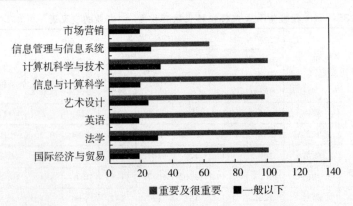

图 8-37 在校生就业前景重要程度 ＊ 专业的交叉图

对上述 3 个表进行卡方检验，发现不同专业在校生对"社会职业需求"、"个人兴趣和特长"及"就业前景"3 个因素的选择，在"重要及很重要"程度上没有显著差异，表现为专业的一致性。

不同专业的毕业生选择专业可能因素重要程度的频数分布分别见表 8-38、表 8-39、表 8-40、图 8-38、图 8-39、图 8-40。从上述 3 个表中可以看出，不同专业毕业生在选择该 3 个因素的重要程度上，选择"重要及很重要"的按照从高到低的专业排序分别是，"社会职业需求"的专业为：英语、计算机科学与技术、信息管理与信息系统、法学、艺术设计、信息与计算科学、市场营销、国际经济与贸易；"个人兴趣和特长"的专业为：英语、计算机科学与技术、信息管理与信息系统、艺术设计、法学、信息与计算科学、市场营销、国际经济与贸易；"就业前景"的专业为：英语、计算机科学与技术、法学、信息管理与信息系统、信息与计算科学、艺术设计、市场营销、国际经济与贸易。

表 8-38　　　　毕业生社会职业需求重要程度 * 专业的交叉表

社会职业需求重要程度		专业								合计
		国际经济与贸易	法学	英语	艺术设计	信息与计算科学	计算机科学与技术	信息管理与信息系统	市场营销	
一般及以下	频数	11	12	9	7	5	7	3	10	64
	总和的%	1.66	1.81	1.36	1.06	0.75	1.06	0.45	1.51	9.65
重要及很重要	频数	52	76	93	72	69	90	81	66	599
	总和的%	7.84	11.46	14.03	10.86	10.41	13.57	12.22	9.95	90.35
总计	频数	63	88	102	79	74	97	84	76	663
	总和的%	9.50	13.27	15.38	11.92	11.16	14.63	12.67	11.46	100.0

表 8-39　　　　毕业生个人兴趣和特长重要程度 * 专业的交叉表

个人兴趣和特长重要程度		专业								合计
		国际经济与贸易	法学	英语	艺术设计	信息与计算科学	计算机科学与技术	信息管理与信息系统	市场营销	
一般及以下	频数	8	18	6	5	6	9	8	11	71
	总和的%	1.21	2.71	0.90	0.75	0.90	1.36	1.21	1.66	10.71

续表

个人兴趣和特长 重要程度		专业								合计
		国际经济与贸易	法学	英语	艺术设计	信息与计算科学	计算机科学与技术	信息管理与信息系统	市场营销	
重要及很重要	频数	55	70	96	74	68	88	76	65	592
	总和的%	8.30	10.56	14.48	11.16	10.26	13.27	11.46	9.80	89.29
总计	频数	63	88	102	79	74	97	84	76	663
	总和的%	9.50	13.27	15.38	11.92	11.16	14.63	12.67	11.46	100.0

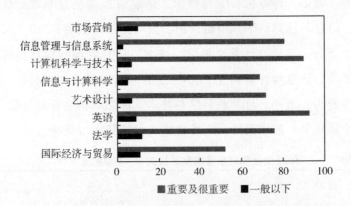

图 8-38 毕业生社会职业需求重要程度 * 专业的交叉图

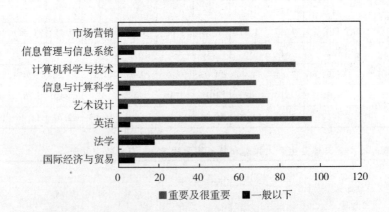

图 8-39 毕业生个人兴趣和特长重要程度 * 专业的交叉图

表 8 - 40　　　　　　　毕业生就业前景重要程度 ＊ 专业的交叉表

就业前景重要程度		专业								合计
		国际经济与贸易	法学	英语	艺术设计	信息与计算科学	计算机科学与技术	信息管理与信息系统	市场营销	
一般及以下	频数	12	13	13	10	4	13	12	9	86
	总和的%	1.81	1.96	1.96	1.51	0.60	1.96	1.81	1.36	12.97
重要及很重要	频数	51	75	89	69	70	84	72	67	577
	总和的%	7.69	11.31	13.42	10.41	10.56	12.67	10.86	10.10	87.03
总计	频数	63	88	102	79	74	97	84	76	663
	总和的%	9.50	13.27	15.38	11.92	11.16	14.63	12.67	11.46	100.0

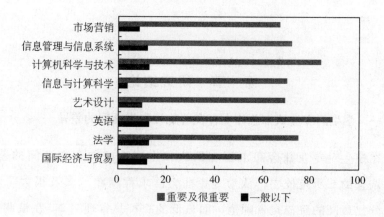

图 8 - 40　毕业生就业前景重要程度 ＊ 专业的交叉图

对上述 3 个表进行卡方检验，发现不同专业毕业生对 "社会职业需求"、"个人兴趣和特长" 及 "就业前景" 3 个因素的选择，在 "重要及很重要" 程度上没有显著差异，表现为专业的一致性。

综上所述，在影响学生选择就读专业的可能因素的重要性中，在校生和毕业生不分院校和专业均认为在 "重要及很重要" 程度的前 3 位因素是 "社会职业需求"、"个人的兴趣和特长" 和 "就业前景"。

第九章

研究结论与对策建议

第一节　研究结论

一　学生的专业认知总体上存在着院校和专业间的差异

在校生对专业社会需求程度的认知上存在院校和专业间的差异。在被调查的 5 所院校中，认为专业社会需求程度在"大及很大"程度上百分比最高的院校是省师范，而最低的院校是省理工 2。在被调查的 8 个专业中，认为专业社会需求程度在"大及很大"程度上的百分比最高的专业是计算机科学与技术，而最低的专业是信息与计算科学。

毕业生的专业与工作岗位对口程度存在院校和专业间的差异。在被调查的 5 所院校中，认为专业与工作岗位对口程度在"对口及很对口"程度上百分比最高的院校是省理工 2，而最低的院校是省理工 1。在被调查的 8 个专业中，认为专业与工作岗位对口程度在"对口及很对口"程度上的百分比最高的专业是英语，而最低的专业是国际经济与贸易和信息与计算科学。

学生对专业的了解程度存在院校和专业间的差异。对在校生的调查中，在被调查的 5 所院校中，对专业的了解程度在"了解及很了解"程度上百分比最高的院校是省理工 1，而最低的院校是市综合。在被调查的 8 个专业中，对专业了解程度在"了解及很了解"程度上的百分比最高的专业是法学，而最低的专业是市场营销。对毕业生的调查中，在被调查的 5 所院校中，对专业的了解程度在"了解及很了解"程度上百分比最高的院校是省师范，而最低的院校是省理工 1。在被调查的8 个专业中，对专业了解程度在"了解及很了解"程度上的百分比最高的专业是英语，而最低的专业是国际经济与贸易。

学生是否更换专业存在专业间的差异，而院校间无显著差异。对在校生的调查中，在被调查的 8 个专业中，在是否更换专业的"是"的选项上，百分比最高的专业是信息与计算科学，而最低的专业是信息管理与信息系统。对毕业生的调查中，在被调查的 8 个专业中，在是否更换专业的"是"的选项上，百分比最高的专业是计算机科学与技术，而最低的专业是信息与计算科学。

学生的专业满意度存在院校和专业间的差异。对在校生的调查中，在被调查的 5 所院校中，对专业的满意程度在"满意及很满意"程度上百分比最高的院校是省师范，而最低的院校是省理工 2。在被调查的8 个专业中，专业满意程度在"满意及很满意"程度上的百分比最高的专业是法学，而最低的专业是信息与计算科学。对毕业生的调查中，在被调查的 5 所院校中，对专业的满意程度在"满意及很满意"程度上百分比最高的院校是省综合，而最低的院校是省理工 1。在被调查的8 个专业中，专业满意程度在"满意及很满意"程度上的百分比最高的专业是英语，而最低的专业是信息与计算科学。

二 学生的课程认知总体上呈现出院校和专业间的较高一致性

在校生和毕业生均认为对工作而言应增加的课程排序在前 6 位的是：社会实践、专业实践课程、职业指导课程、专业方向课程、人文素质课程和专业基础课程。其中，不同院校、不同专业的在校生和毕业生，在对工作而言应增加的课程的选择上，排序在前 6 位的绝大多数均包含了上述六类课程，表现出院校和专业间的较高的一致性。

三　在选择影响更换专业的原因上呈现出毕业生和在校生的高度一致性

从对影响更换专业的 6 个原因调查中发现：在校生和毕业生均认为就业前景不好和不感兴趣是影响更换专业的两个主要因素，且二者的比例分别高达 72.4% 和 80.5%，其中，在校生认为首要原因是就业前景不好，而毕业生认为首要原因是不感兴趣。其中，不同院校和不同专业的毕业生，在对上述 2 个原因的选择上呈现出高度的一致性，而在校生在选择这 2 个原因时，呈现出院校和专业间的差异。

四　是否更换专业与其影响的相关因素之间均呈显著相关关系

从对影响学生是否更换专业的相关因素的调查中发现：在校生和毕业生是否更换专业均与其对专业的了解程度之间存在着显著相关关系；在校生是否更换专业与其对专业社会需求程度的认知之间存在显著相关关系；毕业生是否更换专业与其是否工作之间存在显著相关关系；毕业生是否更换专业与其对专业与岗位对口程度认知之间存在显著相关关系。

五　在选择就读专业可能性因素的重要程度上呈现出毕业生和在校生的高度一致性

调查结果表明，毕业生和在校生，不分院校和专业，在对影响其就读专业的可能因素的重要性排序上，呈现出高度的一致性，即认为重要性从高到低的前三位均是：社会职业需求、个人的兴趣和特长及就业前景。

六　专业满意度与其影响的相关因素之间均呈显著相关关系

从对影响学生满意度的相关因素的调查中发现：在校生和毕业生的专业满意度均与其对专业的了解程度之间存在着显著相关关系；在校生的专业满意度与其对专业社会需求程度的认知之间存在显著相关关系；毕业生的专业满意度与其是否工作之间存在显著相关关系；毕业生的专业满意度与其对专业与工作岗位对口程度的认知之间存在显

著相关关系。

七　专业总体满意度与专业构成要素满意度之间存在显著相关关系

即专业的培养目标、课程设置、任课教师状况、硬件设施、实习、见习状况、专业的就业前景等因素的满意度直接影响着专业的总体满意度。同时，调查发现，学生对专业构成要素满意度最高的前五位是：教师的职业道德、教师的专业知识水平、教师的教学技能、图书资料、专业的培养目标；而满意度排在后五位的是：实习、见习基地、实习、见习机会、本专业的就业前景、实践课比例、课程考试方式。

八　专业构成要素的满意度与重要性认知之间存在显著相关关系，且二者的认知存在差距

调查结果发现，学生对专业构成要素的满意度与重要性的认知存在差距，尤其是在本专业的就业前景、实习、见习基地和机会、专业培养目标、实践课比例、课程内容等方面差距较大。同时发现，专业构成要素的满意度与专业的期望值之间会相互影响。

第二节　对策建议

一　宏观层面

（一）确立可持续发展的专业整体规划①

近年来，我国经济、社会、科教文化的飞速发展，对高等院校人才培养提出了新的要求。在这样的大背景下，高等院校要想实现专业建设科学、合理、协调地发展，提高学生的专业满意度，一定要确立可持续发展的专业整体规划。以社会需求为导向，调整专业结构，以

---

① 李红玫：《辽宁省普通高等院校学生专业满意度研究》，沈阳师范大学硕士学位论文，2011年。

人才培养为中心，充分发挥优势，加强专业基本条件建设和内涵建设，使规划即与学校的总体规划、办学定位、人才培养目标等相互吻合，又符合社会经济发展的需要。

现如今，我国的高等教育也进入了市场化的进程。高等院校的专业规划必须面向市场，与时俱进。学校必须仔细研究市场对人才的需求，根据市场的实际需要，灵活地调整专业设置和专业结构，优化教育资源，结合院校原有的专业优势，建立协调发展的专业体系。

高等院校在专业建设方面可以实施学生专业满意度战略，应用"学生专业满意度"进行评价，并且以这种评价为依据，制定解决问题的方案，指导学校专业建设的各项工作。只有达到令学生满意了，专业教学质量才会有所保证，才会促进高等院校更好的发展。

（二）专业设置目标应与社会需求紧密结合①

在当今高等教育大众化的背景下，普通高等学校的专业设置应该与社会需求紧密结合，这可以通过上述调查结论中的社会需求程度与专业满意度间的关系看出。

在对在校生的调查中发现，认为专业社会需求程度在"大及很大"程度上百分比最高的院校是省师范，最低的院校省理工2，而在对其专业满意度调查中也得出相同的结论，即对专业满意度在"满意及很满意"程度上百分比最高的院校是省师范，最低的院校同样是省理工2。在对8个专业的在校生的调查中发现，尽管认为专业社会需求程度在"大及很大"程度上百分比最高的专业是计算机科学与技术，与其专业满意度在"满意及很满意"程度上百分比最高的专业是法学不同，而百分比最低的专业却同为信息与计算科学。并且，相关关系研究中也得出了相同的结论，即专业社会需求程度与专业满意度之间具有极其显著相关关系。

可见，专业满意度与专业的社会需求程度呈高度相关。而专业满意度也是专业设置与转型中必须加以高度重视的一个重要因素，因为

---

① 李红玫：《辽宁省普通高等院校学生专业满意度研究》，沈阳师范大学硕士学位论文，2011年。

专业满意度高，那么说明学生对专业的认可程度就高，那么某种程度上也就说明了专业的社会需求大。因此，在专业设置和转型过程中，必须与社会需求紧密结合。

（三）专业设置应与职业宽口径对接

在我国当前的高等教育大众化背景下，专业设置和转型应该以职业定位为坐标，尽量与职业岗位宽口径对接。这可以通过上述调查结论中的毕业生专业与工作岗位对口程度与专业满意度间的关系看出。在对 5 所学校的毕业生的调查中发现，认为专业与工作岗位对口程度在"对口及很对口"程度上百分比最高的院校是省师范，这与其专业满意度在"满意及很满意"程度上百分比最高的院校是省综合尽管不同，但是，百分比最低的院校却同为省理工 2。并且，在相关关系研究中也得出了专业与工作岗位对口程度与专业满意度之间具有显著相关关系的结论。

因此，在专业设置中，应该充分考虑职业定位要求，应该按照不同的职业谱系去设置专业，尽量做到专业与职业的宽口径对接。

二　微观层面

（一）专业的课程设置应凸显实践性、职业性与专业方向性

潘懋元先生指出，课程体系"就是教学内容按一定的程序组织起来的系统"，是"教学内容及其进程的总和"，是人才培养活动的载体。[①] 高等教育的培养目标最终要通过专业课程体系和专业教学内容来实现，而课程设置是实现培养目标和培养规格的中心环节。[②] 因此，专业设置与转型首先必须在课程设置与改革上做文章，否则专业设置与转型就会成为空谈。从上述的调查结论中可以看出，对在校生的调查中，在被调查的 5 所院校和 8 个专业中，对工作而言认为应该增加的

---

① 王欣：《高校人才培养的顾客满意度研究——以河北省本科院校为例》，河北师范大学硕士学位论文，2008 年。

② 张汉凯、李正元：《调整专业结构　迎接世纪挑战——关于专业调整的若干思路》，《青岛科技大学学报》1998 年第 4 期。

课程的百分比，从高到低排序在前五名的均包含了：社会实践、专业实践课、专业方向课、就业指导课和人文素质课。对毕业生的调查中，在被调查的 5 所院校和 8 个专业中，对工作而言认为应该增加的课程百分比，从高到低排序在前四名的均包含了：社会实践、专业实践课、专业方向课、就业指导课。

可见，学生普遍认为当前学校开设的课程，不论是专业实践课程还是社会实践课程，在实践性上严重欠缺，同时专业方向课和就业指导课程也相应不足。这也恰恰真实地反映了在我国高等教育大众化阶段，当前高校在人才培养上所面临的重大问题，那就是培养的学生社会实践能力差，理论学习与实践严重脱节，人才培养目标与规格的模糊。而这些问题解决的根本方法，就是进行课程设置改革，增加上述课程设置的比例，只有这样才能培养出具有创新能力和实践能力及实践智慧的新型人才。因此，为了适应专业设置与转型的要求，课程设置上必须凸显实践性、职业性和专业方向性。

（二）提高专业满意程度应把好专业入口及专业出口关

如前所述，专业满意程度是影响专业设置的重要因素之一。而学生的专业满意程度在本研究中主要从学生是否更换专业和学生的专业满意度两个维度展开调查。

把好专业的入口关，主要是指应该提高报考时学生对专业的了解程度。这从上述的调查结论中可以看出，学生对专业的了解程度与专业满意度之间呈极其显著相关关系。因此，作为校方，应该着力扩大专业的影响力和知名度，但是专业的影响力和知名度不能仅仅依靠宣传策划得来，而是应该从专业建设的内涵入手，切实提高专业的社会影响力。具体应该准确定位专业的培养目标、科学构建专业的课程体系、提高专业师资力量、完善专业教育教学条件等。

把好专业的出口关，主要是指应该把好专业的社会需求关、专业就业率（是否工作）、专业与工作岗位对口程度三个方面。从上述调查的结论中可以看出，在校生对专业的社会需求程度的认知与是否更换专业和专业满意度之间存在极其显著相关关系；学生是否工作（就业）

与是否更换专业和专业的满意度之间存在相关关系；专业与工作岗位对口程度与毕业生是否更换专业和专业满意度之间存在极其显著关系。

可见，只有认真地把好专业的入口和出口关，才能真正提高学生的专业满意程度。

（三）提高专业总体满意度应该从提高专业构成要素的满意度着手

通过前述研究得知，专业的总体满意度与专业构成要素的满意度之间存在显著相关关系。因此要提高专业的总体满意度就必须重视专业的培养目标、课程、师资、设施、实习、见习、就业前景等因素的改善与提高，尤其是应该重视专业的培养目标、专业的课程内容、实习、见习基地和机会、专业的就业前景等因素的建设，这也是许多普通高等学校在专业设置与转型过程中遇到的关键问题。所以应重点抓好以下工作[1]：

1. 优化师资结构，提升教师水平

教师是教学活动的实施者，教师水平的高低直接决定着学校教育质量的好坏，因此教师队伍建设尤为重要。教师的素质和水平主要体现在专业知识、专业技能和专业情意三个方面，这三个方面的发展水平决定了教师素质和水平的高低。[2]

教师课堂的教学能力是教师专业能力的集中体现，它对教学质量的高低和效果的大小有着重要的影响，也是体现教师地位和作用的重要因素。[3] 学校要想拥有高教学能力师资队伍，首先要严格把教师准入关，要求来校任教教师必须具有相应的教师资格证书。对于那些非师范专业毕业的，即将从事高校教师工作的年轻教师，学校还可以对其进行职前培训，安排他们系统学习高等教育学、心理学、教育技术学、教学技能学等知识，并配合课堂教学等实习环节，使他们快速提高自己的教学水平。其次，学校可以经常开展教师基本功、基本技能的评

① 李红玫：《辽宁省普通高等院校学生专业满意度研究》，沈阳师范大学硕士学位论文，2011 年。
② 教育部师范教育司组编：《教师专业化的理论与实践》（修订版），人民教育出版社 2003 年版，第 354 页。
③ 王宪平：《课程改革视野下教师教学能力发展研究》，华东师范大学博士学位论文，2006 年。

比，让教师们在比赛中相互学习、交流，强化训练。第三，学校可以通过研讨会、科研合作等学术交流活动，开拓教师的视野，使他们能够时时接触新的学术资讯，提高教师素养，增进教学和科研能力。学校可以聘请教育界知名专家、名师来校做示范教学、或派骨干教师外出进修，把这些教学经验丰富、教学技能纯熟的高等教育专家多年来积累的教学经验和教学技能传授给新任的教师，使他们的教学满足学生的需求。第四，学校建立严格的教师考核制度，通过一些考核检查，及时发现教师教学中出现的问题，并采取相应的改进措施，加强微格教学法的应用，采取摄录像系统来记录教学行为、评价教学行为并及时反馈给本人，使教师的教学技能得以改进和提高。[①] 第五，学校应该加大资金投入，为教师教学能力发展提供经济保障，教师要想学习新的教学方法和教学技能也需要大量学习资料和技术设备，学校应通过提供教师教学经费的途径来用以支持教学水平的提高。第六，建立教师激励制度，鼓励教师不断钻研教学教法，丰富教学内容，使他们教授的内容跟上专业发展的趋势，适应社会发展的需要，奖励那些教学成绩突出的教师，使整个教师队伍中形成自主钻研教学的氛围，促进教师教学水平的提高。

2. 合理利用教学资源，完善教学设施与设备

教学设施与设备是保证专业教学工作得以正常运行的物质条件。根据专业建设的需要，学校合理利用现有的教学资源并应该拿出专项经费用于教学设施建设，而且还应根据实际需要，逐步加大教学设施和设备的投入，为专业教学提供先进、齐全的配套设施。具体来说，学校应从教室、实验室、图书资料几个方面加强建设，满足培养高素质人才的需求，从而提高学生的专业满意度。

教室是学生在学校学习专业知识的主要场所，功能齐备的教室会给学生的学习带来方便，有助于他们的学习。学校应该首先加强教室的建设。当今，高等教育教学活动正在向着信息化和网络化的方向发

---

① 王宪平：《课程改革视野下教师教学能力发展研究》，华东师范大学博士学位论文，2006 年。

展，学校可以投入资金建立多媒体教室，使学生充分共享已有计算机与网络的丰富教学资源，调动学生学习的积极性。此外，语音教室、网络教室等也能更好地满足学生学习的需要。

在实验室建设方面，认真做好实验室建设规划，建立拥有先进仪器设备和优越环境条件的实验室。由于教学实验的目的是培养学生的实际动手能力和创新精神，学习实验方法，验证实验结果。所以教学仪器应该保证一定的数量，使学生能人人动手，来提高实验教学的质量。另外，学校还要培养和选拔一批高水平高素质的实验教学人员，来协作教师指导学生进行实验。

图书资料的建设方面，应该及时增加介绍专业新理论及新技术的图书并扩大藏书的数量，使学生能拥有充足的图书资源。建立数字化图书馆，配备较完备的图书资料网上查询系统，如中国期刊全文数据库等电子文献检索系统，使学生能够多渠道的获得知识，满足学生科研的需要。

3. 加大实习、实训投入，培养学生职业素质

随着社会发展程度的提高，行业与职业的专业化要求也在不断提高，为社会提供符合要求的专门化人才是现代高等教育不可回避的任务。[①] 学校要想使本校培养出的学生成为适应性的人才，必须加大实习、实训的投入。

学校应多给学生提供实习的机会，可以根据不同专业的性质特点，选择能满足实习条件的企事业单位，联系学生去进行实习，使学生在实际工作岗位中得到训练。学校还可以和专业有关的企事业单位进行联系，共同建立校外实训教学基地。在实训基地中，学生不但能锻炼他们的专业技能，也使他们的综合能力得到了提高。在真实环境下，学生们进行了岗位实践，可以培养他们解决实际问题的技术及能力，取得实际工作经验，并且在实际的工作中也能使学生学会与人沟通合作的

---

① 刘少雪：《高等学校本科专业结构、设置及管理机制研究》，高等教育出版社 2009 年版，第 90 页。

能力，为他们今后走向社会，从事各项工作打下基础。在实习过程中，学校应指定有实践经验和理论水平、责任心强的教师担任实习指导教师，做好学生的指导、管理和考核的工作，以保证学生实习的质量。

（四）提高学生课堂教学满意度的建议①

1. 学校方面

（1）完善教学资源，增加课堂教学设备投入

丰富的教学资源是教学顺利、高效进行的保证。因教育学本科专业的培养目标之一就是为中小学校培养高质量的师资，那么在进行课堂教学时，会涉及到一些诸如多媒体仪器、黑板、带有录像设备的教室等方面的教学资源，而这些教学资源正是培养这些"准教师"的必不可少的"工具"。此外，各教室的教学设备分布不均的问题也需要重视。配有齐全教学设备的教室总是那几间，教师如有教学需要，许多时候则需进行"排队等候"，这不仅影响教学进程，也会影响教学效果。因此，学校应该适当增加课堂教学设备的投入。

（2）构建科学合理的教育学本科专业的课程体系

教育学本科专业是一门趋向文科专业的课程，所以"重理论、轻实践"的现象不可避免。但是在近四年的本科学习期间，一般学校都会安排在大四学年的上半学期进行教育实习，而此时学生因忙于考研或就业等原因就会严重影响教育实习的质量。同样，在其他学年的学习中，学生的课程大都偏于理论课，实践课是"微不足道"，这样就导致本专业的毕业生陷入了"样样通但样样不精"、"只会说话但不会做事"的尴尬境界。因此需要学校对教育学本科专业的课程体系进行科学合理的构建，为本专业学生未来的发展打开一条"绿色通道"。

2. 教师方面

（1）教学基本功

顾名思义，教学基本功是每一教师走进课堂的必备条件，扎实的

---

① 韩冬梅、唐卫民：《教育学本科专业学生课堂教学满意度调查——以沈阳师范大学为例》，《大学》（研究版）2014 年第 6 期。

教学基本功则是高质量课堂教学的重要保证。既然现在的教育学本科专业的课堂仍是以教师的讲授为主，那么教师就要注意自己的教学语言。课堂教学中应使用普通话，利用通俗易懂的语言进行讲解，让学生听得清楚、明白。

（2）教学内容

教学内容的选择要根据时代以及学生的需要。老一辈的教育家编著的经典教材固然不可抛弃，但是教育也要跟上时代的步伐，不断地去更新教学内容，把教育界前沿的知识带给学生。此外教学的内容和进度也要符合学生的需要，多了解学情是制定和选择教学内容的必要条件之一。

（3）教学方法

所谓"教学有法、教无定法、贵在得法"，就是要求教师在教学过程中要因材施教，关注学生个体差异，根据学生的具体需要设计教学方法，对不同的学生尽量选取不同的教学方法。

（4）评价方式

多元化的评价方式是现代教育不可回避的话题。众所周知，高等教育阶段与基础教育阶段和中等教育阶段的差异之一就是不再以分数论英雄。但是，现在的教育学本科专业考试分数仍然占有很高的地位，学生最在乎的也是考试分数，这就不可避免的使学生忽视了其他方面的发展。而采用多元化的评价方式，分数只是评价标准之一，这在一定空间内就可以促进学生的德智体美各个方面的全面发展。

结束语

长期以来，我国采用的是自上而下的专业制度，国家的诉求成为主要声音。同时，各级政府、企事业、高校以及相关学者，在专业的设置以及各项权力的执行中，成为主要的利益相关者。而学生作为高等教育的"主体"，他们的诉求并没有得到应有的重视，甚至是被忽视。为此，本研究重点是对高等学校的主要的利益相关者——学生的诉求进行的研究。

一 不同高校、不同专业的学生存在专业的认知差异

总体上，在校生和毕业生选择对专业"比较了解"的比例比较高，但不同院校、不同专业间的学生在了解程度上有显著差异。专业满意度也是比较高的，而不同院校、不同专业的学生在"满意程度"上有显著差异。选择更换专业的比例均较高，但不同院校间的学生没有显著差异，而不同专业间的学生有显著差异。在校生认为所学专业社会需求程度"一般"的比例较高，而不同院校、不同专业的学生在社会需求程度的认知上有显著差异。毕业生认为专业"对口及很对口"和"不对口及很不对口"的比例均较多，不同院校、不同专业的毕业生，在选择"对口程度"上有显著差异。为此，深入了解影响学生认知差异的相关因素是十分必要的。

二 影响学生选择就读专业可能因素的重要程度分析

在选择影响就读专业的可能影响因素上，在校生和毕业生均认为

在"重要及很重要"程度的前三位因素是"社会职业需求"、"个人的兴趣和特长"和"就业前景"。其中，不同院校的在校生在选择该三个因素上没有显著差异，表现为院校间的一致性；不同院校的毕业生在选择"个人的兴趣和特长"及"就业前景"两个因素上没有显著差异，而在选择"社会职业需求"上表现出院校间的差异。不同专业的在校生和毕业生在选择"社会职业需求"没有显著差异，表现出专业间的一致性；但是，在校生在选择"个人的兴趣和特长"上和毕业生在选择"就业前景"上表现出专业间的差异。

可见，在大众化的背景下，高校本科专业的社会职业需求程度和就业前景已成为影响学生选择就读专业的最重要因素。为此，在普通高校本科专业的设置中，应跳出学科划分的羁绊，及时设置适应于培养应用性人才的应用型专业，而不同院校在选择设置本科专业时，应充分考虑专业的社会职业需求，考虑专业的就业前景。

三　影响学生是否更换专业的相关因素分析

在校生和毕业生选择是否更换专业与对专业的了解程度之间具有极其显著的相关关系，即对所学专业的了解程度越高，选择更换专业的可能性越小。在校生是否更换专业与对专业的社会需求程度认知之间具有极其显著的相关关系，即所学专业的社会需求程度越高，更换专业的可能性越小。毕业生是否更换专业与是否工作之间具有相关关系，即已经参加工作的，选择更换专业的少。同时，是否更换专业与专业与工作岗位对口程度之间具有极其显著的相关关系，即所学的专业与工作对口程度越高，则更换专业的可能性越小。

可见，学生对专业的了解程度越高、专业的社会需求程度越高、专业与工作岗位的对口程度越高，学生选择更换专业的可能性越小。为此，积极呼应专业的社会需求，满足专业与工作岗位的对口诉求，进一步明晰专业的培养目标和规格对稳定学生的专业学习是十分必要的。

四 专业构成要素的分析

在专业构成要素中，除了"教师的专业知识"和"教师的职业道德"两个因素在"高重要性——高满意度"区域外，其他因素均在"高重要性——中等满意度"区域内，可见，这些因素均是学校应采取措施加以改进的方面，尤其是专业的就业前景、实习、见习基地和机会、实践课比例等因素的满意度平均分最低，需要学校尤为重视。从课程设置来看，在校生和毕业生均认为对工作而言应该加强或充实的课程排序在前六位的是：社会实践、专业实践课程、职业指导课程、专业方向课程、人文素质课程和专业基础课程。而不同院校、不同专业的在校生和毕业生选择课程的前六位绝大多数均包含了上述课程，表现出院校和专业间的较高的一致性。为此，在专业课程的设计上，应充分关注学生的诉求。

综上所述，尽管我国高等教育的毛入学率已经超出了大众化的指标，但实事求是地讲，我国的高等教育并没有真正地步入大众化时代。仅从高校的专业设置来看，不仅当初没有做好应对的准备，而且今天仍然没有做出有效的调整。为此，在《纲要》提出的"促进高校办出特色。建立高校分类体系，实行分类管理。发挥政策指导和资源配置的作用，引导高校合理定位，克服同质化倾向，形成各自的办学理念和风格，在不同层次、不同领域办出特色，争创一流"的进程中，地方普通高校本科专业设置的转型成为重要一环，也是地方普通高校转型的重中之重。

参考文献

一 著作类

1. 毕于民：《高职学生顶岗实习满意度及其影响因素研究》，山东人民出版社 2014 年版。

2. 《辞海》编辑委员会编：《辞海》，上海辞书出版社 1999 年版。

3. 邓绩、蒋曙东：《顾客满意的测量、分析与改进》，中国标准出版社 2009 年版。

4. 顾明远：《教育大辞典》，上海教育出版社 1998 年版。

5. 高道友：《高等职业院校学生顶岗实习总体满意度研究》，中国科学技术大学出版社 2015 年版。

6. 韩玉志：《现代大学管理：以美国大学学生满意度调查为例》，浙江大学出版社 2008 年版。

7. 胡赤弟：《教育产权与现代大学制度构建》，广东高等教育出版社 2008 年版。

8. 霍映宝：《顾客满意度测评理论与应用研究》，东南大学出版社 2010 年版。

9. 教育部师范教育司组编：《教师专业化的理论与实践》（修订版），人民教育出版 2002 年版。

10. 李冀：《教育管理辞典》，海南人民出版社 1989 年版。

11. 辽宁教育研究院编著：《辽宁教育决策咨询研究（2008）》，辽宁民族出版社 2009 年版。

12. 刘慧：《基于 PLS—SEM 的中国高等教育学生满意度测评研究》，江苏大学出版社 2012 年版。

13. 刘宇：《顾客满意度测评》，社会科学文献出版社 2003 年版。

14. 刘少雪：《高等学校本科专业结构、设置及管理机制研究》，高等教育出版社 2009 年版。

15. 潘懋元、王伟廉：《高等教育学》，福建教育出版社 1995 年版。

16. 王灯山：《北京高校教育服务学生满意度调查研究》，中国社会科学出版社 2015 年版。

17. 王景贤：《大学生体育学习满意度结构方程模型研究：以游泳教学为案例》，北京体育大学出版社 2014 年版。

18. 文静：《大学生学习满意度实证研究》，教育科学出版社 2015 年版。

19. 谢安邦：《比较高等教育》，广西师范大学出版社 2002 年版。

20. 尹晓敏：《利益相关者参与逻辑下的大学治理研究》，浙江大学出版社 2010 年版。

21. 中国社会科学院语言研究所词典编辑室编：《现代汉语词典》，商务印书馆 2014 年版。

二　论文类

22. 鲍富元、舒伯阳：《酒店专业本科生职业选择意向的影响因素研究——兼论实习满意度与职业选择变化的关系》，《中南林业科技大学学报》（社会科学版）2014 年第 6 期。

23. 鲍富元：《酒店专业本科生实习满意度影响因素的实证研究》，《四川旅游学院学报》2015 年第 3 期。

24. 曹礼和：《顾客满意度理论模型与测评体系研究》，《湖北经济学院学报》2007 年第 1 期。

25. 陈卫中：《非预防医学专业本科阶段〈医学统计学〉教学满意度评价及建议》，《现代预防医学》2013 年第 23 期。

26. 杜守洪、谢慧玲、邓亚丽：《医学信息管理与信息系统专业学生满意度调查》，《新疆医科大学学报》2007 年第 4 期。

27. 樊明成：《我国大学新生的专业满意度与专业选择调查分析》，《教育与考试》2011 年第 5 期。

28. 樊明成：《我国大学生专业满意度调查分析》，《教育学术月刊》2011 年第 10 期。

29. 方义湖：《临床医学专业学生实习满意度调查与分析》，《赣南医学院学报》2014 年第 5 期。

30. 高锋：《服务质量评价理论研究综述》，《商业时代》2009 年第 6 期。

31. 韩冬梅、唐卫民：《教育学本科专业学生课堂教学满意度调查——以沈阳师范大学为例》，《大学》（研究版）2014 年第 6 期。

32. 韩冬梅：《教育学本科专业学生课堂教学满意度调查研究——以 S 大学为例》，沈阳师范大学硕士学位论文，2015 年。

33. 何嘉宁：《河北省本科院校学生英语专业满意度研究》，河北大学硕士学位论文，2014 年。

34. 华娜：《我国民办高校可持续发展研究——以辽宁省为例》，沈阳师范大学硕士学位论文，2011 年。

35. 黄中华：《湖北地区民办高校大学生满意度调查研究》，华中农业大学硕士学位论文，2009 年。

36. 韩玉志：《美国大学生满意度调查方法评介》，《比较教育研究》2006 年第 6 期。

37. 石军霞：《高校学生满意度调查研究——以苏州大学本科生为例》，苏州大学硕士学位论文，2008 年。

38. 姜继红、侯兵：《旅游管理本科专业酒店实习满意度研究》，《美食研究》2014 年第 4 期。

39. 李红玫：《辽宁省普通高等院校学生专业满意度研究》，沈阳师范大学硕士学位论文，2011 年。

40. 李珂：《关于大学生求学满意度的探讨》，湖南大学硕士学位论文，2007 年。

41. 刘秋、朱海峰：《从教学效果增强学生满意度》，《科技信息》2008 年第 33 期。

42. 刘寒梅：《大学生专业满意度及其与专业承诺的关系研究》，长江大学硕士学位论文，2013 年。

43. 刘怡：《研究型大学本科生专业选择满意度与学习结果的相关性研究——以武汉市两所研究型大学为例》，华中科技大学硕士学位论文，2013 年。

44. 刘坤：《顾客满意度理论综述》，《山东通信技术》2005 年第 4 期。

45. 凌磊：《朝、汉族大学生专业承诺、学习满意度与学习倦怠关系的比较研究——以延边大学为例》，延边大学硕士学位论文，2012 年。

46. 罗文斌：《大学本科旅游管理专业研究性教学满意度影响因素研究——基于 H 师范大学的定量分析》，《中南林业科技大学学报》（社会科学版）2015 年第 6 期。

47. 马利军、钱育佳：《医学院校非医学专业学生专业满意度调查》，《医学教育探索》2009 年第 6 期。

48. 马万民、张美文：《高等教育服务过程的顾客满意度模型》，《知识丛林》2006 年第 5 期。

49. 谭红琴：《大学生专业志愿与专业满意度的调查与分析——以贵州师范大学生物学专业 2011、2012 和 2013 级学生为调查对象》，贵州师范大学硕士学位论文，2014 年。

50. 唐卫民：《地方高校应实现专业转型》，《光明日报》2007 年 7 月 11 日第 11 版。

51. 唐卫民：《大众化背景下普通高等学校本科专业设置研究》，厦门大学博士学位论文，2012 年。

52. 田英月：《普通师范院校学生专业满意度调查研究——以辽宁 N 大学为例》，辽宁师范大学硕士学位论文，2013 年。

53. 陶丹英等：《口腔七年制学生专业选择动机与满意度的调查》，《中国高等医学教育》2016 年第 3 期。

54. 王恒：《大学延伸专业学生感知质量对满意度及行为意向相关性研究——以西南交通大学为例》，西南交通大学硕士学位论文，2014 年。

55. 王欣：《高校人才培养的顾客满意度研究——以河北省本科院校为

例》，河北师范大学硕士学位论文，2008 年。

56. 王宪平：《课程改革视野下教师教学能力发展研究》，华东师范大学博士学位论文，2006 年。

57. 王韧、曾之明：《地方院校保险学专业课程设置满意度实证分析——以湖南商学院为例》，《湖南商学院学报》2015 年第 6 期。

58. 王婧：《高校学生专业满意度调查》，《中国健康心理学杂志》2012 年第 12 期。

59. 王菁：《大学生专业满意度与就业态度相关性实证研究分析——以非师范类思想政治教育专业学生为例》，《国家教育行政学院学报》2013 年第 6 期。

60. 王敏：《旅游管理专业学生专业满意度的调查研究》，辽宁师范大学硕士学位论文，2014 年。

61. 万梦君：《大学生专业满意度测评研究——以统计学专业为例》，湘潭大学硕士学位论文，2015 年。

62. 温利香：《应用心理学专业学生对专业培养的满意度现状研究——以 N 大学为例》，南昌大学硕士学位论文，2014 年。

63. 蔚海燕：《图书馆用户满意度指数的构建与应用》，《图书情报工作》2004 年第 1 期。

64. 卫魏：《高校学生满意度研究》，《玉溪师范学院学报》2008 年第 3 期。

65. 吴桂华：《顾客满意度研究》，长春税务学院硕士学位论文，2001 年。

66. 谢雅婷：《护理本科生专业承诺、学业自我效能感和学习满意度的相关性研究》，《天津护理》2015 年第 6 期。

67. 熊伟：《基于马斯洛需要层次的酒店管理专业大学生的实习满意度研究》，《江西科技师范大学学报》2013 年第 3 期。

68. 杨玲燕等：《应用英语专业学习满意度调查分析》，《中国电力教育》2013 年第 25 期。

69. 杨晓明、金龙、张艳：《英国大学生满意度调查及其启示》，《北京科技大学学报》2008 年第 1 期。

70. 姚琳：《大学生专业满意度与就业信心相关性的调查研究》，《学校党建与思想教育》2010 年第 11 期。

71. 银淑秋：《基于卡诺模型的医疗行业顾客满意影响因素分析》，《江苏科技大学学报》（社会科学版）2005 年第 2 期。

72. 张宝兵：《贸易类专业的本科教学满意度调查与思考——基于校友反馈的信息》，《重庆科技学院学报》（社会科学版）2011 年第 21 期。

73. 张东、许应华：《科学教育专业本科生专业满意度的调查》，《重庆师范大学学报》（自然科学版）2014 年第 6 期。

74. 张汉凯、李正元：《调整专业结构　迎接世纪挑战——关于专业调整的若干思路》，《青岛科技大学学报》1998 年第 4 期。

75. 张丽：《基于 SEM 模型的专业满意度应用研究》，河北经贸大学硕士学位论文，2012 年。

76. 宗晓武：《大学生专业选择影响因素及其与专业满意度的关系》，《江苏科技信息》2012 年第 12 期。

77. 朱运海：《旅游管理专业学生专业满意度和就业期望调查研究》，《襄樊学院学报》2008 年第 6 期。

78. 朱伟：《论我国高校旅游专业实践教学满意度及对策——以河南某高校旅游专业酒店实习为例》，《新乡学院学报》（社会科学版）2012 年第 1 期。

79. 周川：《"专业"散论》，《高等教育研究》1992 年第 1 期。

80. 周敏：《农科类大学生专业满意度调查及启示》，《农业教育研究》2008 年第 3 期。

81. 郑山：《中雅机电实业公司顾客满意度测评及改善对策研究》，南昌大学硕士学位论文，2009 年。

三　其他类

82. 百度百科：《地方所属高等学校》，http：//baike. baidu. com/view/5280679. htm，2015 年 12 月 13 日。

83. 百度百科：《顾客满意度理论》，http：//baike. baidu. com/view/4562328. htm，2015 年 11 月 28 日。

84. 教育部：《地方本科高校转型发展势在必行》，http：//www. dzw-ww. com/xinwen/xinwenzhuanti/2008/ggkf30zn/201405/t20140508 _ 9552485. htm，2014 年 5 月 8 日。

85. 教育部：《1998 年全国教育事业发展统计公报》，http：//www. moe. edu. cn/publicfiles/business/htmlfiles/moe/moe_ 633/200407/842. html，2015 年 12 月 7 日。

86. 教育部：《2002 年全国教育事业发展统计公报》，http：//www. moe. gov. cn/publicfiles/business/htmlfiles/moe/moe_ 413/200408/1553. html，2015 年 12 月 7 日。

87. 教育部：《2015 年全国教育事业发展统计公报》，http：//www. gov. cn/xinwen/2016 – 07/06/content_ 5088866. htm，2015 年 12 月 7 日。

88. 教育部：《关于地方本科高校转型发展的指导意见（征求意见稿）》，http：//zxb. xyc. edu. cn/news/HGTC/1451912281367KC7ADB8GH37 G85152G. html，2014 年 5 月 21 日。

89. 教育部：《关于做好普通高等学校本科学科专业结构调整工作的若干原则意见》（教高［2001］5 号），2001 年。

90. 教育部办公厅，《教育部办公厅关于印发〈普通高等学校本科教学工作水平评估方案（试行）〉的通知》，教高厅［2004］21 号。

91. 教育部：《教关于印发〈普通高等学校本科专业目录（2012 年）〉〈普通高等学校本科专业设置管理规定〉等文件的通知》，http：//www. moe. gov. cn/srcsite/A08/moe_ 1034/s3882/201209/t20120918 _ 143152. html，2015 年 12 月 28 日。

92. 中华人民共和国中央人民政府：《国家中长期教育改革和发展规划纲要（2010—2020）》，http：//www. gov. cn/jrzg/2010 – 07/29/content_ 1667143. htm，2015 年 12 月 7 日。

93. 360 百科：《转型》，http：//baike. so. com/doc/6788128 – 7004737. html，2015 年 11 月 20 日。

94. Cardozo, R. N, "An Experimental Study of Consumer Effort, Expectationand Satisfaction" Journal of Marketing Research, 1965, No. 2.

附录1

附　　表

附表1　　辽宁省部委所属普通本科高校专业数及布点数情况一览表

专业数	专业名称	全省普通本科高校专业布点数	部委属普通本科高校专业布点数
1	哲学	4	3
2	经济学	18	4
3	金融学	24	2
4	国际经济与贸易	34	4
5	法学	24	4
6	知识产权	3	1
7	政治学与行政学	4	1
8	社会工作	7	1
9	思想政治教育	5	1
10	治安学	2	1
11	侦查学	2	1
12	禁毒学	1	1
13	警犬技术	1	1
14	经济犯罪侦查	1	1
15	公安情报学	1	1
16	涉外警务	1	1
17	运动训练	8	1

续表

专业数	专业名称	全省普通本科高校专业布点数	部委属普通本科高校专业布点数
18	社会体育指导与管理	12	1
19	运动康复	6	1
20	汉语言文学	17	3
21	汉语言	15	2
22	汉语国际教育	11	1
23	英语	40	4
24	俄语	11	2
25	德语	4	1
26	日语	30	4
27	朝鲜语	4	1
28	翻译	7	1
29	商务英语	9	1
30	新闻学	14	2
31	广播电视学	6	1
32	数学与应用科学	17	4
33	信息与计算科学	24	4
34	数理基础科学	1	1
35	应用物理学	14	3
36	应用化学	25	3
37	地理信息科学	3	1
38	海洋科学	2	1
39	海洋技术	2	1
40	海洋资源与环境	2	1
41	生物科学	9	1
42	生物技术	16	2
43	生物信息学	1	1
44	统计学	4	2
45	应用统计学	5	1
46	工程力学	5	2
47	机械工程	8	1
48	机械设计制造及其自动化	28	3

续表

专业数	专业名称	全省普通本科高校专业布点数	部委属普通本科高校专业布点数
49	材料成型及控制工程	19	2
50	工业设计	18	3
51	过程装备与控制工程	12	2
52	车辆工程	13	3
53	测控技术与仪器	21	4
54	材料科学与工程	7	2
55	材料物理	4	2
56	冶金工程	3	1
57	金属材料工程	9	1
58	无机非金属材料工程	11	1
59	高分子材料与工程	11	1
60	功能材料	7	3
61	纳米材料与技术	1	1
62	能源与动力工程	12	3
63	能源与环境系统工程	3	1
64	新能源科学与工程	5	1
65	电气工程及其自动化	25	3
66	电子信息工程	29	4
67	电子科学与技术	11	2
68	通信工程	30	4
69	光电信息科学与工程	6	3
70	集成电路设计与集成系统	2	1
71	电子信息科学与技术	5	1
72	自动化	33	4
73	计算机科学与技术	43	4
74	软件工程	23	4
75	网络工程	20	3
76	信息安全	2	2
77	物联网工程	17	4
78	数字媒体技术	9	2
79	智能科学与技术	3	1

专业数	专业名称	全省普通本科高校专业布点数	部委属普通本科高校专业布点数
80	土木工程	21	4
81	建筑环境与能源应用工程	15	2
82	水利水电工程	3	1
83	港口航道与海岸工程	2	1
84	测绘工程	10	1
85	化学工程与工艺	16	2
86	制药工程	12	2
87	资源循环科学与工程	3	2
88	能源化学工程	7	1
89	化学工程与工业生物工程	1	1
90	勘查技术与工程	2	1
91	资源勘查工程	2	1
92	采矿工程	6	1
93	矿物加工工程	5	1
94	交通工程	6	1
95	交通运输	12	1
96	航海技术	3	1
97	轮机工程	3	1
98	救助与打捞工程	1	1
99	船舶电子电气工程	2	1
100	船舶与海洋工程	3	2
101	海洋资源开发技术	3	1
102	飞行器设计与工程	2	1
103	环境工程	26	4
104	环境科学	15	3
105	环境生态工程	4	1
106	生物医学工程	7	2
107	食品科学与工程	15	2
108	食品质量与安全	10	1
109	建筑学	14	3
110	城乡规划	6	3

续表

专业数	专业名称	全省普通本科高校专业布点数	部委属普通本科高校专业布点数
110	安全工程	13	2
112	生物工程	14	3
113	刑事科学技术	2	1
114	公安视听技术	1	1
115	网络安全与执法	2	1
116	药学	11	1
117	管理科学	3	1
118	信息管理与信息系统	32	3
119	工程管理	20	2
120	工商管理	30	4
121	市场营销	39	3
122	会计学	35	2
123	财务管理	17	2
124	国际商务	6	1
125	人力资源管理	18	2
126	公共事业管理	22	3
127	行政管理	12	3
128	交通管理	1	1
129	海事管理	1	1
130	物流管理	20	2
131	物流工程	11	2
132	工业工程	16	2
133	电子商务	21	3
134	旅游管理	24	2
135	音乐表演	12	1
136	视觉传达设计	37	3
137	环境设计	36	3
138	产品设计	27	1
总计		1626	265

附表 2　　　辽宁省地方普通本科高校专业数及布点数情况一览表

专业数	专业名称	全省普通本科高校专业布点数	地方属普通本科高校专业布点数
4	哲学	1	1
2	宗教学	1	1
3	经济学	18	14
4	经济统计学	6	6
5	国民经济管理	1	1
6	能源经济	1	1
7	财政学	6	6
8	税收学	4	4
9	金融学	24	22
10	金融工程	5	5
11	保险学	5	5
12	投资学	4	4
13	金融数学	2	2
14	经济与金融	1	1
15	国际经济与贸易	34	30
16	贸易经济	1	1
17	法学	24	20
18	知识产权	3	2
19	监狱学	1	1
20	政治学与行政学	4	3
21	国际政治	1	1
22	国际事务与国际关系	1	1
23	社会学	2	2
24	社会工作	7	6
25	思想政治教育	5	4
26	治安学	2	1
27	侦查学	2	1
28	教育学	2	2
29	科学教育	1	1
30	教育技术学	5	5
31	学前教育	4	4

续表

专业数	专业名称	全省普通本科高校专业布点数	地方属普通本科高校专业布点数
32	小学教育	8	8
33	特殊教育	1	1
34	体育教育	6	6
35	运动训练	8	7
36	社会体育指导与管理	12	11
37	武术与民族传统体育	2	2
38	运动人体科学	2	2
39	运动康复	6	5
40	休闲体育	1	1
41	汉语言文学	17	14
42	汉语言	15	13
43	汉语国际教育	11	10
44	秘书学	1	1
45	英语	40	36
46	俄语	11	9
47	德语	4	3
48	法语	5	5
49	西班牙语	1	1
50	阿拉伯语	1	1
51	日语	30	26
52	朝鲜语	4	3
53	葡萄牙语	1	1
54	意大利语	1	1
55	翻译	7	6
56	商务英语	9	8
57	新闻学	14	12
58	广播电视学	6	5
59	广告学	14	14
60	传播学	3	3
61	编辑出版学	1	1
62	网络与新媒体	5	5

专业数	专业名称	全省普通本科高校专业布点数	地方属普通本科高校专业布点数
63	历史学	6	6
64	考古学	1	1
65	文物与博物馆学	2	2
66	数学与应用数学	17	13
67	信息与计算科学	24	20
68	物理学	7	7
69	应用物理学	14	11
70	化学	11	11
71	应用化学	25	22
72	地理科学	2	2
73	自然地理与资源环境	1	1
74	人文地理与城乡规划	3	3
75	地理信息科学	3	2
76	大气科学	1	1
77	应用气象学	1	1
78	海洋科学	2	1
79	海洋技术	2	1
80	海洋资源与环境	2	1
81	古生物学	1	1
82	生物科学	9	8
83	生物技术	16	14
84	生物信息学	1	1
85	生态学	2	2
86	心理学	1	1
87	应用心理学	10	10
88	统计学	4	2
89	应用统计学	5	4
90	理论与应用力学	3	3
91	工程力学	5	3
92	机械工程	8	7
93	机械设计制造及其自动化	28	25

专业数	专业名称	全省普通本科高校专业布点数	地方属普通本科高校专业布点数
94	材料成型及控制工程	19	17
95	机械电子工程	12	12
96	工业设计	18	15
97	过程装备与控制工程	12	10
98	车辆工程	13	10
99	汽车服务工程	9	9
100	飞行器适航技术	1	1
101	机械工艺技术	3	3
102	测控技术与仪器	21	17
103	材料科学与工程	7	5
104	材料物理	4	2
105	材料化学	6	6
106	冶金工程	3	2
107	金属材料工程	9	8
108	无机非金属材料工程	11	10
109	高分子材料与工程	11	10
110	复合材料与工程	2	2
111	粉体材料科学与工程	1	1
112	焊接技术与工程	7	7
113	功能材料	7	4
114	新能源材料与器件	2	2
115	能源与动力工程	12	9
116	能源与环境系统工程	3	2
117	新能源科学与工程	5	4
118	电气工程及其自动化	25	22
119	智能电网信息工程	1	1
120	光源与照明	2	2
121	电气工程与智能控制	2	2
122	电子信息工程	29	25
123	电子科学与技术	11	9
124	通信工程	30	26

专业数	专业名称	全省普通本科高校专业布点数	地方属普通本科高校专业布点数
125	微电子科学与工程	2	2
126	光电信息科学与工程	6	3
127	信息工程	2	2
128	集成电路设计与集成系统	2	1
129	医学信息工程	2	2
130	电子信息科学与技术	5	4
131	自动化	33	29
132	轨道交通信号与控制	4	4
133	计算机科学与技术	43	39
134	软件工程	23	19
135	网络工程	20	17
136	物联网工程	17	13
137	数字媒体技术	9	7
138	智能科学与技术	3	2
139	土木工程	21	17
140	建筑环境与能源应用工程	15	13
141	给排水科学与工程	8	8
142	建筑电气与智能化	4	4
143	城市地下空间工程	4	4
144	道路桥梁与渡河工程	7	7
145	水利水电工程	3	2
146	水文与水资源工程	2	2
147	港口航道与海岸工程	2	1
148	测绘工程	10	9
149	遥感科学与技术	2	2
150	化学工程与工艺	16	14
151	制药工程	12	10
152	资源循环科学与工程	3	1
153	能源化学工程	7	6
154	地质工程	2	2
155	勘查技术与工程	2	1

续表

专业数	专业名称	全省普通本科高校专业布点数	地方属普通本科高校专业布点数
156	资源勘查工程	2	1
157	采矿工程	6	5
158	石油工程	1	1
159	矿物加工工程	5	4
160	油气储运工程	4	4
161	矿物资源工程	1	1
162	纺织工程	2	2
163	服装设计与工程	7	7
164	轻化工程	2	2
165	包装工程	3	3
166	印刷工程	1	1
167	交通运输	12	11
168	交通工程	6	5
169	航海技术	3	2
170	轮机工程	3	2
171	飞行技术	1	1
172	交通设备与控制工程	1	1
173	船舶电子电气工程	2	1
174	船舶与海洋工程	3	1
175	海洋资源开发技术	3	2
176	航空航天工程	1	1
177	飞行器设计与工程	2	1
178	飞行器制造工程	1	1
179	飞行器动力工程	1	1
180	飞行器质量与可靠性	1	1
181	飞行器适航技术	1	1
182	武器发射工程	1	1
183	探测制导与控制技术	2	2
184	弹药工程与爆炸技术	2	2
185	特种能源技术与工程	2	2
186	装甲车辆工程	1	1

专业数	专业名称	全省普通本科高校专业布点数	地方属普通本科高校专业布点数
187	信息对抗技术	1	1
188	核工程与核技术	1	1
189	农业工程	1	1
190	农业机械化及其自动化	1	1
191	农业电气化	2	2
192	农业建筑环境与能源工程	1	1
193	农业水利工程	2	2
194	林产化工	1	1
195	环境科学与工程	2	2
196	环境工程	26	22
197	环境科学	15	12
198	环境生态工程	4	3
199	资源环境科学	1	1
200	水质科学与技术	1	1
201	生物医学工程	7	5
202	食品科学与工程	15	13
203	食品质量与安全	10	9
204	粮食工程	2	2
205	葡萄与葡萄酒工程	2	2
206	食品营养与检验教育	3	3
207	建筑学	14	11
208	城乡规划	6	3
209	风景园林	7	7
210	安全工程	13	11
211	生物工程	14	11
212	生物制药	2	2
213	刑事科学技术	2	1
214	消防工程	1	1
215	交通管理工程	1	1
216	网络安全与执法	2	1
217	农学	2	2

专业数	专业名称	全省普通本科高校专业布点数	地方属普通本科高校专业布点数
218	园艺	3	3
219	植物保护	2	2
220	种子科学与工程	2	2
221	设施农业科学与工程	2	2
222	应用生物科学	1	1
223	农业资源与环境	1	1
224	水土保持与荒漠化防治	2	2
225	动物科学	4	4
226	蚕学	1	1
227	动物医学	5	5
228	动物药学	1	1
229	动植物检疫	2	2
230	林学	1	1
231	园林	5	5
232	森林保护	1	1
233	水产养殖学	2	2
234	海洋渔业科学与技术	1	1
235	水族科学与技术	1	1
236	水产动物医学	1	1
237	草业科学	1	1
238	临床医学	9	9
239	麻醉学	5	5
240	医学影像学	5	5
241	精神医学	1	1
242	儿科学	1	1
243	口腔医学	8	8
244	预防医学	5	5
245	食品卫生与营养学	1	1
246	中医学	2	2
247	针灸推拿学	4	4
248	中西医临床医学	3	3

专业数	专业名称	全省普通本科高校专业布点数	地方属普通本科高校专业布点数
249	药学	11	10
250	药物制剂	3	3
251	临床药学	3	3
252	药事管理	4	4
253	药物分析	1	1
254	药物化学	2	2
255	中药学	4	4
256	中药资源与开发	2	2
257	中药制药	1	1
258	中草药栽培与鉴定	2	2
259	法医学	2	2
260	医学检验技术	6	6
261	医学实验技术	2	2
262	医学影像技术	7	7
263	眼视光学	3	3
264	康复治疗学	7	7
265	口腔医学技术	1	1
266	卫生检验与检疫	1	1
267	护理学	12	12
268	管理科学	3	2
269	信息管理与信息系统	32	29
270	工程管理	20	18
271	房地产开发与管理	5	5
272	工程造价	9	9
273	工商管理	30	26
274	市场营销	39	36
275	会计学	35	33
276	财务管理	17	15
277	国际商务	6	5
278	人力资源管理	18	16
279	审计学	2	2

续表

专业数	专业名称	全省普通本科高校专业布点数	地方属普通本科高校专业布点数
280	资产评估	5	5
281	物业管理	2	2
282	文化产业管理	5	5
283	体育经济与管理	1	1
284	农林经济管理	3	3
285	农村区域发展	2	2
286	公共事业管理	22	19
287	行政管理	12	9
288	劳动与社会保障	11	11
289	土地资源管理	2	2
290	城市管理	1	1
291	图书馆学	3	3
292	档案学	2	2
293	物流管理	20	18
294	物流工程	11	9
295	工业工程	16	14
296	电子商务	21	18
297	旅游管理	24	22
298	酒店管理	8	8
299	会展经济与管理	2	2
300	音乐表演	12	11
301	音乐学	11	11
302	作曲与作曲技术理论	1	1
303	舞蹈表演	8	8
304	舞蹈学	5	5
305	舞蹈编导	4	4
306	表演	13	13
307	戏剧影视文学	2	2
308	广播电视编导	10	10
309	戏剧影视导演	1	1
310	戏剧影视美术设计	4	4

续表

专业数	专业名称	全省普通本科高校专业布点数	地方属普通本科高校专业布点数
311	录音艺术	2	2
312	播音与主持艺术	11	11
313	动画	21	21
314	影视摄影与制作	3	3
315	美术学	11	11
316	绘画	7	7
317	雕塑	6	6
318	摄影	7	7
319	书法学	2	2
320	中国画	4	4
321	艺术设计学	3	3
322	视觉传达设计	37	34
323	环境设计	36	33
324	产品设计	27	26
325	服装与服饰设计	18	18
326	公共艺术	4	4
327	工艺美术	5	5
328	数字媒体艺术	11	11
329	艺术与科技	1	1
	总计	2312	2062

附录2

调查问卷

附录2-1 辽宁省普通本科高校在校生专业认知调查问卷

亲爱的同学:

　　您好! 首先感谢您参与此项目研究。受教育部的委托,此调查问卷由《大众化背景下我国普通高等学校的专业设置转型研究》的课题组设计,旨在完善我国普通高等学校的专业设置。

　　请您仔细阅读每个问题,在最符合自己情况的选项前的"□"内划"√",在横线上填写相关内容。所有资料只作科学研究之用,所选答案没有对错之分,请根据您的实际情况填写。谢谢!

《辽宁省普通高校学生专业满意度研究》课题组

2010 年 11 月

1. 您就读的本科院校名称是: ＿＿＿＿＿＿＿＿＿＿＿＿
2. 您就读的专业名称是: ＿＿＿＿＿＿＿＿＿＿＿＿＿＿
3. 您认为目前所学专业的社会需求情况如何?

　　□很大　　□大　　□一般　　□小　　□很小

4. 您对目前所学专业满意程度如何?

　　□很满意　　□满意　　□一般　　□不满意　　□很不满意

5. 若有机会,您是否会更换本专业?

　　□是(继续答)　　　　□否(转第 7 题)

6. 更换本科专业的最主要原因是:(单选)

　　□就业前途不好　　　　□学习成绩不好　　　　□不感兴趣

　　□学费高　　　　　　　□师生关系不好　　　　□父母亲友的影响

　　□其他

7. 如果您现在选报本科专业,那么,您分别考虑下列因素的重要性程度如何?(全答)

　　(1)社会职业需求

　　　　□很重要　□重要　□一般　□不重要　□很不重要

　　(2)个人的兴趣和特长

　　　　□很重要　□重要　□一般　□不重要　□很不重要

　　(3)家庭的经济承受能力

　　　　□很重要　□重要　□一般　□不重要　□很不重要

　　(4)老师、亲朋的建议

　　　　□很重要　□重要　□一般　□不重要　□很不重要

　　(5)保证能升学

　　　　□很重要　□重要　□一般　□不重要　□很不重要

　　(6)就业前景

　　　　□很重要　□重要　□一般　□不重要　□很不重要

8. 对未来的工作而言,您认为现阶段应该再增加哪些课程?

　　□公共类课程　　　　□专业基础类课程　　　　□专业方向类课程

　　□跨专业类课程　　　　□社会实践　　　　　　　□本专业理论性课程

　　□本专业实践性课程　　□人文素质类课程

　　□科学技术类课程　　　□职业指导类课程

　　答题完毕,请仔细检查是否有遗漏,再次谢谢您的合作!

附录 2 - 2 辽宁省普通本科高校毕业生专业认知调查问卷

亲爱的朋友：

　　您好！首先感谢您参与此项目研究。受教育部的委托，此调查问卷由《大众化背景下我国普通高等学校的专业设置转型研究》的课题组设计，旨在完善我国普通高等学校的专业设置。

　　请您仔细阅读每个问题，把最符合自己情况的选项前的"□"涂红，在横线上填写相关内容。所有资料只作科学研究之用，所选答案没有对错之分，请根据您的实际情况填写。谢谢！

《辽宁省普通高校学生专业满意度研究》课题组

2010 年 11 月

1. 您就读的本科院校名称是：＿＿＿＿＿＿＿＿＿＿＿＿

2. 您就读的本科专业名称是：＿＿＿＿＿＿＿＿＿＿＿＿

3. 您现在是否有工作？

　　□有（请继续作答）　　□无（请转到第 4 题）

　　就读的本科专业与岗位对口情况：

　　□很对口　　　□对口　　　□说不清楚　　　□不对口　　　□很不对口

4. 您对本科所学专业满意程度如何？

　　□很满意　　　□满意　　　□一般　　　□不满意　　　□很不满意

5. 在上本科期间，若有条件更换专业，请问您是否会更换？

　　□否（请转第 6 题）　　　□是（继续答）

　　您更换专业的最主要原因是：（单选）

　　□就业前景不好　　□不感兴趣　　　□父母亲朋等对该专业不认可

　　□学费高　　　　　□师生关系不好　　□学习成绩不好　　□其他

6. 您当初填报升学志愿时，对填报专业的了解程度如何？

□很了解　　□了解　　□一般　　□不了解　　□很不了解

7. 如果您现在选报本科专业，那么，您分别考虑下列因素的重要性程度如何？（全答）

（1）社会职业需求

□很重要　□重要　□一般　□不重要　□很不重要

（2）个人的兴趣和特长

□很重要　□重要　□一般　□不重要　□很不重要

（3）家庭的经济承受能力

□很重要　□重要　□一般　□不重要　□很不重要

（4）老师、亲朋的建议

□很重要　□重要　□一般　□不重要　□很不重要

（5）保证能升学

□很重要　□重要　□一般　□不重要　□很不重要

（6）就业前景

□很重要　□重要　□一般　□不重要　□很不重要

8. 就现在的工作而言，您认为本科阶段应该再补充哪些课程？

□公共类课程　　　　□专业基础类课程　　□专业方向类课程

□跨专业类课程　　　□社会实践　　　　　□本专业理论性课程

□本专业实践性课程　□人文素质类课程

□科学技术类课程　　□职业指导类课程

答题完毕，请仔细检查是否有遗漏，再次谢谢您的合作！

附录 2-3 辽宁省普通高等学校学生专业满意度调查问卷

亲爱的同学：

您好！本调查旨在通过了解辽宁省普通高等学校学生专业满意度状况，分析专业建设中存在的问题，以期为我省的专业建设与改革研究提供咨询建议。请您仔细阅读每个问题，在最符合自己情况的选项前"□"内或表内的空格内画"√"，并在横线上填上适当的内容，所有问题只能选择一个答案。调查结果只作研究之用，所选答案没有对错之分，请根据您的实际情况放心独立填写。

再次对您的参与及帮助表示衷心的感谢！

《辽宁省普通高校学生专业满意度研究》课题组

2010 年 11 月

所在学校 _____ 所学专业 _____ 入学年份 _____

一　背景资料及总体状况

1. 性别：　□男　□女

2. 家庭所在地：

　　□农村　　　□乡镇　　　□县城　　　□地级市　　　□省会或者直辖市

3. 父母亲的教育程度是：（请把相应的序号填在横线上）

　　父亲 _____　　　母亲 _____

　　（1）小学及以下　　（2）初中　　　　（3）高中或中职中专

　　（4）高职高专　　　（5）大学本科　　（6）研究生及以上

4. 您就读的专业是升学时选报的第几志愿？

　　□第一志愿　　□第二志愿　　□服从志愿　　□其他

5. 您当初选报志愿时对填报专业的了解程度？

□很了解　　□了解　　□一般　　□不了解　　□很不了解

6. 若有机会更换专业,您是否会更换?

□是(继续答)　　　□否(转第 7 题)

您更换专业的第一原因是:

□就业前景不好　□不感兴趣　□学费高　□课程设置不好

□师资力量不强　□硬件设施配套不好　□其他

7. 您对本专业的总体满意度:

□很满意　　□满意　　□一般　　□不满意　　□很不满意

二　调查细目

您认为下列各项目在专业发展中的重要程度如何?您的满意度如何?请在每个项目的两侧分别选出一个答案,并在相应的空格内划√(其中,很满意、很重要 = 5;满意、重要 = 4;一般 = 3、不满意、不重要 = 2;很不满意、很不重要 = 1)。

5	4	3	2	1	指标	5	4	3	2	1
					8. 专业的培养目标					
					9. 专业的课程设置					
					(1) 开课门类					
					(2) 开课顺序					
					(3) 课程内容					
					(4) 教材选用					
					(5) 课程考核方式					
					(6) 实践课程比例					
					10. 任课教师状况					
					(1) 教师的专业知识					
					(2) 教师的教学技能					
					(3) 教师的教学方法、手段					
					(4) 课堂教学氛围					
					(5) 教师的职业道德					
					11. 硬件设施					
					(1) 教学设施与设备					

续表

5	4	3	2	1	指标	5	4	3	2	1
					（2）图书资料					
					12. 实习、见习总体状况					
					（1）实习、见习基地					
					（2）实习、见习机会					
					13. 本专业的就业前景					

答题完毕，请仔细检查是否有遗漏，再次谢谢您的合作！

附录2-4　教育学本科专业学生满意度调查问卷

亲爱的同学：

　　您好！本调查旨在通过了解教育学本科专业课堂教学质量，分析课堂教学中存在的问题，以期为改善我校教育学本科专业课堂教学质量提供实证依据。请您仔细阅读每个问题，在最符合自己情况的选项前□内画"√"，在横线上填上适当的内容。调查结果只作研究之用，所选答案没有对错之分，请根据您的实际情况放心独立填写。

　　再次感谢您的配合与帮助！

《辽宁省普通高校学生专业满意度研究》课题组

2013 年 11 月

所在年级：□大一年级　　□大二年级　　□大三年级　　□大四年级
＊填写说明：所有问题只能选择一个答案。

一　背景资料及总体状况

1. 您就读的本科专业是升学时所选报的第几志愿？

　　□第一志愿　　　□第二志愿　　　□服从志愿　　　□其他

2. 您当初填报升学志愿时，对填报专业的了解程度如何？

　　□很了解　　　□了解　　　□一般　　　□不了解　　　□很不了解

3. 如果有机会更换专业，您是否会更换？

　　您更换专业的原因是：

　　□就业前景不好　　□课程设置不好　　□专业的师资力量不强

　　□硬件设施配套不好　　□其他

二　调查细目

您认为下列项目在教育学本科专业的课堂教学质量中，您的满意度如何？

本部分采用 5 分记分制，很满意、很重要 = 5；满意、重要 = 4；一般 = 3、不满意、不重要 = 2；很不满意、很不重要 = 1，请你在下列问题中合适的分值上划"√"

满意程度					指标	重要程度				
5	4	3	2	1		5	4	3	2	1
					1. 教态大方自然，有感染力					
					2. 语言标准、流利、简洁、明晰					
					3. 板书工整、规范、重点突出					
					4. 教学态度端正					
					5. 符合课程目标的要求					
					6. 适应学生发展需要					
					7. 体现目标，能力目标，情感、态度、价值观目标三位一体					1
					8. 完成教学任务，达到预定的教学目标					
					9. 正确理解并能创造性地使用教材					
					10. 课堂教学容量和难度适合学生水平					
					11. 对教学内容的某一方面有独到见解					
					12. 教学方法多样化					
					13. 融教学和科研于课堂					
					14. 教与学比例合理					
					15. 关注学生的兴趣和经验					
					16. 师生关系融洽					
					17. 按学生需求选择和调整教学目标					
					18. 按学生需求选择和优化教学方法					
					19. 关注学生的个体差异					
					20. 学习、评价方式多元化					

三　开放题

1. 您认为在提高本专业课堂教学质量方面，还应在哪方面进行改进和加强？

2. 请写出您最满意的三门课程，您对任课老师的课堂教学还有哪些希望？

附录 3

访谈提纲及访谈记录

附录 3-1　教育学本科专业学生课堂教学满意度 学生访谈提纲

1. 您对教育学本科专业在哪些方面还不了解？
2. 您最满意哪门专业课程，为什么？
3. 您认为教育学专业课的课堂应该是什么样子的？
4. 您觉得哪些因素能够影响您对任课老师的看法？
5. 除了教育学本科专业课程以外，您还对哪门课程感到满意？满意的原因是什么？
6. 您认为自身的哪些因素会影响到自己对教育学本科专业的课堂教学满意度？

附录3-2 教育学本科专业学生课堂教学满意度
教师访谈提纲

1. 您认同在课堂教学中"教师是主导，学生是主体"这个教学理念吗？如果认同，您认为教师的主导作用以及学生的主体地位分别应该体现在哪些方面？如果不认同，原因是什么？

2. 在课堂教学中，您一般采取哪种教学方法（或策略），为什么？

3. 您在课堂教学结束以后，有没有对教学过程中的某些语言、行为或教学效果等方面进行过相应的教学反思？如果有，反思的形式和内容是什么？如果没有，原因是什么？

4. 您有没有采取过某种方式来了解学生对您所教学科及课堂教学的期望和需求？如果有，具体的形式是什么？如果没有，原因是什么？

5. 除了上述所提及到的观点，您认为影响学生课堂教学满意度的原因还有哪些？以及改善的对策有哪些？

后　记

　　本书是在我国提出地方普通高校应该转型发展的背景下的一个现实选题，是作者基于 2012 年完成的辽宁省教科规划课题《辽宁省普通本科院校学生专业满意度研究》（〔JG10DA016〕）课题、又于 2015 年 9 月获批辽宁省教育科学规划重点研究基地第三批标志性成果选题（〔JG2015JX01〕）资助的基础上完成的一本学术著作。

　　普通本科高校专业问题一直是笔者研究的一个主要领域，多年来已公开发表了相关学术论文 14 篇，参与国际、国内会议 3 次。相关论文《关于扩招后普通高等教育质量保障体系的思考》获 2010 年辽宁省教育评价协会首届优秀教育研究成果一等奖；论文《地方高校应实现专业转型》获 2010 年沈阳市自然科学学术成果奖论文类二等奖；论文《大众化背景下我国地方高等院校的专业转型》获 2010 年沈阳市自然科学学术成果奖论文类二等奖。论文《地方高校应实现专业转型》被《人民网》、《华禹教育网（原中国高校网）》、《中教网》、《学优高考网》、《安徽理工大学新闻网》等网站推广；论文《辽宁省普通本科院校学生满意度调查研究》被网站推广。相关的 10 篇论文被转载和引用：论文《地方高校应实现专业转型》被《中国高等教育》、《人民论坛》论点摘编，同时被引用 6 次。论文《美国南方理工州立大学专业设置及其启示》被《中国社会科学报》2011 - 8 - 4 第 10 版论点摘编，被引用 2 次；《辽宁省三所本科师范院校扩招以来专业设置变化》被引用 1 次；论文《高师院校教师教育课程的学生满意度调查研究》被引用 8 次；《师范类体育教育专业大学生专业满意度的调查研究》被引用

9 次；《对本科教育学专业课程设置的调查研究》被引用 4 次；《辽宁省普通本科院校学生专业满意度的调查研究》被引用 3 次；《美国高教教育专业评估体系及启示》被引用 11 次。

不仅如此，长期以来也指导高等教育学专业的研究生们关注专业方面的课题研究，截至 2015 年已先后指导 8 名硕士生完成了有关专业设置和专业满意度方面的选题研究。正是由于常年的学术积累，才会有今天的这本书。

当然，本书能够顺利完成，离不开我的研究生们的支持。高等教育学专业硕士毕业生韩冬梅、李红玫、华娜等人，前期做了大量的数据调研和分析工作，本书部分章节的内容就是她们劳动成果的体现。

在此，要特别感谢辽宁省教育研究院的刘国瑞院长、高教所的王少媛研究员、教科规划办的张德成主任及其他同仁，对本课题从申请、获批直至最后成书给予的指导与经费支持。

沈阳师范大学教育学部为本书的出版提供了经费资助，张君主任、尚红为本书的顺利出版提供了无私帮助，深表谢意。

同时，感谢本书的编辑陈肖静女士，为本书的顺序出版做了大量工作。

还要感谢调研院校各位朋友们给予的大力帮助，没有他们的配合是无法完成本研究的。

最后，对本书写作过程中参考的和没能一一明确注释成果的各位学界朋友们一并表示诚挚的谢意。

受知识、能力和时间所限，书中难免存在不足，敬请各位读者包涵与指正。

唐卫民　彭万英

2017 年 1 月于沈阳师范大学知行楼